Rahasya Fritjof Kraft • Kommunikation des Herzens

Rahasya Fritjof Kraft

KOMMUNIKATION DES HERZENS

DIE KUNST, MIT MENSCHEN ZU SEIN

ShenDo Verlag

Aus dem Englischen von Eveline Anasya Hufnagl

Die Originalausgabe erschien
als »Part Two: Teaching for Life – Counseling from the Heart Training«
in dem Buch »Avalanches & Awakening. Free your Pain into Love«
bei Inner and Outer Adventures Publishing, Mullumbimby, Australia

Gedruckt auf säurefreiem, alterungsbeständigem Papier (chlorfrei gebleicht)

Deutsche Erstausgabe

www.shendo-verlag.de

Redaktion: Sakina K. Sievers
Lektorat: Michael Thomae
Layout, Satz: Carola Klinke
Cover und Coverbild: Vis Orth
Grafiken: Aruna Palitzsch-Schulz
Bildquellen: Anette Linnea Rasmus, twentyfree, mahey, silver-john,
joda, Sylwia Schreck, Irochka, Galyna Andrushko,
Unclesam, Diseñador, Stefan Körber;
alle Fotos © www.fotolia.com
Druck und Bindung: Westermann Druck Zwickau

Printed in Germany
ISBN 978-3-9811184-7-6

www.shendo-verlag.de

Inhalt

DRITTER TEIL
VON HERZ ZU HERZ

ANHANG

Vorwort von Nirgun und Sakina

Seit neun Jahren organisieren Sakina und ich für Rahasya und seine Lebensgefährtin Nura Seminare wie »Kommunikation des Herzens«, »Himmel auf Erden« oder »Die Sieben Tore des Erwachens«. Gleichzeitig sind wir auch immer Teilnehmer ihrer Kurse und ihre Gastgeber.

Rahasyas Arbeit hat uns stets so berührt, dass Sakina einmal der Ausspruch von Pablo Neruda in den Sinn kam: »Ich will mit dir das machen, was der Frühling mit den Kirschblüten macht.« Das Erblühen eines Menschen mitzuerleben ist für uns eine solche Freude und ein ganz besonders glücklicher Moment, und wir haben immer wieder das Gefühl, selbst mit aufzublühen.

Rahasya ist für uns ein »Menschenfreund« und »Reisender«, der seinen Kursteilnehmern Wege zeigt, innere Tore zu öffnen und die tiefe Verbundenheit mit allem was ist zu erkennen. So hat er schon unzähligen Menschen weltweit den Pfad in das innere Sein gezeigt. In diesem Sinne empfinden wir hingebungsvolle Dankbarkeit für Rahasyas Freundschaft und dafür, dass er gleichzeitig ein spiritueller Lehrer für uns ist.

Dieses Buch ist weit mehr als ein inspirierender Leitfaden. Es vermittelt die Kommunikationsfähigkeit als eine Kunst, mit Menschen zu sein, und es nutzt die Einsichten der modernen Psychologie, um jenseits des psychologischen Rahmens, jenseits des Verstandes zu gehen und das Wesen, das *Sein*, aufzudecken.

Wir alle leben in Beziehungen – Leben ist Beziehung. Ebenso bedeutsam wie unser Aufeinanderbezogensein ist unser Vermögen, mit anderen zu kommunizieren. Hier teilt Rahasya mit uns seine hohe Kunst der Kommunikation von Herz zu Herz in einer einzigartigen Verbindung aus Tiefe und Leichtigkeit. Sein Wirken und Lehren ist getragen von liebevoller Offenheit, Akzeptanz und Gegenwärtigkeit und seiner tiefen Einsicht in die Essenz des Lebens.

Wir wünschen dem Leser von Herzen die Bereicherung und Inspiration, die auch wir durch die Begegnung mit dem Menschen und spirituellen Lehrer Rahasya erfahren durften.

Nirgun und Sakina

Vorwort von Rahasya

Die Arbeit mit Menschen ist für mich einer der schönsten Wege, Liebe zu teilen. Sie ist wie die Liebe selbst, immer frisch, neu, herausfordernd, abenteuerlich, überraschend, spontan, denn jeder Mensch ist einzigartig. Die Arbeit bringt mich immer wieder jenseits des kleinen Ich in das Feld unendlichen Bewusstseins. Außerdem ist es der beste Weg, mich zu erinnern. Jedes Mal wenn ich lehre, höre ich auch mir selbst zu und lerne.

Dieses Buch ist ein Versuch, das was ich gefunden habe mitzuteilen und es anderen zugänglich zu machen in der Hoffnung, dass der eine oder andere Blickwinkel oder das eine oder andere Bild hilfreich ist und dich auf deiner Reise zu deiner Selbsterkenntnis unterstützt.

Finde heraus, ob das, was ich sage, wahr ist oder nicht. Wenn du herausfindest, dass es wahr ist, dann nicht, weil ich es sage. Es ist wahr, weil du dieselbe Wahrheit in dir entdeckst. Bevor du es nicht in deinem Inneren entdeckt hast, empfehle ich dir, kein Wort von dem zu glauben, was ich sage.

Dieses Buch kann nicht nur wie ein Lehrbuch gelesen werden. Es muss gekaut, verdaut und im Herzen aufgenommen werden. Es will dich berühren, herausfordern, provozieren und unterstützen, bewusster zu werden.

Mögen wir alle unser wahres Wesen erkennen!

In Liebe und Wahrheit
Rahasya

Das größte Geschenk, das man als Therapeut geben kann,
ist die Bereitwilligkeit, mit dem zu sein was ist –
liebevoll, kompromisslos, offen, dankbar und präsent.

Erst wenn man dieses einfache Geheimnis
in sich selbst erfahren hat,
kann man es mit anderen teilen.

Die Wahrheit *ist* bereits,
man kann und braucht daran nichts zu verändern,
zu richten oder zu verbessern.
Es fehlt nichts.

Total mit dem zu sein was ist,
erlaubt eine natürliche Entfaltung und
Vertiefung der Bewusstheit.

In diesem Licht werden Probleme nicht gelöst,
sondern aufgelöst, Verwandlung geschieht anstrengungslos.
Liebe, Frieden und Freiheit werden als ein
natürlicher Zustand wiederentdeckt.

Dieses Verständnis verfügbar zu machen,
ist wirkliche Kommunikation des Herzens.

Erster Teil

Kommunikation des Herzens

Schichten der Persönlichkeit

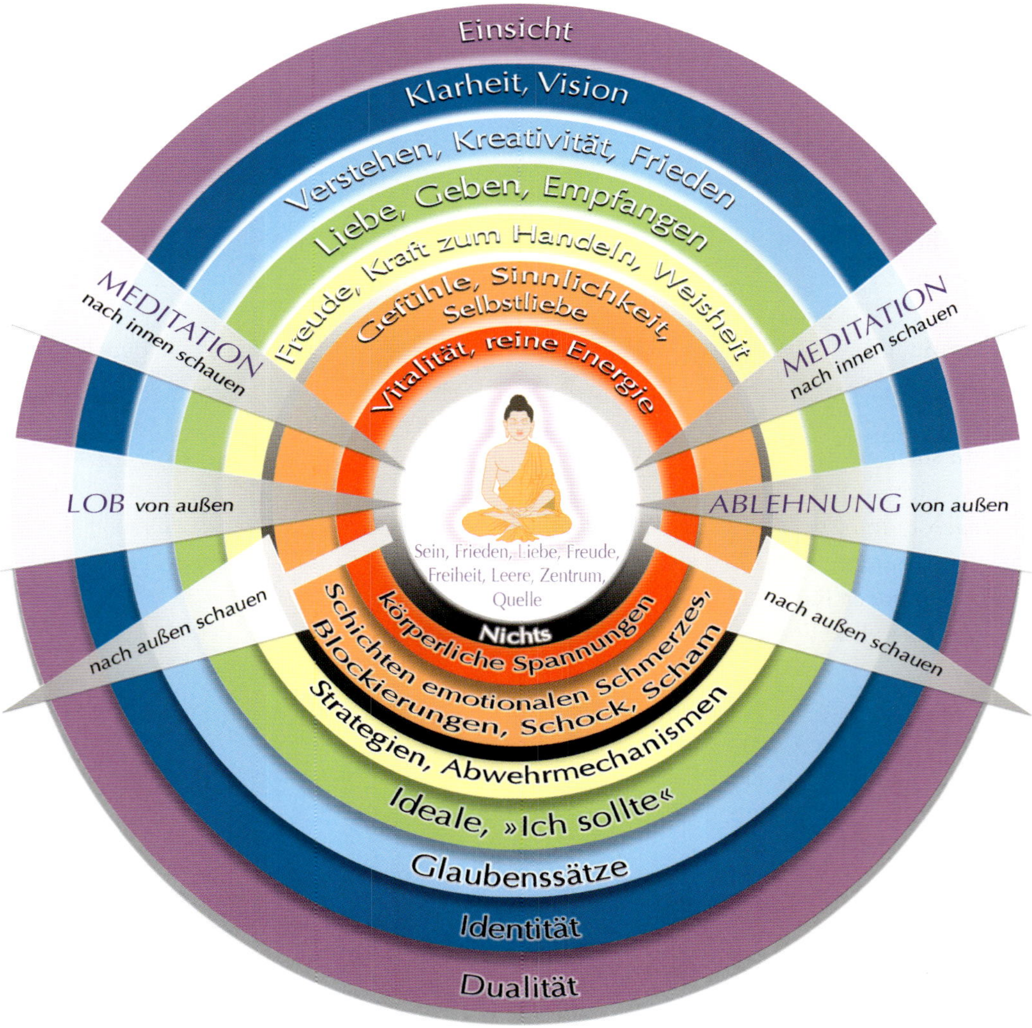

Du – Deine Persönlichkeit und ihre Schichten

Das Verstehen der menschlichen Psyche war für meine eigene Entwicklung, für die Interaktion mit anderen Menschen und bei meiner Arbeit als Therapeut, Berater und Gruppenleiter von unschätzbarem Wert. In diesem Buch möchte ich einige Lehren, Übungen und auch Fragen und Antworten vorstellen, die vielleicht nicht nur für Therapeuten hilfreich sein mögen, sondern für jeden Menschen, der bewusster werden und erwachen möchte.

Ich beginne mit einem einfachen Modell, wie dein Wesen und deine Persönlichkeit zusammenhängen und wie sich die Schichten deiner Persönlichkeit entwickeln und formen. Stelle dir diese Schichten als eine Reihe von konzentrischen Kreisen in den Farben des Regenbogens vor. Von innen nach außen sind es die Farben Rot, Orange, Gelb, Grün, Blau, Indigo und Violett mit einer weißen, leeren Mitte. Die Mitte bist du: formloses Bewusstsein.

Bevor du geboren wirst, bist du in deiner Essenz Formlosigkeit. Du bist das Bewusstsein selbst, du bist Ewigkeit, du bist das, was nie geboren wurde und nie stirbt. Du bist das, was immer da ist.

Buddha, Jesus, Osho und auch moderne Satsang-Lehrer sagen alle dasselbe: »Du bist das formlose Bewusstsein mit den Qualitäten Freude, Freiheit, Wahrheit, Frieden und Liebe. Du bist das Bewusstsein selbst!« Du bist bereits alles, wonach du suchst. Du bist die Wahrheit und nichts als die Wahrheit. Deine wahre Natur ist Liebe. Deine Essenz ist Frieden. Du bist unendliche Freiheit. Was immer du suchst, du bist es selbst. Du bist der Hintergrund, auf dem alles erscheint. Bevor du einen Körper hast, bist du unendliche Weite, endloses Bewusstsein ohne Grenzen, unendlicher Raum und Frieden, Harmonie, Vertrauen und Freiheit. Du bist ein Buddha ohne Form.

In dem Schaubild beschreiben die oberen Halbkreise die Entfaltung deines Wesens, wenn du mit der unendlichen Quelle deines innersten Wesens verbunden bleibst. Die unteren Halkreise weisen auf die Entwicklung des Ego hin, das getrennt ist durch das Bestreben nach Anerkennung und die Angst vor Ablehnung.

Die rote Schicht:
Das Formlose manifestiert sich in einer Form

Eines Tages treffen sich in einem Akt der Liebe Ei und Samen deiner Eltern, und plötzlich manifestiert sich dieses unglaublich große Bewusstsein in einer winzigen Zelle, die sich zu teilen und einen Körper zu formen beginnt. Das Formlose wird in die Form eines Körper-Geistes hineingeboren.

Solange dein Körper in der Gebärmutter heranwächst, fühlst du eine tiefe Verbindung mit dem Formlosen. Deine Mutter ist omnipräsent und umgibt dich von allen Seiten. Nährstoffe fließen großzügig durch die Nabelschnur, und alles, was du brauchst, ist vorhanden: Nahrung und Wärme. Es gibt keinen Grund, dir Sorgen zu machen, und du erfährst die Ewigkeit.

Dann kommt der umwälzende Moment der Geburt. Du verlässt die Gebärmutter nach einer Ewigkeit des Einsseins. Du kommst in dieser Welt an, du wirst geboren. Dein Verstand ist leer wie ein unbeschriebenes Blatt.

Der obere rote Halbkreis: Wenn du einen guten Start ins Leben hast, wirst du während der ersten Jahre in dieser Leere, im Hier und Jetzt leben. Es heißt, dass du vor allem während der ersten sechs Stunden nach deiner Geburt ein volkommener Buddha bist, total im Einheitsbewusstsein, verbunden mit allem, gewahr jedes Gedankens um dich herum. Deshalb ist es so wichtig, dass du nach deiner Geburt voller Freude willkommen geheißen und auf den nackten Bauch deiner Mutter gelegt wirst. Zuvor warst du im Bauch, nun auf dem Bauch, die Umgebung bleibt bekannt und du bleibst verbunden mit der Quelle. Die Entdeckung, dass dieses unendliche Bewusstsein nun einen Körper hat, ist neu und spannend. Du wirst es genießen, mehr und mehr zu erfahren, wie dieser einzigartige Körper funktioniert. Jeder Moment ist voller Wunder und alle Gefühle werden unmittelbar ausgedrückt.

Der untere rote Halbkreis: Die meisten von uns wurden jedoch nach der Geburt nicht gleich auf den Bauch ihrer Mutter gelegt und genossen auch nicht die Wohltat von ständigem Körperkontakt im ersten Lebensjahr. Die überwiegende Mehrheit von uns bekam nicht die Möglichkeit, in der Nähe der Quelle zu sein, bis wir selbst entscheiden konnten, dass diese Nähe nicht länger nötig ist.

Lasst uns den Geburtsprozess betrachten, durch den die meisten von uns gegangen sind. Du wurdest hinausgepresst und dann beiseite gelegt, wahrscheinlich auf eine harte Oberfläche, anstatt auf den warmen Bauch deiner Mutter. Du wurdest aus dem Paradies geworfen und fandest dich im Außen wieder, einem unbekannten Raum, entbunden von deiner Quelle des Lebens. Diese Art der Geburt ist für jeden ein schlechter Anfang und Traumen begleiten die plötzliche Abwesenheit der alles umfassenden Präsenz der Mutter.

Du schwebtest gemütlich in der Dunkelheit und plötzlich zieht jemand den Rollladen hoch, ohne dich vorher zu fragen. Du hattest noch nie Licht gesehen und wenn du Pech hattest, war das erste Licht das grelle eines Operationssaales. Als ob das nicht schon genug wäre, gibt dir jemand einen Klaps auf den Hintern, weil er damit deine Atmung in Gang bringen will. Wenn du in diesem Stadium schon abstrakt denken könntest, würdest du dich vielleicht fragen: »Aua, das tut weh! Wer sind denn diese Leute? Wissen sie nicht, dass ich allein zu atmen anfangen kann? Gebt mir doch ein bisschen Zeit!« Durch diese Behandlung werden tausend kleine Lungenbläschen mit Gewalt aufgerissen, was furchtbar im Brustkorb brennt. Aus diesem Grund hast du seitdem Angst, tief zu atmen. Aber das ist noch nicht alles. Vor dem Klaps lassen sie dich kopfüber an den Beinen baumeln und deine Wirbelsäule wird gezwungen, sich zu entrollen. »Meine Wirbelsäule war in der Gebärmutter eine Ewigkeit lang eingerollt, was soll denn diese Eile? Das tut mir arg im Rücken weh!«

Was geschieht mit dem ewigen Bewusstsein? Du beginnst, deinen physischen Körper als getrennte Einheit zu erleben, getrennt vom Körper deiner Mutter. Dein Körper-Geist schwebt noch immer im ewigen Bewusstsein, aber das vergisst du, weil die Geburt so traumatisch war.

Bei einem Baby wirst du zwei grundsätzliche Phänomene beobachten: Wenn das Baby wach ist, bewegt es sich die ganze Zeit. Seine Beine, Hände, der Kopf und die Augen sind ständig in Bewegung. Seine Energie verändert und verschiebt sich. Wenn das Baby schläft, kann man das andere Phänomen beobachten: Es gleitet zurück in die Ewigkeit. Während es in einen traumlosen Schlaf fällt, verbindet es sich wieder mit der Quelle. Frieden und Ewigkeit gewinnen die Oberhand.

Die orangene Schicht: Gefühle und emotionaler Schmerz

Der obere orangene Halbkreis: Wenn du das Baby beobachtest, siehst du, dass sich auch sein emotionaler Ausdruck ständig ändert. Die Gefühle werden in dem Moment ausgedrückt, in dem sie aufsteigen. Die Sinne des Kleinkindes sind offen. Wenn es eine Blume sieht, dann ist es von dieser Blume fasziniert. Wenn es etwas erblickt, das sich bewegt, dann ist es völlig davon absorbiert. Wenn es ein Glöckchen hört oder eine Rassel, dann öffnet sich wieder eine andere Sinnestür.

Wenn du durch einen gesunden Geburtsprozess gegangen und gesund aufgewachsen wärest, dann wäre dies so weitergegangen. Deine Energie flösse von einem Erlebnis zum nächsten, und in der Ruhe und im Schlaf kehrtest du zurück zur Quelle und zum Frieden.

Der untere orangene Halbkreis: Stattdessen warst du in deinem ersten Jahr oft ohne Kontakt zur Mutter, allein in deiner Wiege und getrennt von der äußeren Quelle. Dabei hast du dein Geburtstrauma wieder und wieder erlebt.

Es ist die Erfahrung des Babys, dass die Quelle der Liebe und der Nahrung nun im Außen liegt, in der Gestalt der Mutter. Sie ist die erste äußere Quelle. Erst danach kommt der Vater mit ins Bild und wer sonst noch mithilft, das Baby zu versorgen. Um Nahrung zu bekommen, nimmt das Baby eine sehr pragmatische Lebenshaltung ein und tut das, was funktioniert. Wenn Schreien dazu führt, dass es gefüttert wird, dann wird es schreien. Wenn Schreien jedoch dazu führt, dass es weggelegt wird und allein sein muss, dann wird etwas anderes ausprobiert. Wenn Lächeln funktioniert, dann wird es lächeln. Die natürlichen Stimmungsschwankungen des Babys werden sehr davon beeinflusst, was funktioniert. Sie werden beeinflusst von Zuneigung, Liebe und der Nahrung, die es bekommt und auf welche Weise es diese erhält. Und so beginnt die Formung und Einschränkung des natürlichen Energieflusses.

Wenn das Baby seine Emotionen ausdrückt, erhält es von der Mutter unterschiedliche Reaktionen. Manchmal nimmt es wahr, dass es ihr auf die Nerven geht. Vielleicht ist die Mutter müde oder überfordert. Und das Baby spürt, dass es die Mutter stört. Es wird die Nachricht empfangen, dass etwas mit ihm nicht in Ordnung ist. Weil Babys völlig abhängig sind, nehmen sie alles auf. Sie haben das Gefühl, dass ihr Verhalten sie von der Nahrungsquelle abschneidet, und stellen diese Verhaltensweise deshalb ein. Und so lernt das Baby, gewisse normale Lebensregungen zu unterdrücken, was zu Körperspannungen führt. Wenn sich dies im Laufe des Lebens wiederholt, erhöhen sich die Körperspannungen und emotionaler Schmerz bleibt im Energiesystem des Kindes hängen.

Alles, was du unterdrückst, schafft psychologischen Schmerz. Der natürliche Fluss wird behindert. Es bildet sich ein Konflikt zwischen der Wahrheit und deinem Verhalten, wodurch Reibung und Schmerz entstehen. So wirst du mehr und mehr zum Politiker. Du wirst ein Meister in der Kunst, die Wahrheit zu verdrehen, um Genuss zu erreichen, Aufmerksamkeit zu bekommen und Schmerz und Ablehnung zu vermeiden. Der erste Schock des Geburtstraumas, der Schmerz, von deiner Mutter getrennt zu werden, ist so lebensbedrohlich, dass du tief in deinem Unterbewussten beschließt: »Diesen Schmerz möchte ich nie mehr spüren!« Ich nenne dies die Ursprungspanik. Um diesen Schmerz zu vermeiden, musst du eine Schutzvorrichtung ersinnen, eine emotionale Mauer errichten. Das könnte der Grund dafür sein, weshalb du heute Angst vor tiefen Gefühlen hast.

Im Alter von etwa drei Jahren fängst du an, deinen einst unbeschriebenen Verstand zu füllen, Worte und Konzepte werden zu deiner Sprache. Du trittst in die polarisierte Welt der Dualität ein und lebst immer mehr in deinem Verstand. Nach dem Einssein und dem bedingungslosen Annehmen dessen was ist, beginnst du, vom »Baum der Weisheit« zu essen, wie es im Alten Testament heißt. Du erkundest den Garten Eden, setzt dazu an, Strategien zu entwickeln und dich gemäß der Erwartungen der Welt zu formen.

Die gelbe Schicht: Strategien und Abwehrmechanismen

Der obere gelbe Halbkreis: Wenn du weiter aus deiner inneren Quelle lebst, entwickelst du deine Einzigartigkeit und entdeckst die Freude, selbst Dinge tun zu können, du entdeckst deine eigene Kraft und deinen eigenen Willen. Deine Individualität erblüht, und dein Leben wird von der Kraft der Liebe gesteuert.

Der untere gelbe Halbkreis: Um die Schmerzen der Ursprungspanik zu vermeiden lernst du, dich zu schützen. Mittels Abwehrmechanismen und Strategien willst du Lob erhalten und Einsamkeit und Ablehnung vermeiden. Du erschaffst einen Schutzschild, eine Schicht um die reine körperliche Energie und um deine natürlichen Gefühle und Emotionen, die beginnen, verdreht zu werden.

Im Schaubild ist dieser Schutzschild als dicker schwarzer Halbkreis zwischen orange und gelb dargestellt, der die Emotionen bedeckt. Du unterdrückst und passt dich an. Im physischen Körper entstehen Spannungen und im Emotionalkörper psychologische Wunden. Du legst ungelöste Energiemuster im Körper-Geist an, woraus sich der Schmerzkörper (siehe weiter unten) zu formen beginnt.

Wenn du deine Bedürfnisse, Wünsche und Gefühle nicht so annimmst, wie sie sind, musst du sie entsprechend umdrehen. Vielleicht unterdrückst du sie, weil sie von deiner Umgebung nicht akzeptiert werden oder weil du Bestrafung fürchtest. Wenn erst einmal Teile von dir verborgen sind, kann es sein, dass du diese Fehler auf andere projizierst. Wenn du siehst, dass andere etwas tun, was du dir selbst versagst, dann schmerzt das. Du fängst an, zu beurteilen und zu beschuldigen. Du rationalisierst oder schreibst deine Geschichte um, damit du den Schmerz nicht spüren musst. Du änderst vielleicht deine Grundbedürfnisse zu etwas Akzeptablerem ab.

Eine mögliche Strategie zur Konfliktvermeidung ist beispielsweise, nett zu sein und es allen recht machen zu wollen, oder aber du ringst als Kämpfer um Aufmerksamkeit. Um den Schmerz zu vermeiden, stürzt du dich in Arbeit, siehst fern, spielst Computerspiele, isst zu viel, konsumierst Alkohol oder Drogen und so weiter.

Betrachte dein Leben und finde heraus, was deine persönlichen Strategien sind, Schmerz zu vermeiden. Du wirst dir eingestehen müssen, dass die Strategie nicht funktioniert – was auch immer du tust. Und trotzdem machst du damit weiter! Ist das nicht merkwürdig? Das Handeln nach Strategien kostet Anstrengung. Es hält dich getrennt und gaukelt dir vor, dass »der Andere« eine potenzielle Gefahr ist und deinen Schmerz auslösen könnte. Deshalb nimmst du eine defensive Haltung ein, was dein Gefühl von Trennung noch weiter verstärkt. Dein Leben wird von Angst gesteuert. Der Ausschluss aus dem Garten Eden, deinem wahren Selbst, aus dem Einssein, hat stattgefunden.

Die grüne Schicht: Ideale und Ich-Sollte-Sätze

Der obere grüne Halbkreis: In der natürlichen Entwicklung aus der Quelle heraus entdeckst du hier dein Herz. In dir wachsen Liebe, Mitgefühl, ein innerer Raum, aus dem du liebevoll handeln und zuhören kannst. Du vertraust deiner inneren Stimme und handelst aus der Integrität, Liebe und Wahrheit deines Herzens. Du weißt, wer du bist.

Der untere grüne Halbkreis: Die meisten Eltern sind mehr daran interessiert, wie du als Kind sein »solltest«, als daran, wie du wirklich bist. Weil das schmerzlich ist, lernst du, dich von diesem Schmerz abzuspalten und diese Abspaltung zu rechtfertigen. Du folgst den Eltern und legst sorgfältig eine Schicht von Idealen und Ich-Sollte-Sätzen über die Strategien: »Ich sollte nett und nicht wütend sein. Ich sollte ehrlich sein und nicht lügen. Ich sollte klug statt dumm sein. Ich sollte ruhig statt wild sein«. Jedes inakzeptable Verhalten stempelst du unbewusst als falsch ab und unterdrückst es. Du sagst dir, dass du anders sein solltest als du bist. Und wenn du anders sein solltest, dann gilt das auch für deine Mitmenschen! Du bezeichnest nicht nur dich, sondern auch die anderen als falsch. So kommt es zu weiteren Trennungen.

Das kann einer der Gründe sein, weshalb du schwierige Beziehungen erlebst, weshalb du streitest und mit deinem Partner kein Einssein erlebst.

Die blaue Schicht: Glaubenssätze

Der obere blaue Halbkreis: Wenn das Herz erblüht ist, entwickelst du ganz natürlicherweise deine Kreativität. Du möchstest dich ausdrücken und hast tiefes Vertrauen in die Existenz. Wissen und „Nicht Wissen“ geben sich die Hand. Du erkennst deine wahre Natur als reines Bewusstsein und erwachst. Deine Handlungen sind direkte spontane Antworten auf das Jetzt.

Der untere blaue Halbkreis: Damit deine Ich-Sollte-Sätze und Ideale aufrechterhalten werden können, kreierst du Glaubenssätze oder ganze Glaubenssysteme und legst diese Schicht über deine Ideale. Du glaubst, dass du Christ, Jude, Buddhist, Muslim oder Hindu bist. Du glaubst, dass du Deutscher, Amerikaner, Russe, Italiener, Japaner und so weiter bist. Du glaubst an eine Gedankenwelt, die du verteidigst, während die Realität darunter nichts von deinen Glaubenssätzen weiß. Sie *ist* einfach ...

Der Gott in deinen Glaubenssätzen ist eine Fantasie, ein Gedanke. Er existiert nicht. In der Bibel heißt es, dass Gott den Menschen nach seinem Ebenbild erschaffen habe, aber in Wahrheit ist es umgekehrt und der Mensch hat Gott nach seinem Ebenbild erschaffen. Der allmächtige Gott ist ein sehr machtvoller Gedanke, der einen Glaubenssatz kreiert: »Mein Gott ist der einzig wahre Gott.« Die Muslime glauben, dass ihr Gott Allah der einzig wahre Gott ist. Die Christen glauben, dass ihr Gott der Vater von Jesus und der einzig wahre Gott ist. Diese Glaubenssätze erzeugen eine unüberbrückbare Kluft. In der Schicht der Glaubenssätze ist die Menschheit bis ins Extrem getrennt. Die meisten Kriege sind Religionskriege, die den drastischsten Zusammenstoß verschiedener Glaubenssätze darstellen. Glaubenssätze sind lediglich Gedanken, Gedankenprodukte, sie sind nicht real, aber sehr mächtig.

Der Marxist sagt, dass es nur diese materielle Welt und kein Bewusstsein gebe, nur Körper, Verstand und Glaubenssätze, und der Kommunismus sei der einzig richtige Weg. Millionen Menschen wurden im Namen des Kommunismus umgebracht. Auch heute noch wird das Töten mit dem Glauben an eine bessere Zukunft gerechtfertigt. Die Zukunft ist ein Gedanke, ein Glaubenssatz. Sie existiert nicht. Wenn die Zukunft kommt, dann immer als Gegenwart.

Die indigo Schicht: Identität und Ego

Der obere indigo Halbkreis: Mit der Realisation, dass du reines Bewusstsein bist, erwacht das dritte Auge. Du siehst die Realität wie sie ist, ohne Projektionen, und Achtsamkeit ist nicht mehr eine Übung, sondern dein natürlicher Zustand. Du bist nicht mehr mit Dingen oder Erfahrungen identifiziert, sondern mit dem unendlichen Sein jenseits dessen was kommt und geht.

Der untere indigo Halbkreis: Glaubenssätze sind sehr mächtig, obwohl sie sich lediglich im Reich des Unwirklichen bewegen. Die Gefahr bei verdichteten Glaubenssätzen und all ihren darunter existierenden Schichten liegt darin, dass sie eine von anderen Identitäten getrennte Identität erschaffen. Das separate ICH entsteht. Du heftest dich an all diese Schichten deiner Persönlichkeit wie eine Sehne an einen Knochen. Dein Ego besteht aus deinen Identifikationen mit diesen Schichten. Das Ego zieht sein imaginäres Leben aus all den verschiedenen Gründen, die du dir für dein Getrenntsein zurechtlegst. Es hat sein eigenes Programm gemäß deiner Identifikationen. Dein Ego ist dein Nein zum Leben und zum natürlichen Fluss des Lebens. Was einst ein frei fließender Fluss an Veränderungen war, wurde zu einem engen Kanal. Diese Enge ist das ICH.

Deine gesunde Individualität, die nach dem Erwachen übrig bleibt, ist lediglich eine Identifikation mit deinem Körper-Geist und einem Namen. Sie ist deine Einzigartigkeit. Die begrenzenden Schichten des Ego verwandeln sich dann in die Qualitäten deiner Einzigartigkeit: deine spezielle Kombination von physischer Energie, Sensibilität, Empfänglichkeit, Freude, Tatendrang, Weisheit, Liebe, Mitgefühl, Kreativität, Verständnis, Bewusstsein, Klarheit und Verbindung mit dem Ganzen.

Die violette Schicht: Dualität und Getrenntsein

Der obere violette Halbkreis: Mit dem dritten Auge öffnet sich auch die Krone. Du erlebst dich als Teil des Ganzen und bist eins mit allem. Jegliche Trennung und jeglicher innerer Konflikt hat sich aufgelöst. Der Beobachter und das Beobachtete werden eins.

Der untere violette Halbkreis: Wenn das »Ich« alles übernimmt, fühlst du dich völlig abgetrennt von der Existenz. Du bist isoliert, voller Angst und Mistrauen dem Leben gegenüber. Das psychologische Überleben steht an erster Stelle und wird zu einem fortwährenden Kampf, geschürt von Angst. Die Reise nach innen und die Suche nach einem Sinn in diesem Dasein wird hier sehr dringend.

Die Suche

Alle Glaubenssysteme sind ein ausgeklügeltes Komplott, das uns an die Illusion der Dualität, des Getrenntseins, glauben lässt. So kann sich die Existenz, das Leben, neu entdecken. Im Einssein würde nichts geschehen. Das Leben kann nur stattfinden, wenn es zwei entgegengesetzte Pole gibt, denn dann können die beiden Gegensätze zu spielen beginnen.

Irgendwann schmerzt dich das Gefühl von Getrenntsein jedoch so sehr, dass du dich zu einer spirituellen Suche aufmachst. Du beginnst etwas zu suchen, von dem du weißt, dass du es schon einmal gehabt hast. Vielleicht gehst du zu einem Meister. Von diesem Meister oder Lehrer hörst du, dass dein Ego das Problem ist und dass du es besser loswerden solltest.

Ich selbst habe jahrelang versucht, mein Ego loszuwerden. Ich bin dabei zu dem Schluss gekommen, dass ich es nur loswerden kann, wenn ich mich selbst umbringe. Aber auch das wäre schwierig geworden, denn ich hätte es erst im Tod herausgefunden. Soweit ich verstanden habe, ist das, was stirbt, der physische Körper. Viele Lehrer jedoch sagen, dass der Verstand und die Egostruktur als kristallisierte Energiemuster weiterbestehen und sich eine andere Gebärmutter suchen, um sich erneut auszuleben.

Manche Menschen gehen in ein Kloster, um ihr Ego loszuwerden. In tiefer Meditation bekommen sie eine Ahnung ihrer wahren Natur jenseits der Ego-

Identifikation. Wenn sie es in der Meditation gefunden haben, dann denken sie, dass sie im Kloster bleiben und der Welt entsagen müssen, um bewusst zu bleiben. Dann gehen sie vielleicht nach zwanzig Jahren tiefer Kontemplation und Meditation zurück in die Welt. Vielleicht hänselt sie dort jemand, sie werden plötzlich wütend und wundern sich, wo all ihre Meditation und der innere Friede geblieben sind. Wenn sie provoziert werden, brechen die ungelösten Schichten der Persönlichkeit, mit denen sie noch immer identifiziert sind, durch. Wenn du dich also von der Welt zurückziehst und sie meidest, dann wirst du einseitig werden und weiterhin Angst vor der Welt haben.

Das habe ich selbst während meiner zehn Jahre in Oshos Kommune in Indien erlebt. Ich habe die Kommune immer nur widerstrebend verlassen. Osho jedoch bestand darauf, dass wir hinaus in die Welt gehen und unsere Meditation auf die Probe stellen, um zu sehen, wie tief wir im inneren Frieden verwurzelt sind und ob unsere Transformation echt ist oder nicht.

Wir können unser Ego nicht loswerden, es ist eine Illusion. Aber wir können damit beginnen, es zu erforschen und herauszufinden, wer wir jenseits davon sind. Die Suche beginnt damit, dass du deinen Fokus nach innen richtest. Es gibt dafür zwei Hauptmethoden: Die eine ist Meditation. Du kannst Meditationstechniken erlernen und Bewusstsein üben. Du beobachtest still deine Gedanken, deine Gefühle und körperlichen Empfindungen. Das führt allmählich zur Auflösung deiner Identifikation. Die andere Herangehensweise ist Therapie, welche darauf abzielt, die Schichten deines Verstandes transparenter zu machen. Wenn Bewusstsein und liebevolle Akzeptanz hinzukommen, wird sich deine Identifikation allmählich lockern.

Das Ziel bei beiden Methoden ist es, zu so einem tiefen Verständnis zu kommen, dass die Identifikation mit einem Teil des Ganzen einfach nicht mehr aufrechterhalten werden kann. Dadurch wird ein Quantensprung jenseits der Dualität des Verstandes, zurück in das Einssein, möglich. Das nennen wir Erwachen in unsere wahre Natur, Selbstrealisierung oder Erleuchtung; es sind verschiedene Namen für dieselbe Veränderung der Gestalt.

Die Begrenzung von Therapie liegt in der Tatsache begründet, dass wir im begrenzten Körper-Geist keine Freiheit haben. Erfahrungen, sogar von Erwachen, kommen und gehen. Solange wir an einer Reihe von Erfahrungen festhalten und eine andere Reihe von Erfahrungen ablehnen, leben wir in Unfreiheit. Das Sein, deine wahre Natur, deine Essenz, ist völlig unbeeinflusst von jeglichen Inhalten des Körper-Geistes. Die Entspannung, die Öffnung für die Liebe und die Freiheit, die wir wiederholt durch Therapie erfahren können, sind tatsächlich nur eine Nebenerscheinung eines Momentes der Stille, wenn wir aufhören »zu werden« und für einen Augenblick keine Wünsche mehr haben.

Therapie kann unseren Verstand an einen Punkt der Erschöpfung bringen, was dabei hilft, unser wahres Wesen zu enthüllen: tiefer Friede, Liebe, Freude und

Freiheit. Der Verstand neigt jedoch dazu, dies zu übersehen, solange die Identifikation mit dem Inhalt interessanter ist.

Wenn du deine innere Welt tief erforscht hast und durch alle Schichten hindurch gereist bist, weißt du, dass die Reise nach innen irgendwann im leeren Raum endet. Näherst du dich diesem leeren Raum, kann es sein, dass du dich fühlst, als würdest du sterben. Wenn du den Mut hast zu »sterben«, die schwarze Schicht des »Nichts« zu erleben (im Schaubild als schwarzer Ring um das Zentrum dargestellt), wirst du etwas Wunderbares entdecken. Und wenn du völlig in diesen leeren Raum loslässt, in die Dunkelheit, in den Tod, dann wirst du erstaunt feststellen, dass du immer noch da bist. Etwas anderes ist gestorben: deine Identifikation – deine Identifikation mit der Persönlichkeit und damit, der Handelnde zu sein. Deshalb sagen alle Meister: »Stirb, bevor du stirbst.«

Die Quelle und die Mitte

Wenn du dich nicht von der Leere wegbewegst und sie nicht zu füllen versuchst – auch wenn das für den Verstand sehr verlockend ist –, dann findest du dich in einer anderen Dimension der Präsenz wieder. Der Verstand übersieht diese Dimension sehr leicht, weil sie sich so natürlich und unspektakulär anfühlt.

Menschen, mit denen ich gearbeitet habe, beschrieben diese Dimension wie folgt: »ich fühle mich so friedlich«, »alles ist leicht«, »ich bin einfach da«, »ich höre die Vögel so deutlich«, »alle meine Spannungen sind vergangen«, »ich bin dankbar«, »da ist so viel Liebe« usw.

Das ist dein wiederentdecktes Zuhause. Das ist deine wahre Natur. Das ist das Einssein, aus dem du geboren wurdest. Das ist es, was du dein ganzes Leben lang gesucht hast. Dabei war es immer da und hat darauf gewartet, dass du es wieder entdeckst. Das Erstaunliche daran ist, dass du es wieder entdeckt hast inmitten dessen, was du fast dein ganzes Leben lang zu vermeiden versuchtest.

Als ich Brandon Bays Buch »The Journey: Der Highway zur Seele« in die Hände bekam, war ich überrascht, dass wir beinahe identische Techniken entwickelt hatten, ohne dass wir je miteinander Kontakt in Kontakt gekommen sind. Sie gibt in dem Buch eine sehr schöne Beschreibung ihrer geführten Reise.

Im Folgenden sind Dialoge wiedergegeben, die in meinen Kursen stattgefunden haben. So kannst du dem Prozess innerlich folgen und die Entdeckung von Moment zu Moment genießen. In späteren Kapiteln sind weitere dieser Gespräche nachzulesen.

Neulich sprach ich mit meiner Schwester. Sie ist Ärztin und ihr Mann ist Psychiater. Wir diskutierten über verschiedene Therapien und ich erzählte ihr von meinen

Erfahrungen mit Byron Katies ›The Work‹ und von Arjunas ›Living Essence‹. Sowohl durch die Arbeit mit ›The Work‹ als auch mit ›Living Essence‹ können Veränderungen sehr schnell geschehen – innerhalb von zehn Minuten. Meine Schwester hält solche schnellen Veränderungen für gefährlich. Man könne in eine Depression rutschen, wenn einem klar werde, wie viel man verpasst hat und dass man sein Leben verschwendet hat. Das hat mir Angst gemacht.

Was glaubst du, aus welcher Schicht kommen deine Schwester und ihr Mann – aus der Gegenwart oder der Angst?

Wahrscheinlich aus der Angst.

Ja, wahrscheinlich. Ich kann selbst aus ärztlicher Erfahrung sprechen. Ich habe eine Ausbildung als Arzt und dabei wurde mir beigebracht, dass ich alles wissen müsse, obwohl ich das Gefühl hatte, dass das nicht stimmte. Ich wurde geschult darin, so zu tun, als wisse ich alles, damit die Leute mir vertrauen. Ich wusste, dass dies nicht richtig war, aber ich verdrängte diese Angst so erfolgreich, dass mir nicht einmal bewusst war, dass ich sie überhaupt hatte! Die größte Angst der Ärzte ist es, nicht zu wissen, und das unterdrücken sie.

In gewisser Weise trifft das zu, was deine Schwester und ihr Mann sagen. Wenn du im Rahmen des Verstandes arbeitest, dann kann das, was sie sagen, stimmen. Aber in ›Kommunikation des Herzens‹ wird der Klient geführt, sein wahres Selbst zu erkennen – jenseits des Verstandes. Und wenn du das tust, dann kannst du nur einen Nutzen davon haben, wie schnell es auch immer gehen mag. Ich habe Situationen erlebt, in denen Menschen sich in einer relativ kurzen Sitzung von einer großen Last befreien konnten. Wenn du zu dem wirst, der du wirklich bist, dann geschehen Wunder. Und das geschieht, nachdem du in die Leere losgelassen hast. Das Gefühl vor dem Loslassen in die Leere ist meistens der Grund, weshalb sich so wenige auf eine Reise nach innen aufmachen. Sie enden in der Leere, in einem großen, dunklen, schwarzen Loch, in tiefer Verzweiflung. Ärzte mögen das für eine Depression halten, denn so sieht es von außen aus. Depression jedoch heißt, an einem Punkt zu parken, statt tiefer loszulassen. Es kann aber auch verleugnete Wut oder Vitalität sein.

Ich arbeitete ein Jahr lang in der Notaufnahme und habe diese Verzweiflung erlebt. Ich war der verantwortliche Arzt und ein junger Vater starb in meinen Armen an Asthma. Ich versuchte alles, aber er starb dennoch. Da hatte ich die Wahl, mich entweder noch mehr von meinen Gefühlen abzuschneiden, was die meisten Ärzte tun, oder einzusehen, dass sein Schicksal nicht in meinen Händen lag. Ich weinte mir die Augen aus und fiel dann in eine tiefe, dunkle Leere – den leeren Raum. Dort fühlte ich mich auf einmal friedlich und alles schien stimmig zu sein, so wie es war. Solche Situationen bringen Ärzte dazu, tiefer hinzuschauen, und diejenigen, die das tun, werden richtig gute Ärzte.

Weshalb ist es so schwierig, in der Mitte zu bleiben?

Weshalb solltest du auch? Das ist ein großes Missverständnis. Du bist bereits in der Mitte, im Bewusstsein selbst. Bist du bereit, deine göttliche Essenz zu entdecken – hier und jetzt? Wenn du dazu bereit bist, göttliche Essenz zu enthüllen, dann gibt es eine große Überraschung für dich: Du bist schon immer hier gewesen! Das ist, was du bist. Du bist die Mitte und was du bist, beinhaltet alles. Das zu verleugnen, ist Trennung. Die Mitte enthält alles, was in ihrer Umgebung ist.

Weshalb fürchten wir uns so vor der Leere?

Die Leere ist die Vernichtung deiner Identifikation. Solange sich deine Identifikation noch irgendwo in deinen Schichten aufhält, ist es eine falsche Identität. Wenn du in die Leere eintrittst, wird diese Identität verschwinden. Deshalb fürchtest du dich vor dem Tod. Wenn du auf der anderen Seite der Leere wieder heraus kommst, bist du ein neuer Mensch. Wenn du in den Tod loslässt, wie Ramana Maharshi es tat, findest du es heraus.

Ramana Maharshi war ein indischer Weiser. Seine Methode war, sich selbst zu fragen: ›Wer bin ich?‹ Als Siebzehnjähriger wurde er von Todesangst überwältigt. Er erkannte, dass der Tod auf jeden Fall irgendwann eintreten würde, weswegen er dieses Erlebnis erfahren wollte. Er legte sich auf den Boden, um zu sterben. Er stellte sich vor, wie er starb, seinen Körper verließ und dass dieser Körper zur Verbrennungsstelle gebracht und verbrannt wurde. Er wunderte sich sehr, denn er war immer noch da. Als er erkannte, dass er die ganze Zeit über das Bewusstsein hinter allem war, wurde er von Lachen geschüttelt. Das Bewusstsein war schon immer da.

Die Anatomie des psychologischen Schmerzes

Während eines Kurses führe ich die Kursteilnehmer in ihr Herz. Ich lade sie ein, die Qualitäten, die sie dort finden, mitzuteilen, und schreibe sie auf. Danach lese ich jede dieser Qualitäten laut vor, während die Teilnehmer die Energie hinter jedem dieser Worte spüren sollen, und zwar als ein Erlebnis der Herzqualität hinter der verbalen Beschreibung, dem Etikett.

Die Herzqualitäten, die wir finden, sind ...

Offenheit ...

Wenn du das Wort hörst, nimm einen tiefen Atemzug und lass dich hinter das Etikett fallen, um die Frequenz von Offenheit zu erfahren.

Empfänglichkeit ... Dankbarkeit ... Mitgefühl ... Grenzenlosigkeit ...

Spür die Bedeutung, lass sie einsinken, und öffne dich für die Schwingung.

Sanftheit ... verletzlich ... Zerbrechlichkeit ... Freude ... Fluss ... erlauben ... Vertrauen ... Vertrauenswürdigkeit ... Sensibilität ... Frische ... Lebendigkeit ... Ja ... lebendig und vibrierend ... Empfänglichkeit ... gebend ... Ausdehnung ... rot und pulsierend ... Größe ... Leere ...

Lasst uns über etwas klar werden: Sind alle von uns einverstanden damit, dass jeder von uns ein Herz mit diesen Qualitäten hat? Gibt es jemanden, der denkt: Alle anderen wahrscheinlich schon, aber ich nicht? Niemanden? Gut, dann ist jeder von uns überzeugt davon, ein Herz mit diesen Qualitäten zu haben!

Wie kann ich diese wunderbaren Qualitäten behalten?

Ich schlage vor, dass du sie so schnell wie möglich verlierst. Was passiert mit der Freiheit, wenn du sie festhalten möchtest? Du stehst mit leeren Händen da. Öffne deine Hände und lass sie los! Ich verstehe, dass das ein wenig Angst einflößend ist, aber lass es uns näher betrachten. Ein anderes Mal im Leben warst du bereits in Kontakt mit diesem Gefühl, sagen wir, es war gestern. Nun versuchst du, daran festzuhalten, aber es ist nicht da, weil du Angst hast, nicht wahr? Das ist eine gute Rückmeldung. Sobald wir es festhalten wollen, verschwindet es. Wir sind angespannt. Festhalten funktioniert also nicht. Das ist alles, was wir verstehen müssen.

Nun lasst uns einmal die Hölle besuchen und uns den Schmerz näher ansehen. Wie funktioniert er? Wie ist seine Anatomie beschaffen? Psychologischer Schmerz hat immer auch eine Beziehung zu einem Körpergefühl, einer Körperspannung. Was erzeugt Schmerz in dir?

Stress und Angst.

Ja, Stress und Angst erzeugen üblicherweise psychologischen Schmerz. Wo spürst du die Angst im Körper?

Hier in meinem Magen und es zieht sich hoch bis zu den Schultern.

Auf der Tafel haben wir einen Körperumriss. An die Stellen, die du genannt hast, schreibe ich ›Angst‹. Noch jemand? Was erzeugt psychologische Schmerzen in dir?

Schuldgefühle.

Ja, Schuldgefühle. Wo sind diese in deinem Körper lokalisiert?

Sie bedecken meine Schultern.

Gut – ich schreibe also ›Schuldgefühle‹ in den Bereich der Schultern. Noch etwas?

Scham.

Wo befindet sich Scham in deinem Körper?

Sie steigt aus meinem Bauch empor.

Ja, es ist wie eine Quelle, die aus dem Bauch empor strömt. Was bewirkt noch Schmerzen? Denke an das letzte Mal, als du unglücklich warst.

Trauer und Verzweiflung – in meinen Schultern.

Ja, diese Emotionen können wir leicht im Körper lokalisieren.

Verlustgefühle und Sorgen – schmerzhaft im Bauch.

Ja, bei Sorgen bekommst du leicht Bauchschmerzen.

Verleugnen und grübeln.

Ich verstehe. Das ist das, was du über deinen Schmerz deckst. Was jedoch bewirkt das Leiden? Was verleugnest du oder worüber grübelst du?

Über die Ergebnisse.

Ja, aber das ist ein Schritt zu weit entfernt vom Anfangspunkt. In welcher Situation beginnst du zu grübeln?

Wenn Gefahr droht.

Was geschieht bei Gefahr, dass du zu grübeln beginnst? Bekommst du Angst? Fühlst du dich hilflos? Erstarrst du?

Ich erstarre.

Wenn Gefahr droht, erstarrst du. Auch das ist eine Reaktion auf etwas darunter Liegendes. Was musst du nicht spüren, wenn du erstarrst? Bitte forsche nach. Nimm dir etwas Zeit und dann wirst du es herausfinden ... Was bringt noch Schmerzen hervor?

Eine Teilnehmerin weint und ich spreche sie an.

Du erfährst es gerade in diesem Moment. Was verursacht den Schmerz? Ich weiß, dass es schwierig ist, wenn du drinsteckst, aber lass es uns versuchen. Lass uns etwas Bewusstsein hineinbringen.

Verlust.

Gut, und wo spürst du den Verlust in deinem Körper? Wo ist dieses tiefe Loch des Verlustes?

In meinem Unterbauch.

In deinem Unterbauch, ich verstehe.

Verrat, ich spüre ihn ich meinem Rücken.

Sehr gut! Ein paar schöne Dämonen haben wir hier!

Zurückweisung.

Wo spürst du es, wenn du zurückgewiesen wirst?

In meiner Gebärmutter.

In der Gebärmutter? Bei einer Erfahrung wie der Zurückweisung entdecken wir, dass verschiedene Leute den Schmerz an verschiedenen Stellen im Körper empfinden.

Das Gefühl, ausgelöscht zu werden, spüre ich in meinem ersten Chakra.

Ja.

Unzulänglichkeit, Lampenfieber, Angst – in meinem Solarplexus.

Ja.

Trennung und Verlassenheit in meinem Bauch.

Danke! Wahrscheinlich würden wir noch viele weitere Dämonen finden, wenn wir noch ein Weilchen graben. Für jetzt sind es jedoch genug.

Jetzt möchte ich euch ein Zitat meines Meisters Osho aus seinem Buch »Unio Mystica« vorlesen, das euch einen Hinweis darauf gibt, wie ihr mit solchen Dämonen umgehen könnt. Ich habe über fünfzehn Jahre mit diesem Zitat gearbeitet, es in jedem Kurs vorgelesen, es aber erst viel später wirklich verstanden. Schließe deine Augen und lass die Worte das berühren, was du bereits weißt. Osho sagt nichts Neues:

»Akzeptiere dich selbst mit großer Dankbarkeit. Was auch immer der Fall ist – es ist so und nicht anders. Kämpfe also nicht dagegen an. Keine Tatsache bringt jemals psychologischen Schmerz hervor. Die Interpretation davon bringt dir Schmerz. Schmerz ist deine Schöpfung, denn es ist deine Interpretation. Verändere die Interpretation und dieselbe Tatsache wird angenehm. Lass alle Interpretationen fallen und die Tatsache ist lediglich eine Tatsache – weder schmerzhaft noch angenehm. Wähle nicht. Habe keine Vorlieben. Sei aufmerksam – annehmend und aufmerksam –, dann hältst du den geheimen Schlüssel in deinen Händen.«

Der Schmerzkörper

Osho weist darauf hin, dass der psychologische Schmerz beispielsweise nicht von der Angst erzeugt wird, sondern von der Interpretation, dass die Angst nicht da sein sollte. Das macht die Angst erst schmerzhaft. Damit bauen wir um die Angst einen Käfig. Dieser Käfig besteht aus: »Nein, das will ich nicht erfahren!« Es ist nicht der Verlust eines geliebten Menschen, der Schmerzen verursacht. Es ist meine Interpretation davon, dass ich niemanden verlieren, dass ich nicht dieses Gefühl

Strategien, um die Trennung beizubehalten

- Anstrengungen und Bemühungen, besser zu werden
- Schmeicheln
- Perfektionismus
- Vortäuschung
- Aggression
- Andere schuldig machen
- Sich selbst hoch, andere niedrig stellen
- Sich selbst niedrig, andere hoch stellen
- Kollabieren
- Herausforderungen meiden
- Im Kopf sein
- Viel in Gesellschaft sein
- Sich zurückziehen

Zugrunde liegende Ideale **Ich sollte sein**	Schatten dahinter **Ich will nicht sein**
gut	schlecht
liebenswert	abstoßend
großzügig	geizig
warm	kalt
sexy	prüde
bescheiden	angeberisch
vergnügt	langweilig
glücklich	traurig
mutig	feige
erfolgreich	erfolglos
zuversichtlich	deprimiert
unterwürfig	arrogant
hilfreich	egoistisch
altruistisch	eigennützig
zentriert	zerstreut
topfit	schlapp
gesund	krank
intelligent	dumm
mitfühlend	kaltherzig

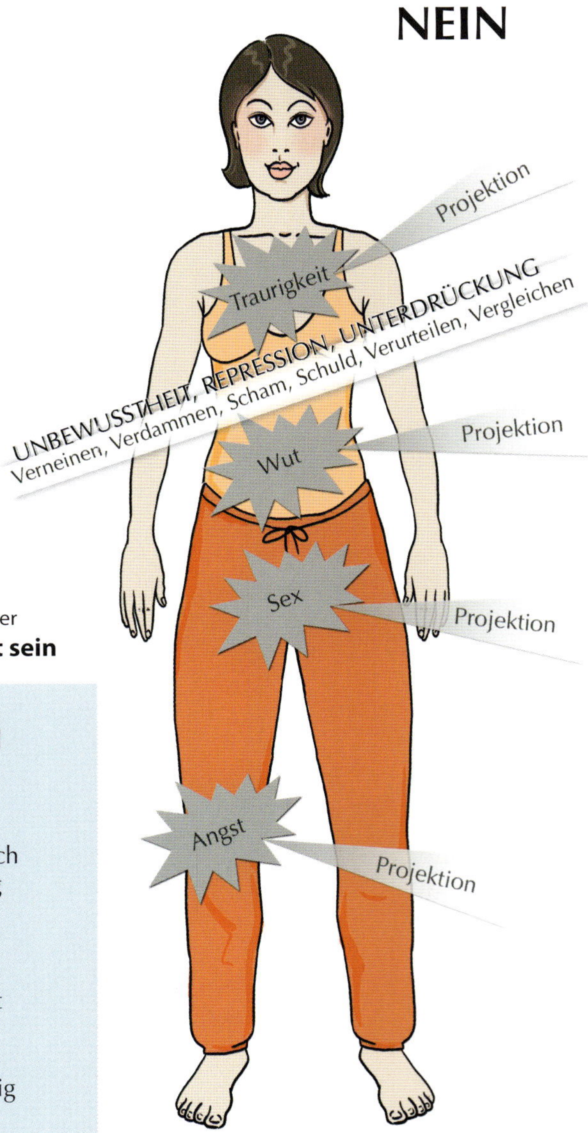

eines tiefen Lochs im Bauch haben sollte. Wir erschaffen einen Käfig aus Nein! Es ist nicht das Gefühl, verlassen zu werden, welches den Schmerz hervorbringt. Es ist unsere Ablehnung davon: »Nein, das möchte ich auf keinen Fall spüren!« Gleiches gilt im Fall von Trauer. Die Trauer ist ein Gefühl, mit dem du sehr tief gehen kannst, wenn du es erlaubst. Wenn du die Trauer jedoch ablehnst, bist zu zurück im Leiden.

Wir bauen einen Käfig um alles, was in unserem Bewusstsein auftaucht und was wir ablehnen. Und so muss es ins Unbewusste wandern. Wir spüren es nicht mehr. Wir wurden zu Meistern im Ablehnen und so spüren wir die Trauer oder die Verlassenheit nicht mehr. Wir haben beschlossen, etwas nie wieder empfinden zu müssen – um jeden Preis.

Vielleicht haben wir das Gefühl, ungenügend zu sein. Wir haben so lange versucht, gut zu sein, dass das Gefühl, nicht gut genug zu sein, einfach nicht akzeptabel ist und in den Untergrund verschwinden muss. Auf diese Weise vergraben wir im Laufe unseres Heranwachsens viele Gefühle. Nach einigen Jahren ist der Energiekörper voller Blockaden und Käfige – ein schmerzhaftes Durcheinander. Eckhart Tolle nennt das in seinem Buch »Jetzt! Die Kraft der Gegenwart« den Schmerzkörper, denn er scheint wirklich eine separate, autonome Identität mit einem Eigenleben zu haben.

Die Schwierigkeit bei den Dingen, die wir ablehnen, ist, dass wir uns von der existenziellen Wahrheit abkoppeln, wenn wir versuchen, diese Dinge loszuwerden. Damit schaffen wir ein energetisches Loch, welches wiederum mehr desselben anzieht. Wenn wir ablehnen, identifizieren wir uns mit dem Schmerzkörper, was weiteren Schmerz anzieht. Der Schmerzkörper verhält sich wie ein hungriges Ungeheuer, das sich von Schmerz ernährt und mehr davon haben will. Du kannst das Ausagieren der Schmerzkörper beispielsweise in Beziehungen beobachten. Wenn die Flitterwochen vorbei sind, vergessen manche Partner die Liebe und quälen sich nur noch. Sie projizieren ihre eigene Negativität auf den anderen und bekämpfen sich gegenseitig. Diese Unbewusstheit schmerzt. Wann immer du jemanden verletzt, verletzt du dich selbst genauso – vielleicht sogar noch mehr. Beim Ausagieren wirst du immer unbewusster, und so bleibst du mit dem Schmerzkörper identifiziert.

Das Kindheitsbewusstsein

Lasst uns betrachten, weshalb wir uns so verhalten. Weshalb lehnen wir Angst ab? Wenn du als Baby Angst hattest, hast du geschrieen, deinen ganzen Körper für die Angst geöffnet, hast der Energie erlaubt, sich im Schreien auszudrücken, bis sie abgebaut war. Im nächsten Moment hast du gelächelt. Wie kommt es, dass wir nun einen Käfig um die Angst gebaut haben? Hast du eine Idee?

Ich möchte sie nicht spüren.

Weshalb? Wer hat dir beigebracht, die Angst nicht zu spüren?

Meine Eltern.

Richtig. Deine Eltern fürchteten sich auch vor ihrer eigenen Angst und haben dir deshalb nicht beigebracht, dass sie in Ordnung ist. Eltern lehren uns viel mehr durch ihre Art zu leben, als durch das, was sie sagen. Du sagtest vielleicht: ›Mama, ich habe Angst!‹, und sie antwortete: ›Du brauchst keine Angst zu haben‹, obwohl sie selbst Angst hatte.

Sie sagte: ›Es gibt nichts, vor dem du dich fürchten müsstest!‹

Ja. Es gibt nichts, vor dem du dich fürchten müsstest. Die Nachricht, die sie dir damit vermittelte, ist, dass es falsch ist, Angst zu haben. Kinder sind sehr offene Wesen. Sie spüren die Angst der Mutter, obwohl sie diese verleugnet. Wenn die Mutter sagt, es brauche keine Angst zu haben, dann hat das Kind das Gefühl, dass es falsch ist, wenn Angst im Bewusstsein erscheint. Weshalb folgen wir der Mutter und nicht unserem eigenen Instinkt?

Weil wir die Liebe der Mutter brauchen.

Genau, weil wir Liebe brauchen. Daraus bilden wir dann: ›Wenn ich mir erlaube, Angst zu haben, dann wird sie mich nicht lieben.‹ Damit tausche ich mein Leben für Liebe ein. Aber das funktioniert offensichtlich nicht. Vielleicht versuchst du bis heute, dein Leben für die Liebe einzutauschen. Warum tust du das? Weil dein Kindheitsbewusstsein die Oberhand hat und überzeugt davon ist, dass die Quelle der Liebe im Außen zu suchen ist. Das hast du als Kind gelernt. Nach der Geburt ist die Mutter deine einzige Nahrungsquelle. Wenn du dich von dieser Quelle trennst, dann stirbst du. Und so verleugnest du lieber das, was in dir aufsteigt, damit diese Quelle offen bleibt. Die meisten von uns leben immer noch so, obwohl diese Quelle schon lange versiegt sein mag.

Ideale

Wir betrachten das einmal aus einem anderen Blickwinkel. Das Seltsame ist, dass wir nichts ändern, obwohl wir es sehen. Wir verstehen zwar, dass wir nicht länger unsere Mutter oder jemand anderen brauchen, um am Leben zu bleiben. Und trotzdem tragen wir dieses unbewusste Muster und viele weitere unerforschte Muster in uns. Diese müssen wir dann mit Idealen und Ich-Sollte-Sätzen überdecken. Wir interessieren uns mehr für unsere Ideale und Ich-Sollte-Sätze als für das, was ist.

Wie solltest du sein? Lasst uns zur Illustration ein paar bunte Ideale sammeln:

Ich sollte ruhig sein – Ich sollte nett sein – Ich sollte fähig sein – Ich sollte meine Familie retten – Ich sollte freundlich sein – Ich sollte mich beherrschen – Ich sollte vertrauenswürdig sein – Ich sollte gut sein – Ich sollte besser sein – Ich sollte effektiv sein – Ich sollte gescheit sein – Ich sollte Harmonie spüren – Ich sollte Liebe geben – Ich sollte männlich sein – Ich sollte vernünftig sein – Ich sollte sensibel sein – Ich sollte andere glücklich machen – Ich sollte unterstützend sein – Ich sollte unsichtbar sein – Ich sollte stark sein – Ich sollte intelligent sein.

Spürst du, dass Erregung aufkommt, wenn wir über die Ideale sprechen? Dahinter steckt der Gedanke: ›Vielleicht schaffe ich es ja doch noch!‹ Es ist wie die Karotte vor der Nase des Esels, um ihn anzutreiben. ›Wenn ich mich nur genug anstrenge, schaffe ich es vielleicht.‹ Da ist die Hoffnung. Wenn du dir einmal die Mühe machtest, alle Ideale und Ich-Sollte-Sätze aufzuschreiben, die während des Tages so auftauchen, dann hättest du bestimmt eine Liste von zweitausend Idealen zusammen – wenn nicht mehr!

Was machen Ideale mit uns? Es ist sehr wichtig, das zu verstehen. Wenn du beispielsweise das Ideal in dir trägst ›Ich sollte ruhig sein‹, was musst du dann dafür unterdrücken?

Lebendigkeit und Spontaneität.

Richtig. Du musst deine Lebendigkeit und wahrscheinlich auch deine Wildheit unterdrücken – genau!

Ich muss auch mein Glücklichsein unterdrücken.

Ja. Es kauern nicht nur die negativen Geister in den Käfigen und werden verleugnet, sondern auch so etwas wie Glück. Und wenn das Glück dann in dir aufsteigt, ist es nicht akzeptabel. Du musst es unterdrücken und Nein dazu sagen. Alle deine Neins formen den Käfig darum. Das Glücklichsein wandert dann ins Unterbewusste und du wunderst dich, weshalb du mit einem traurigen Gesicht durchs Leben gehst. Du tust das, weil du unbewusst entschieden hast, dass Glücklichsein nichts für dich ist und dass du es zurückhalten musst. Wenn du ›besser‹ sein musst, was musst du dann im Inneren unterdrücken?

Das Gefühl, nicht in Ordnung zu sein.

Ja. Das Gefühl, nicht in Ordnung zu sein, ist besonders schmerzhaft, wenn wir es ablehnen. Es versteckt sich direkt hinter dem ›besser‹. Was ist das für ein Stress, immer zu versuchen besser zu sein, damit wir das Gefühl, nicht in Ordnung zu sein, nicht spüren müssen! Wo sitzt das in deinem Körper, dieses Gefühl, nicht in Ordnung zu sein wie du bist?

Es ist überall und ich fühle mich müde.

Überall im Körper. Kein Wunder, dass der ganze Körper sich müde fühlt, wenn alles besser sein müsste. Ich verstehe. Wenn du leistungsfähig sein solltest, was musst du dann im Inneren unterdrücken?

Meine Spontaneität und Freiheit.

Das ist interessant. Auf einmal müssen sogar Spontaneität und Freiheit, Ausdruck deiner Lebensenergie, in den Untergrund verschwinden. Das ist wirklich sehr schmerzhaft, nicht wahr? Seltsamerweise sind wir mehr an den Idealen interessiert, wie wir sein sollten, als daran herauszufinden, wer wir sind. Das kommt daher, weil wir glauben: ›Wenn ich mich wirklich selbst erkenne, dann werden auch die anderen Leute merken, wie schlecht ich bin, und dann werden sie mich nicht lieben.‹ Irgendwo tief drinnen denken wir: ›Ich bin nicht in Ordnung.‹ Tief unten im Keller lauert die Unwürdigkeit, dass ich nicht okay bin. Kann jemand damit was anfangen?

Ja!

Das ist wirklich die Grundlüge, dass ›irgendwas mit mir nicht stimmt‹. Wir hinterfragen dies nie. Wir wollen das weder fühlen noch erforschen. Damit wir das und die vielen Käfige im Schmerzkörper nicht fühlen müssen, entwickelten wir eine Menge unterschiedlicher Strategien, um diesem Schmerz zu entgehen.

Strategien

Was sind deine bevorzugten Strategien, um Schmerz nicht spüren zu müssen?

Ich isoliere mich.

Ich schränke mich ein und übe Disziplin.

Ich mache mir Sorgen.

Du machst dir also Sorgen. Und wie suchst du Zerstreuung, wenn die Sorgen zu viel werden?

Ich schalte den Fernseher ein.

Ich schlafe.

Ich spiele die Rolle, die gerade gefragt ist.

Ich gebe etwas vor.

Ich halte mich sehr beschäftigt.

Ich provoziere.

Ich gehe los und kaufe ein.

Ich spiele Computerspiele.

Ich lese Zeitung.

Zeitung lesen und sich mit dem Elend in der Welt zu befassen, sind Strategien, um dich mit deinem eigenen Leid nicht befassen zu müssen. Du wirst immer jemanden finden, dem es schlechter geht als dir – und das ist tröstlich.

Projektionen

Nehmen wir an, wir lehnen die Trauer ab. Interessanterweise verschwindet die Trauer nicht, auch wenn wir sie nicht spüren. Wenn dann jemand anderes traurig ist, dann wollen wir ihn schnell trösten, denn das erinnert uns an unsere eigene Traurigkeit. Die Strategie dahinter ist folgendermaßen: Wir haben das Gefühl, dass etwas mit der anderen Person nicht stimmt. Sie sollte nicht traurig sein. Und so projizieren wir unsere eigene, unterdrückte Traurigkeit nach außen – auf eine positive oder eine negative Art und Weise. Entweder versuchen wir, dem anderen zu helfen, dass er nicht mehr traurig ist, oder wir lehnen den anderen ab und gehen ihm aus dem Weg.

Wenn wir unsere eigene Angst nicht spüren wollen, kann eine andere Strategie sein, dass wir sie überspielen und vorgeben, mutig zu sein. Wir mimen den Helden und projizieren dann auf jemanden, der sich fürchtet, ein Urteil wie »Schwächling, Feigling«. Was immer du in dir nicht angenommen hast, verurteilst du. Du verdammst es, wenn du es in dir selbst siehst, und du verteufelst es auch bei anderen. Wenn du die innere Wunde, abgelehnt zu werden, in dir trägst, dann musst du Leute konfrontieren und ablehnen. Du musst mit dem anderen dasselbe tun wie mit dir selbst. Du verteufelst und lehnst innerlich wie äußerlich ab. Oder du verleugnest es und sagst: »Ich bin nicht so – ich bin nicht schwach!«

Ein anderes Beispiel: Nehmen wir an, dass du das Gefühl der Unzulänglichkeit ablehnst, weil du leistungsfähig sein solltest. Dann wirst du Leute verurteilen, die nicht effizient sind. Du denkst: »Los, komm schon, bring was auf die Reihe!« – und fühlst dich dabei überlegen. Du lehnst es ab, wenn jemand nicht funktioniert.

Das waren drei Beispiele für Projektionen. Das Schöne daran ist, dass sie uns direkt zu dem führen, was wir im Inneren ablehnen, wenn wir sie erkannt haben. Versuch also nicht, mit dem Projizieren aufzuhören, denn es wird nicht funktionieren. Projiziere und werde bewusst dabei. Dann wird der, auf den du projizierst, ein Spiegel für dich, in welchem du dich selbst erkennst. Das kann einen Moment lang schmerzen, aber danach kann dieses Spiegeln zum Schlüssel für dich werden, um dich selbst für die Liebe zu befreien.

Es gibt ein paar sehr einfache Arten, wie wir mit dieser verleugneten Energie umgehen können. Eine äußerst wirkungsvolle und desillusionierende Technik ist Byron Katies »The Work« (siehe weiter unten), eine andere ist »der leere Stuhl«, bekannt aus der Gestalt-Arbeit. Dabei unterhältst du dich mit demjenigen, auf den du projizierst, indem du abwechselnd auf deinem Stuhl und dann auf dem Stuhl des anderen sitzt. So kannst du beide Teile als deine eigenen spüren.

Wünsche

Weil wir uns weit von unserer Quelle entfernt haben, sind wir besessen von Wünschen und Verlangen. Wir wollen alle möglichen Erlebnisse herbeiführen, damit wir uns wieder ganz fühlen, so hoffen wir insgeheim. Unsere Wünsche sind Ausdruck unserer unaufhörlichen Hoffnung, dass es uns eines Tages wieder gut gehen wird. Wünsche helfen uns, unser Wohlgefühl in die Zukunft zu projizieren. Deshalb sind Wünsche sehr gute Wegweiser. Nutze deine Wünsche zur

Erforschung dessen, was du wirklich suchst. Vielleicht möchtest du ein neues Auto, neue Kleidung oder auch etwas anderes. Die Frage, der du nachgehen kannst, lautet: Was wird es dir geben? Wo auch immer du anfängst, du wirst früher oder später bei einer der folgenden Qualitäten landen:

- dem Gefühl von Ganzheit und Einssein
- dem Gefühl von Befriedigung und Erfüllung sowie dem Gefühl, Zuhause angekommen zu sein
- dem Gefühl von Freude, Glück und Spaß
- dem Gefühl von Entspannung, Frieden und Stille
- dem Gefühl von Wahrhaftigkeit
- dem Gefühl von Liebe, Zärtlichkeit und Mitgefühl
- dem Gefühl von Freiheit.

Ein Beispiel:

Was möchtest du unbedingt in deinem Leben?

Ich möchte die Auflösung meiner Spannungen.

Gut. Was wird es dir geben, wenn du deine Spannungen aufgelöst hast? Was ist der Grund dafür, dass du diese Auflösung möchtest?

Wenn ich zurück in mein normales Leben gehe, werde ich in der Lage sein, damit umzugehen.

Was wird es dir geben, wenn du in der Lage bist, mit deinem normalen Leben umzugehen?

Das wird mir den Raum geben, einige Entscheidungen über mein Leben zu treffen.

Ist das Freiheit oder etwas anderes?

Ich habe das Gefühl, wenn ich mir den Raum gebe, dann finde ich den Weg zurück zu mir selbst.

Sehr gut! Lass uns annehmen, dass du den Raum hast und dass du den Weg zurück zu dir selbst gefunden hast. Was wird dir das geben?

Das gibt mir Freiheit, Frieden, Freude und Liebe.

Hier ist ein anderes Beispiel:

Ich wünsche mir eine erfüllende Partnerschaft.

Lass uns annehmen, dass du bereits eine erfüllende Partnerschaft hast. Was wird dir das geben?

Ich werde mich nicht mehr einsam fühlen.

Was wird dir das geben, wenn du dich nicht einsam fühlst?

Das Gefühl, dazuzugehören.

Was wird dir das Gefühl, dazuzugehören geben?

Es wird mir Entspannung, Freude, Frieden und Liebe geben.

... und noch ein weiteres Beispiel:

Ich will einen gut funktionierenden Körper, der mich von A nach B bringt.

Sehr gut, ein gut funktionierender Körper, der dich von A nach B bringt. Was wird es dir bringen, wenn du den hast?

Ich könnte mich von A nach B bewegen.

Was wird es dir geben, in einem gesunden Körper von A nach B zu kommen?

Veränderung, Abenteuer!

Was wird dir das Abenteuer geben?

Spaß!

Ja, Spaß. Du willst Spaß haben, der zur Freude gehört.

Es läuft also darauf hinaus, dass alle unsere Sehnsüchte uns letztlich in Richtung der Qualitäten führen, die unser wahres Selbst ausmachen und die schon immer da waren. Wir haben uns nur verirrt, indem wir die Erfüllung außerhalb von uns selbst gesucht haben. Unser Geist hat sich verirrt und braucht das Erwachen – nicht unser wahres Wesen. Unser Geist muss aufwachen und realisieren, wer wir wirklich sind.

Die Alchemie des Akzeptierens

Jede Ebene kann ein Anfangspunkt sein. Was tun wir, um die Heilung in Gang zu bringen? Nehmen wir als Beispiel die Angst vor dem Tod – die kennen wir alle.

Wir erinnern uns an die Herzqualitäten, die wir gefunden haben. Was geschieht mit der Angst vor dem Tod, wenn wir all diese Herzqualitäten mit ins Spiel bringen? Was wäre, wenn wir *dankbar* für unsere Angst vor dem Tod wären? Wenn wir der Angst vor dem Tod *erlauben* würden, uns *innerlich weich* werden zu lassen? Was, wenn wir für die Angst vor dem Tod *verletzlich* würden? Was, wenn wir wirklich *annehmen was ist* und beschließen, es zu spüren? Wenn wir die Angst vor dem Tod *empfangen*, sie einladen, da zu sein – die unbegrenzte Angst vor dem Tod? Was, wenn wir dieser Angst *erlauben zu fließen*? Was, wenn wir die Angst mit *Zartheit* willkommen heißen? Wenn wir die *Höhle öffnen* und diese Angst in die Höhle lassen? Was, wenn wir dieser Angst erlauben, *frisch, lebendig und lebhaft* zu sein und sich *in uns auszubreiten*? Was, wenn wir die Angst *mit Mitgefühl in die Arme schließen*, bis sie *pulsiert*, sodass der ganze Körper zittert und schmerzt? Wenn wir die Angst vor dem Tod dann in *das große Nichts* unseres Seins fallen lassen?

Was geschieht mit der Angst vor dem Tod angesichts all dieser Herzensqualitäten? Die Angst löst sich auf. Sie verwandelt sich in etwas anderes. Was sich wie ein gefrorener Energieblock mit der Aufschrift »Angst vor dem Tod« anfühlte, wird lebendig. Du hattest dich von einem Teil deines eigenen Lebens abgeschnitten und jetzt umarmst du ihn. Die Angst vor dem Tod ist natürlich. Wenn die Angst vor dem Tod im Bewusstsein präsent ist und vollständig angenommen wird, dann wird sie zu strahlendem Leben erweckt. Sie wird zu Offenheit und wandelt sich um in Bewusstsein. Und das magische Wort lautet »Ja«!

Die gute Nachricht ist, dass du nichts loswerden musst, was in deinem Bewusstsein aufsteigt. Die Wahrheit, dass du nichts aus deinem Inneren loszuwerden brauchst, muss tief in dein Herz einsinken. Es ist das Leben und die Liebe in Verkleidung. Das ist die Herausforderung, für die wir hier sind. Das ist der Weg zur Ganzheit. So gesehen, kann die Wut dich nicht verbrennen, der Hass dich nicht berühren und die Gewalt dich nicht töten. Vielleicht tötet sie deinen Körper, aber nicht dich!

Es ist das Nein, das den Schmerzkörper lebendig erhält. Das Ego besteht aus Nein und aus der Annahme, selbst der Handelnde zu sein. Der Schmerzkörper ist ein Monster. Er sieht nicht nur aus wie ein Monster, sondern verhält sich auch wie eins. Er ernährt sich von seinem Lieblingsstoff, dem Schmerz. Er denkt im Geheimen: »Wenn du mich verletzt, verletze ich dich, und weil ich aufgehört habe, meine Schmerzen zu spüren, werde ich stattdessen nur dich verletzen.« Das wiederum verletzt noch mehr, weil wir alle Eins sind. Wenn ich dich also verletze, verletze ich mich genauso. Das nennt man Krieg – es geschieht überall auf der Welt. Er ist endlos und ernährt sich von sich selbst. Der Schmerzkörper, die falsche Identifizierung mit dem Nein zum Leben, ernährt sich selbst und setzt sich endlos fort. Wenn wir ihn mit Bewusstsein, Liebe und Achtsamkeit durchdringen, löst er sich auf. Allein die Idee, sich von einem Gefühl oder Erlebnis abschneiden zu müssen, schafft Dualität und lehnt einen Teil des Lebens ab. Das schafft Leiden. Das ist Unbewusstheit. Wir müssen uns von gar nichts trennen. Wenn wir alles sanft ins Bewusstsein einladen, was auch immer auftaucht, dann wird es zu Bewusstsein. Das ist eine sehr gute Nachricht.

Ist das die Aufgabe eines Beraters?

Deine Aufgabe als Berater ist in erster Linie, dies für dich selbst zu verstehen und umzusetzen. Wenn du es für dich selbst verstanden hast, wirst du nicht versuchen, jemanden davon abzuhalten, Angst oder Trauer zu empfinden. Du wirst alles willkommen heißen und akzeptieren, was dieser Mensch dir bringen mag. Du wirst herausfinden, von welcher Schicht die Person kommt, und wirst liebevolles Bewusstsein hinzufügen. Wenn du bereit bist, offen zu sein und das in dir selbst zu berühren, dann wird sich das wie Sterben anfühlen. Was stirbt, ist jedoch lediglich das Muster und nicht du selbst.

Dafür gibt es allerdings keine Garantie. Die Menschen wollen immer erst eine Garantie, aber die Existenz gibt keine Garantien. Wenn du dich sicher fühlst, dann bist du nicht verletzlich. Stelle also keine Bedingungen! Es gibt jedoch eine Überraschung: Was sehr dunkel aussieht, enthält tatsächlich auch Licht. Wir müssen die Dunkelheit nicht bekämpfen. Sie hat kein Eigenleben. Dunkelheit ist die Abwesenheit von Licht. Wenn du mit der Dunkelheit arbeiten willst, dann arbeite mit Licht. Bring Licht hinzu. Die Käfige bestehen aus der Abwesenheit von Bewusstsein. Man könnte sagen, es sind schwarze Löcher, die Energie in ihre Schwärze saugen. Es ist eine Abwesenheit. Die Käfige verschwinden, wenn liebevolle Präsenz hinzukommt. Aber glaube das nicht nur, sondern probier es aus. Dafür sind wir hier.

Wenn du dir diese Angst zugestehst, wie reagiert der Körper darauf? Was geschieht mit dem ganzen Adrenalin in deinem Blut oder allem, was mit der Angst zusammenhängt? Sind diese Stoffe dann immer noch präsent?

Ja, sie sind noch für eine Weile präsent. Der Körper zeigt eine natürliche Reaktion auf direkte Gefahr. Er antwortet mit Notfallchemie, um den Körper darauf vorzubereiten zu kämpfen oder zu fliehen. Erinnere dich an eine Situation, in welcher du in direkter Gefahr warst. Hattest du da Angst? Nein, es war reine Präsenz, pure Lebensenergie, bereit zu reagieren. Angst ist ein Konstrukt des Verstandes. Sie ist nicht real. Wir nähren ständig das, was nicht real ist, weil wir das Reale noch nicht erkannt haben.

Manchmal kommt die Angst erst hinterher.

Richtig, oft kommt die Angst im Nachhinein. Während des Erlebnisses fluten die Stoffe instinktiv dein System und sie wirken nach, nachdem die direkte Gefahr vorüber ist. Du solltest dann eine Art energetische Reinigung machen, zum Beispiel um den Block rennen, damit diese Stoffe verbraucht werden, oder deinen Körper schütteln, ›Gibberish‹ machen, also deine Gefühle in einer Nonsens-Sprache ausdrücken.

Eckhart Tolle schreibt in ›Jetzt‹, dass er dies von den Enten gelernt hat. Nach einem kurzen Territorialstreit gehen sie auseinander und schlagen eine Weile lang heftig mit den Flügeln, um die überschüssige Energie loszuwerden. Auf diese Weise bleibt nichts übrig, was eine Energieblockade im Körper-Geist bilden könnte.

Meistens jedoch hörst du auf deinen Verstand, der eine Geschichte um das Geschehen aufbaut. Er sagt dir: ›Du hättest sterben können!‹ Dann beginnst du zu zittern und erlebst alle Symptome der Angst. Aber du kannst in jedem Stadium aufwachen und das zulassen, was geschieht.

Eine andere Methode zur Verleugnung der Angst kann sein, dass du gefährliche Sportarten wie Freeclimbing, Autorennen oder Bungeejumping ausübst, um dir zu beweisen, dass du furchtlos bist. Es ist nicht nötig, dein Leben zu riskieren, nur um zu vermeiden, dass du Angst spürst. Wenn du deiner Angst mit vollem Bewusstsein gegenüber trittst, dann reicht das aus, um sie zu transformieren.

JA

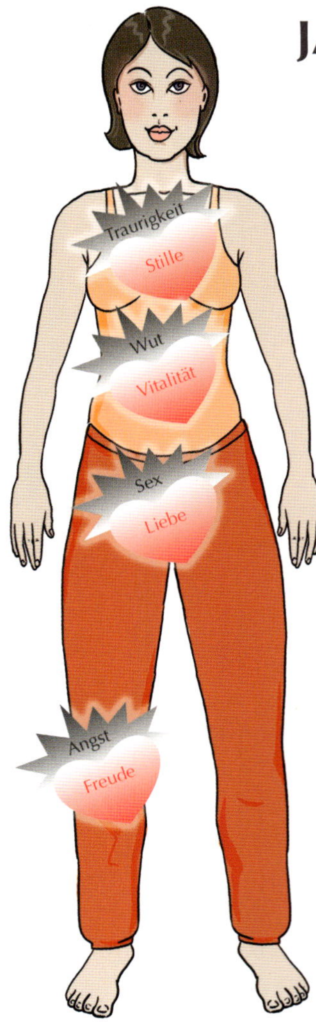

Mögliche Schritte der Transformation

- Sich des Leidens bewusst werden, den Raum erkennen, in dem man ist
- Die Körperempfindungen, Spannungen und Atmungsmuster erkennen und fühlen
- Einen tiefen Atemzug nehmen und allen Empfindungen Raum geben
- Die Eigenschaften dieser Energien finden: Farbe, Muster, Form, Klangbild, Gefühl
- Wie wird die Außenwelt wahrgenommen, welche Projektionen existieren?
- Was für Gedankenformen sind da, wie läuft der innere Dialog ab?
- Der Energie erlauben zu vibrieren, lebendig zu werden und wenn nötig, durch Bewegungen, Töne und Atmung ausdrücken
- Fühlen und zu dem Gefühl werden: »Ich bin Traurigkeit«
- Die Gefühle und Empfindungen willkommen heißen, sie einladen, sich mit ihnen verbinden und Eins mit ihnen werden; die Energie absorbieren und ihr erlauben, »nach Hause zu kommen«
- In der Stille und dem Raum hinter allen Erfahrungen ruhen

Qualitäten des Herzens

Liebe
Akzeptieren
Mitgefühl
Zuhören
Teilen
Erlauben
Umarmen
Willkommen heißen

Raum
Stille
Leere
Spiegeln
Einbeziehen
Einheit
Licht
Fließen

Eingangspunkte

Voraussetzungen für die Kommunikation des Herzens

Wenn wir das Wesen eines Menschen erreichen möchten, ist das Herz eine der einfachsten Türen. In allen meinen Trainings und Gruppen beginne ich den Tag mit einer geführten Herzmeditation. Die Worte für die Meditation wähle ich spontan, aber der Inhalt bleibt gleich. Die Meditation hilft, uns jenseits des geschäftigen Verstandes in die Leere und Stille zu bewegen.

Wenn wir Heilung und Transformation geschehen lassen möchten, dann müssen wir in der Lage sein, dem anderen auf einer tieferen Ebene als dem Inhalt seines Verstands zu begegnen. Damit wir uns wirklich auf einer tiefen Ebene treffen können, ist es notwendig, in uns selbst einzutauchen, um dort die Leere und Stille zu finden. Erst dann werden wir in Synchronizität mit der Leere und Stille des anderen eintreten. Synchronizität geschieht, wenn die Leere von zwei oder mehreren Menschen zu einer werden. Es kommt zu einer Resonanz auf der Ebene des Seins.

Ein sehr guter Beginn für eine Sitzung ist es, nach innen zu gehen, indem wir ein paar Minuten gemeinsam in Stille sitzen: »Schließe für einen Moment deine Augen und atme entspannt in dein Herz. Lasse dich jenseits des Inhalts deines Verstandes in die Leere fallen. Ruhe einen Moment lang in dieser Weite ...«

Allein dein Ruhen in der Leere lässt Resonanz mit der Leere der anderen Person geschehen – ob sie sich dessen bewusst ist oder nicht. Bei einem Treffen auf der tiefsten Ebene werden zwei »Leeren« eins. In der Leere, Resonanz und Synchronizität des Seins werden Probleme, die an der Oberfläche erscheinen, einfach als Lebenssituationen erkannt, die etwas mehr Verständnis erfordern.

Erinnere dich während der ganzen Sitzung immer wieder an deine eigene Mitte. Wenn jemand verzweifelt ist und du ihn unterstützen willst, dann braucht dieser Mensch liebevolles Bewusstsein und den Raum und Mut, das zu erkennen, was ist. Das ist alles, was ein Mensch wirklich braucht: liebevolles Bewusstsein, Raum und Mut, um all das zu erkennen, was ist.

Wenn es einen Punkt gibt, an dem du denkst, dass etwas mit dem anderen nicht stimmt, dann bedeutet das lediglich, dass du nicht in Synchronizität bist. Du bist dann gefangen in deinen eigenen Strategien und Abwehrschichten, vielleicht in einem subtilen Gefühl von Überlegenheit. Du triffst den anderen auf dieser Ebene und er wird sich minderwertig fühlen. Ihr lebt dann beide ein Beziehungsmuster aus und geratet dadurch vielleicht in eine Diskussion. Heilung ist nicht möglich, wenn einer oder beide von euch versuchen, Recht zu haben und das Gegenüber zu verändern.

Wann immer du feststellst, dass du etwas im anderen verändern willst, halte inne. Gehe zurück in deine Mitte, sinke in dich selbst ein. Verweile in der Leere im

Inneren und tue einige Zeit überhaupt nichts. Das bewirkt einen starken Sog und das Wesen des anderen wird antworten. Von diesem Standpunkt aus kannst du die Vollkommenheit des anderen Wesens sehen. Du kannst ihn genau auf der Ebene umarmen, auf welcher er sich gerade befindet. In dieser Synchronizität lockert sich die feste Identifikation mit dem Problem, mit dem er zu dir gekommen ist.

Es gibt verschiedene Eingangspunkte für eine Sitzung. Wir können das Kreismodell mit all seinen Schichten verwenden und dabei eine beliebige Schicht wählen, die uns als Eingangspunkt auffällt. Wir können auch verschiedene Fragen als Eingangspunkte nehmen. Meine Lehrerin Sagarpriya entwickelte eine Reihe von Fragen, die sich beim Beraten als sehr hilfreich erwiesen haben. Sie alle führen zu einem einzigen Punkt: sich dessen bewusst zu sein, was im Hier und Jetzt geschieht. Es sind Fragen, die du dir als Berater im Inneren selbst stellst. Danach magst du sie vielleicht der Person stellen, mit der du arbeitest.

Gibt es ein schmerzhaftes Thema?

Die erste Frage ist, ob sich dein Klient eines Themas bewusst ist. Ist er sich eines Themas bewusst, das ihn leiden lässt? Kommt er mit einem Thema, das energetisch festgehalten wird? Wenn er sich keines Themas bewusst ist, dann nutze die Sitzung entweder als Unterstützung für die Freude der Präsenz oder dringe tiefer in das Unbewusste der Person vor, um Bereiche zu enthüllen, in denen die Lebensenergie nicht frei fließt. Du kannst etwas »nachbohren«.

Das Leben ist eine funkelnde Präsenz. Wenn dieser Lebensfunken bei der Person, mit der du arbeitest, nicht spürbar ist, dann ist das ein Hinweis, dass da noch mehr Potenzial für Präsenz verborgen ist. Dann wird vielleicht der Spürhund in dir neugierig und will es herausfinden. Wo könnte die Tür zur Öffnung für mehr Präsenz sein? In anderen Worten: Was kannst du im Unbewussten enthüllen, das das Leben daran hindert, frei zu fließen? Was steht der Ganzheit und Vollkommenheit im Weg? Hier beginnt die Untersuchung. Du kannst deinen Klienten nach Situationen fragen, in denen er oft unglücklich ist, und das nutzen, um tiefer zu graben.

Während du dir die Aussagen über die Begrenzungen anhörst, wie zum Beispiel: »Ich habe Angst, Entscheidungen zu treffen«, stellst du deinem Klienten Fragen, die ihn tiefer an die Quelle des Schmerzes führen. Zum Beispiel: »Wovor hast du wirklich Angst, wenn du Angst hast, Entscheidungen zu treffen?« Dann gräbst du tiefer und tiefer, bis die Person auf etwas Altes stößt, von dem sie beschlossen hatte, es nie wieder zu berühren. Vielleicht ist es das Gefühl, nicht gut genug zu sein und nicht geliebt zu werden. Du wirst anhand der Schmerzantwort merken, ob es sich um eine alte Identifikation handelt. Dort »schmerzt der Zahn«.

Manchmal kannst du auch nur die schmerzhafte Stelle im Körper berühren, wohin sich die Energie gewohnheitsmäßig zurückzieht, bis Bewusstsein und Präsenz für diese Energie im Körper das Thema sanft als eine alte, emotionale Erinnerung enthüllt, die noch nicht willkommen geheißen worden ist.

Gibt es ein Ja oder ein Nein?

Eine nächste Frage ist, ob dein Klient ein Ja oder ein Nein für die Energie hinter dem Thema hegt. Selbst wenn du das Thema nicht kennst, wirst du merken, ob er offen oder verschlossen ist, ob er mit Anzeichen von Nein schwingt oder ob er ganz offen ist und mit Anzeichen von Ja fließt. Wenn ein Nein vorherrscht, unterstützt du deinen Klienten dabei, zur Akzeptanz zu finden.

Präsentiert jemand zum Beispiel eine Thematik rund um den Verlust eines geliebten Menschen, ist vermutlich tiefe Trauer vorhanden. Frage dich dann selbst, ob es ein Ja oder ein Nein rund um die Trauerenergie in dieser Situation gibt. Wenn da ein Ja ist, kannst du die Person unterstützen, sich für die Trauer zu öffnen und tiefere Schichten von Gram hinter der Trauer zu enthüllen, welche ihn an einen Punkt des Loslassens bringen können. Wenn ein Mensch jedoch die Realität ablehnt, mit der Trauer hadert und sie verändern will, dann erkennst du das als Zeichen für ein Nein. Hier ist der Punkt, um damit zu beginnen, an der Akzeptanz zu arbeiten, durch die er vielleicht in einem ersten Schritt das Ja zum Nein findet.

Das Ego lebt von all unseren Neins zum Leben, es trifft eine Wahl: Das eine mag ich, aber das andere mag ich nicht. Das Ego wird unterhalten vom denkenden Verstand, von Glaubenssätzen, Idealen, Abwehrmechanismen und unterdrückten Gefühlen.

Sagarpriya hat eine Übung entwickelt, eine kleine Entdeckungsreise, die den Unterschied zwischen erleuchtetem Leben und dem Leben in der Hölle aufzuzeigen vermag. Die folgende Niederschrift aus einem Kurs gibt einen Dialog mit mehreren Teilnehmern wieder, mit denen wir die Übung gemacht haben:

Ich werde dich bitten, einen bestimmten Satz zu sagen und diesem Satz dann etwas anzufügen, was sich in diesem Moment ereignet. Während du das tust, achte bitte genau auf deine Energie. Was geschieht dabei in deinem Körper, mit deinen Gefühlen, in deinem Körper-Geist?

Wir sind gleichzeitig innen und außen. Die Vorgänge in deinem Körper-Geist sind da, wie auch der Beobachter da ist. Ich meine dabei nicht das angestrengte Beobachten mit einem Teil deines Verstandes. Das unendliche Bewusstsein beobachtet, während es sich entfaltet. Wenn du deine Aufmerksamkeit in die Gegenwart bringst, ist es immer da.

Du sagst folgenden Satz: ›Während ich jetzt Ja sage zum Leben, ... ‹ Dann fügst du das an, was gerade in diesem Moment geschieht, und beschreibst es. Hier sind Beispiele: Während ich jetzt Ja sage zum Leben, bewege ich meine rechte Hand, berühre mit dem Zeigefinger den Daumen und betrachte die Blumen. Während ich jetzt Ja sage zum Leben, richte ich meine Brille, sehe dich an und nehme einen tiefen Atemzug. Während ich jetzt Ja sage zum Leben, strecke ich meine Beine aus, kreuze sie und bewege die Zehen. So beschreibe ich genau das, was bereits geschieht. Ich möchte, dass du das tust und dabei laut genug sprichst, sodass du deine Stimme hörst. Halte einen Moment inne: Was beobachtest du, was geschieht?

Ich lächle.

Du lächelst. Und wie fühlst du dich dabei?

Ich bin entspannt und fröhlich und ich bin mir der Einzelheiten bewusst.

Da ist also Bewusstsein. Noch etwas anderes?

Präsent, offen – ich spüre die Schönheit und die Vollkommenheit.

Ist das nicht interessant? Du siehst Vollkommenheit. Wie kam es dazu? Möchte noch jemand berichten?

Ich fühle mich belebt.

Belebt.

Ich bin präsent und voller Vertrauen. Ich habe keine Gedanken.

Richtig, da sind wir also. Du fühlst dich voller Vertrauen. Auf einmal ist Vertrauen da. Du hast den Eindruck, dass der Verstand nicht so hart arbeitet. Präsenz hat eine höhere Schwingung als Gedanken. Du bist präsent und die Gedanken sind uninteressant.

Ich fühle mich friedlich.

Jetzt nähern wir uns aber langsam den Dingen, die wir uns wünschen, nicht wahr? Noch etwas?

Mir wird klar, wie voller Präsenz dieser Platz ist.

Dir wird die Fülle der Präsenz klar, die Fülle des Jetzt. Gut. Noch etwas?

Es ist aufregend.

Ja, das ist es! Das Leben ist immer aufregend, wenn wir mittendrin sind. Es wird nur dann langweilig, wenn wir woanders sein wollen, denn dann verpassen wir es.

Ich fühle mich normal und in Ordnung.

Ja, das ist wirklich der normalste Zustand, in dem wir sein können. Sehr gut!

Ich habe das Gefühl, dass es nicht meiner Kontrolle unterliegt. Was ich sage, kommt von woanders her.

Das, was du sagst, kommt nicht von dir – es kommt von woanders. Es wird einfach durch dich ausgedrückt. Du bist nicht der Handelnde, das ist richtig.

Ist das eine Art von Verbindung?

Ist es das? Fühlst du dich verbunden?

Ja, wir sind alle Eins.

Du sagst, wir sind alle Eins. Du hast ein Gefühl von Verbundenheit, obwohl wir an verschiedenen Stellen stehen. Gut! Verbindung. Noch etwas?

Ich fühle mich sehr kindisch.

Verurteilst du das? Fühlst du dich kindisch oder kindlich?

Eher kindlich, unschuldig. Ich entdecke.

Okay, kindlich. ›Bevor du nicht zum Kind wirst, wirst du nicht ins Königreich Gottes eingehen.‹ Hier sind wir also und sagen Ja zum Hier und Jetzt. Wenn ich mich selbst beobachte und mich im Raum umsehe, während ich Ja sage zu diesem Moment, dann scheint mir hier eine sanfte Bewegung zu sein, eine Art Fluss, der von selbst geschieht. Was noch?

Ich fühle mich richtig.

Genau, du fühlst dich richtig.

Vertrauen.

Ja, Vertrauen ist da. Sehr gut! Lasst uns noch etwas weitermachen damit, beobachtet weiter. Lasst uns noch etwas mehr Bewusstsein in das bringen, was im Inneren geschieht. ›Während ich jetzt Ja sage zum Leben, stelle ich mich auf eine Matratze und spreche zu euch.‹ Fahrt einfach fort damit ...

Gut, und jetzt halte inne. Pausiere einen Moment. Gibt es noch etwas, was dir auffällt? Wie fühlst du dich in deinem Körper?

Mir fällt auf, dass mein Gehirn aufgehört hat zu arbeiten. Ich bin leer, wie ohne Gedanken, habe eine Art Blackout.

Ja, das ist eine Abkürzung. Und wie fühlt sich das im Inneren an?

Es ist merkwürdig, das zu beobachten.

Okay, dein Gedankenprozess hat einen Kurzschluss.

Glücklicher.

Du fühlst dich glücklicher.

Ich fühle mich bewusst und empfindsam. Ich fühle mich sogar sinnlich.

Ah, sinnlich. Du öffnest dich gerade in Liebe für die Existenz. Noch etwas?

Sehr natürlich und direkt.

Natürlich und direkt.

Ich bin voller Dankbarkeit. Wenn ich jetzt Ja sage zum Leben, dann vibriert mein Körper.

Dein Körper vibriert vor Leben, ja! Er schwingt – sehr gut.

Dieselbe Übung haben wir auch mit einem Nein durchgeführt. Dabei haben wir den Satz abgeändert in: Wenn ich jetzt Nein sage zum Leben ... Alle haben dann Nein gesagt zu dem was ist. Entweder haben sie aufgehört, das zu tun, was sie gerade taten oder haben es zu etwas anderem verändert. Nach ein paar Minuten haben die Teilnehmer Rückmeldungen gegeben, wie sie sich damit fühlten: verkrampft ... deprimiert ... traurig ... frustriert ... angespannt ... gelangweilt ... leblos ... geschrumpft ... unglücklich.

Wir wechselten wieder zum Ja: Wenn ich jetzt Ja sage zum Leben ... Anschließend beschrieben wir alle Gefühle und Empfindungen, die von dem Nein ausgelöst worden waren. Es entstand eine größere Sensibilität und ebenso ein tieferes Gefühl von Wahrhaftigkeit, nachdem Ja gesagt worden war zu normalerweise unangenehmen Zuständen. Die Energie bewegte sich auf eine noch tiefere Ebene des Ja.

Wir machten weiter mit der Entdeckungsreise, indem wir im Raum umher gingen: Wenn ich jetzt Ja sage zum Leben ... Dabei kommentierten wir, was die anderen im Raum taten. Die Teilnehmer wurden immer spielerischer und dehnten sich im Hier und Jetzt aus.

Danach änderten wir den Übungssatz ab in: Ich will ... Dazu sollten die Teilnehmer sich etwas aussuchen, was zurzeit nicht stattfindet und dabei sehr genau darauf achten, was im Körper-Geist geschieht. Nachdem die Teilnehmer fünf Minuten etwas wollten, was es gerade nicht gab, war die Energie im Raum abgeflacht. Die Leute fühlten sich gelangweilt ... sehr müde ... wütend ... ruhelos ... abwesend ... leblos ... angespannt. Wir fanden heraus, dass etwas zu wollen, was zurzeit nicht da ist, etwa dieselben Symptome hervorruft wie das Nein zum Leben.

Dann verwendeten wir wiederum den Satz: Ich will ... Die Teilnehmer sollten jetzt jedoch etwas beschreiben, was bereits vorhanden war. Das brachte die Energie zurück in den Raum und die Atmosphäre wurde wieder spielerisch und lebendig. Zu wollen, was ist, holte die Leute zurück in die Gegenwart, zugleich waren auch alle Qualitäten des Ja wieder vorhanden.

Ist Verantwortlichkeit vorhanden?

Übernimmt dein Klient die Verantwortung für das Thema oder nicht? Sagt er beispielsweise: »Ich misstraue meinem Partner, weil ich seit meiner frühesten Kindheit meiner Mutter nicht trauen konnte«, dann ist in diesem Misstrauen sowohl Bewusstsein als auch ein Ja vorhanden. Wenn er jedoch sagt: »Ich misstraue und ich akzeptiere das, aber ich werde aufgrund meiner Erfahrung mit meiner Mutter weiterhin misstrauisch sein«, dann liegt die Verantwortung bei der Mutter. Das ist eine schwierige Ausgangslage, denn auf die Veränderung der Mutter hat er keinen Einfluss. Vielleicht ist sie sogar schon gestorben. In solch einem Fall wirst du mit dem Thema Verantwortlichkeit arbeiten und deinem Klienten helfen, die Verantwortung zurück zu sich selbst zu nehmen.

Ist Anhaftung vorhanden?

Ein weiterer interessanter Aspekt mag sein, dass dein Klient an seinem Problem haftet. Manchmal möchte jemand gar nicht ein offenes, schönes, sinnliches und strahlendes Wesen zu sein. Er oder sie ist viel mehr daran interessiert, sich Sorgen zu machen, sich schlecht zu fühlen und unglücklich zu sein. Es wäre so viel Freude möglich, aber dieser Mensch ist der Meinung: »Meine Sorgen sind meine besten Freunde. Sie sind mir näher als mein Wohlfühlen, deshalb lasse ich sie nicht so einfach los. Meine Sorgen sind mir so vertraut!« Das nennen wir die Anhaftung an ein Problem.

Da ist nichts Falsches an der Anhaftung. Es verhält sich wie bei allem: Unsere liebevolle Bewusstheit ist gefordert. Anhaftung geschieht aus Unbewusstheit. Und warum haben wir etwas überhaupt ins Unbewusste verschoben? Weil wir dafür verurteilt wurden, nicht geliebt wurden, dafür verdammt und manipuliert wurden. Deshalb musste es ins Unbewusste wandern. Wird ein Mensch seine Anhaftung loslassen, wenn du ihn als Berater nicht magst, weil du Anhaftung in ihm gefunden hast? Nein, auf gar keinen Fall! Das, wogegen du Widerstände hast, wird hartnäckig bleiben. Du wirst Liebe für diesen Menschen einschließlich seiner Anhaftungen finden müssen. Erst diese Liebe und das Bewusstsein schaffen den Raum, der ein Loslassen ermöglicht.

Gibt es Investitionen?

Jemand kommt zu einer Beratung und sagt: »Ich bin anderen Menschen gegenüber misstrauisch. Ich habe daran gearbeitet, bin zu verschiedenen Therapeuten gegangen, habe alles Mögliche versucht, aber es ist immer noch da. Kannst du mir helfen?«

In einer solchen Situation sind beispielsweise solche Fragen hilfreich: »Was gibt dir dein Misstrauen? Was hast du davon? Worin besteht deine Investition? Was wirst du verlieren, wenn du dein Misstrauen aufgibst?« Wir werden auf diese Weise viele Dinge finden, die dieser Mensch verlieren könnte:

Ich würde meine Freiheit und Unabhängigkeit verlieren.
Ich müsste mich auf jemanden einlassen und wäre verletzlich.
Ich würde mein Gefühl, besser zu sein, meine Macht und Sicherheit verlieren.
Ich würde die Macht verlieren, Leiden zu schaffen.
Wenn ich einem Fremden vertraue, könnte ich mein Geld verlieren.

Manche Menschen investieren in Macht und Kontrolle und halten daran fest, weil es ihnen eine Identität verleiht. Die stärksten Investitionen sind Geld, Macht, Kontrolle und Leiden.

In einer solchen Situation schenken wir als Berater den Investitionen liebevolle Aufmerksamkeit. Gemeinsam suchen wir nach intelligenteren Arten zu investieren, etwa in Vertrauen und Bewusstsein, in Ja statt in Nein.

Gibt es Identikation?

Um die Identifikation herauszufinden, fragst du deinen Klienten, ob er sich mit seinem Unglück identifiziert. Wir identifizieren uns unbewusst mit unserem Schmerzkörper. Wir sagen uns zum Beispiel: »Ich bin ein misstrauischer Einzelgänger in mittleren Jahren, der sein Leben nicht auf die Reihe bekommt.« Wir ziehen unser Selbstgefühl aus diesen nicht hinterfragten Glaubenssätzen. Und das ist eine falsche Identifikation. Wir identifizieren uns mit dem Schmerzkörper, weil er uns zumindest einen Referenzpunkt liefert, wo wir sagen können: »Das bin ich.«

Auch mit falschen Identifikationen lässt sich gut arbeiten, indem wir etwa Bewusstsein und Humor in die begrenzenden Glaubenssätze bringen. Das schafft immer einen gewissen Abstand und zumindest eine momentane Auflösung der Identifikation:

Wenn mich mein Mann bloß verstehen würde, wäre mein Leben viel besser.

Richtig. Kannst du ihn dafür lieben, dass er dich nicht versteht?

Ja!

Wie fühlt sich das an?

Toll, das fühlt sich sehr gut an!

Vielleicht entdeckt dein Klient, weshalb er an einem Punkt stecken geblieben ist, und er erkennt, wo die liebevolle Präsenz noch nicht durchgedrungen ist. Lässt er es geschehen, löst er seine Identifikation damit auf.

Ist das, was du Auflösung der Identifikation nennst, ein Gefühl der Erleichterung, weil ich verstehe, wer ich bin?

Ja! In dem Moment, in dem das Verständnis geschieht, bist du frei. Es erleichtert dich von allem, was du unbewusst aufrechterhalten hast. Es geht aber nicht nur um ein intellektuelles Verständnis. Das intellektuelle Verstehen ist zwar ein wichtiger Schritt, aber noch nicht alles. Um frei zu sein, muss dein ganzes Wesen mit einbezogen werden. Das ist dann die Auflösung der Identifikation.

Aber nun sprichst du von Erleuchtung. Wir waren doch gerade noch bei den Schichten der Persönlichkeit ...

Genau, jetzt sprechen wir von Erleuchtung, denn dort werden wir enden. Die Schichten bieten eine Öffnung, weil Bewusstsein und Präsenz in das bisher Unbewusste strömt. Und das ist alles, was wir brauchen.

Wir beleuchten die Erfahrung dieses Moments aus zweierlei Perspektiven: aus der Perspektive des Dualen und des Nicht-Dualen. Wir befinden uns in unserer Geschichte, unserem Alltag und seinen Aktivitäten, in unseren Emotionen und Gefühlen, in allem, was sich laufend verändert – dem Dualen. Gleichzeitig stehen wir auch außerhalb davon oder als Beobachter im Inneren, als ewiger Frieden, der den begrenzten Körper-Geist beobachtet – das ist das Nicht-Duale.

Wir sollten diesen Beobachter im Inneren nicht vergessen. Wir erkunden das Leiden, dabei ist psychologisches Leiden eigentlich ein Witz. Denn wer ist es, der sich des Leidens bewusst ist? Du als Beobachter beobachtest das Leiden in deinem Körper-Geist. Deshalb kannst du gar nicht das Leiden selbst sein. Du bist Bewusstsein. Wenn du dich mit dem Leiden identifizierst, bist du sozusagen »bewusstlos«. Das Leiden ist nicht das, was du bist. Leiden geschieht in dir, wie auch Vergnügen in dir geschieht. Du bist also immer außen und innen zugleich. Du bist das Ganze: das Bewusstsein und dein Körper-Geist. Du bist innen als Körper-Geist und du bist außen als Beobachter. Bist du innen und identifizierst dich, dann versuchst du, den Inhalt zu verändern. Du glaubst, dass sich mit der Veränderung des Inhaltes etwas ändern wird. Damit hältst du dich dann beschäftigt. Wenn das Verständnis, dass du gleichzeitig innen und außen und absolut unbegrenztes Bewusstsein bist, mehr und mehr reift, dann brauchst du nichts mehr zu verleugnen, was im Körper-Geist geschieht. Und das ist die Voraussetzung für eine tiefe Transformation.

Lasst uns realistisch bleiben. Wie sehr wir uns auch anstrengen, glücklich und erfolgreich zu werden, eines Tages werden wir doch im Grab enden. Soviel ist gewiss! Unsere Körper werden als ein Haufen Erde enden – unabhängig davon, wie glücklich oder traurig, erfolgreich oder erfolglos wir sind. Vor diesem Hintergrund ist es also sinnlos, Aspekte des Körper-Geistes festzuhalten oder abzulehnen, denn es sind lediglich zeitlich begrenzte Anordnungen. Wenn du erst einmal weißt, dass du das Ganze bist, einschließlich deines Körper-Geistes, dann ist die Geschichte, der Inhalt nicht mehr so wichtig. Wir alle haben eine persönliche Geschichte. Und wir sind alle auf dieser Welt, um dem Leiden ein Ende zu bereiten. Sei also offen, was auch immer geschieht.

Finden wir Co-Abhängigkeit und Projektion?

Ist das Thema oder der problematische Zustand Teil eines Paares oder steckt die Energie einer anderen Person dahinter? Haben wir es mit einer Situation zu tun, in der ein anderer, der Beziehungspartner, ein Freund oder ein Arbeitskollege, eine Energie hält, die die Person für sich selbst aufgegeben hat? Wenn er oder sie den anderen diese Energie ausleben lässt, nennen wir das Co-Abhängigkeit.

Hier ist ein klassisches Beispiel: Da ist auf der einen Seite ein starker, mächtiger und zorniger Ehemann und auf der anderen Seite eine sanfte, warme, mütterliche und sensible Ehefrau. Beide fühlen sich zu Hause nicht wohl. Die Frau kommt zur Sitzung und sagt: »Ich bin so liebevoll und tue alles was ich kann. Ich verstehe nicht, weshalb er ständig schreit und mich schlecht behandelt. Er ist so zornig.« Wir entdecken möglicherweise, dass die Frau ihren Mann braucht, damit er ihren Ärger und Zorn auslebt. Er lebt ihn für sie aus. Und der Mann braucht seine Frau, damit sie seine ungelebten Qualitäten wie Sanftheit, Wärme und Fürsorge auslebt. All die verborgenen Käfige, die wir bei der Untersuchung der Anatomie des psychologischen Schmerzes gefunden haben, sind energetische Schwingungen. Wenn die Frau die unbewusste Schwingung von »Ich fürchte mich vor Zorn und Gewalttätigkeit« in sich trägt, dann wird sie einen Mann anziehen, der diese Angst am Leben erhält. Er wird das Loch in diesem Käfig füllen und er wird sie bedrohen, vielleicht sogar schlagen. Sie hat die richtige Person gefunden, die das in ihr berührt, was sie am meisten fürchtet. Er hat seine Wärme und Sanftheit unterdrückt, weil er vielleicht in seiner Kindheit dafür ausgelacht und bestraft wurde. Das nennen wir dann Beziehung!

Das ist ein Grund, weshalb so viele von uns immerzu dasselbe Muster wiederholen, solange, bis die verleugnete Energie gesehen und willkommen geheißen wird und nach Hause kommen kann. Wir wiederholen es, bis das Bewusstsein das durchdrungen hat, was wir sicher weggesperrt hatten. Dann kommt diese Energie nach Hause, das Muster stirbt und wir sind frei, uns in Liebe zu beziehen.

Als mein Freund und ich uns kennengelernt haben, war ich wild und stark und er war zurückgezogen und hat sich selbst abgelehnt. Ich glaube, dass er mich mochte, weil ich etwas für ihn auslebte, was er in sich selbst ablehnte.

Ja, genau. Das ist Teil der gegenseitigen Anziehungskraft.

Er war weich und sanft und ich nicht. Damals war uns das noch nicht klar.

Das ist einem nie klar, denn im Moment, in dem es dir klar wird, bist du frei, alles auszuleben.

Ich glaube, dass in allen Beziehungen Co-Abhängigkeit vorkommt.

Ja, in jeder Beziehung. Das ist Teil des Spiels.

Mein Mann war ziemlich aggressiv, ich hingegen spielte die sensible Rolle aus. Nach all den Jahren suchte ich mir dann einen anderen Mann, einen, der sehr sensibel ist. Da habe ich bemerkt, dass ich die Aggression aufnahm und sie auslebte.

Ist das nicht interessant? Die Existenz ist großzügig. Was immer du bekämpfst, kommt zu dir zurück. Du hast diese Energie in deinem Mann bekämpft und nun erkennst du sie in dir selbst. Während du geduldig willkommen heißt, was du Aggression nennst, wartet sie darauf, zu Liebe transformiert zu werden. Du hättest sie mit deinem Mann nicht zu Liebe transformieren können. Du hast ihn dafür nicht geliebt und so kam sie zu dir zurück. Nun musst du deine Aggression selbst leben.

Ich möchte aber nicht aggressiv sein.

Was du damit ausdrückst, ist: ›Ich lehne einen Teil meines Lebens ab.‹ Die Herausforderung hier ist nicht, die Aggression loszuwerden, denn dann kannst du sie nicht sehen. Die Herausforderung besteht darin, zu sehen, dass Aggression bloß ein äußerer Ausdruck einer unbewussten Emotion ist, die nicht geliebt, gelebt und begrüßt wurde. Du hast keine Ahnung, was geschieht, wenn du die Aggression warmherzig in deinem Wesen begrüßt! Das könnte das, was unter der Aggression liegt, enthüllen. Du könntest herausfinden, dass das, was im Unbewussten Aggression war, im Bewusstsein tatsächlich Lebenskraft und Tatendrang ist.

Was auch immer du in anderen siehst und bewertest, sei es nun gut oder schlecht, ist etwas, das du in dir selbst ablehnst. Und an diesem Punkt kann es gefunden, begrüßt und zur bedingungslosen Liebe hin geöffnet werden. Das Schöne an einer Beziehung ist, dass dein Partner dich besser spiegeln kann als jeder andere Mensch. Dein Partner kann Dinge in dir und an dir sehen, die dir unbewusst sind. Er weiß genau, wo es dich schmerzt, nicht wahr?

Wenn die Flitterwochen vorbei sind, wenn die Träume und die positiven Projektionen vorbei sind, dann geht die Hölle los. Da treten negative Projektionen zutage wie etwa: ›Ich dachte, du wärst eine wunderbare Frau, aber du bist ja eine richtige Hexe!‹ Wenn diese negativen Projektionen ebenso angenommen werden, eröffnet sich das Potenzial für die Liebe. Dann sagst du: ›Was du auf mich projizierst, lass ich an mich heran. Es schmerzt zwar, aber ich öffne mich dafür. Mir wird klar, dass ich diese Wunde noch nicht berührt hatte. Ich danke Dir für diese Möglichkeit. Ich gehe in den Schmerz. Ich entdecke das, was sich unter dem Schmerz befindet: Stille, Glückseligkeit, Offenheit, unendliche Freude, Liebe und Präsenz. Danke, dass du mich für die Präsenz geöffnet hast!‹ Dafür ist dein Liebespartner da. Dein Partner ist nicht da, damit du dich besser fühlst, sondern um dir beim Aufwachen zu helfen.

Beratung aus dem Herzen

Mit einem Thema durch die Schichten führen

Wenn jemand mit einem Problem zu einer Beratung kommt, kannst du herausfinden, auf welcher Ebene er schwingt. Wenn er oder sie in einem Ideal feststeckt, dann fängst du dort an. Wendet der Klient eine Strategie an, dann knüpfst du an diesem Punkt an. Ist er oder sie bereits im Kontakt mit einem Gefühl, dann ist das der Ansatzpunkt. In einer Beratungssitzung ist alles, was der Klient mitbringt, ein willkommenes Zeichen, das dir zeigt, aus welcher Ebene er spricht. Das Ausschlaggebende aber ist, dass du die Person liebst, denn es ist die Liebe, die heilt.

Bei Vorherrschen eines Ideals beginnst du also genau dort. Und wie tust du das? Du bringst liebendes Bewusstsein zum Ideal. Wenn sich ein Klient auf der Strategieebene bewegt, dann bringst du das liebende Bewusstsein dorthin und interessierst dich dafür, was sich hinter dieser Strategie verbirgt. Steckt die Person in einer Projektion wie »Mein Mann ist ein Geizkragen«, dann ist das der Ausgangspunkt und du findest heraus, wo sich der Geizkragen in ihr versteckt.

Du kannst den anderen dahin führen, dass er die Situation, in der das Problem auftauchte, noch einmal durchlebt. Du lädst ihn ein, so viele Sinne wie möglich mit einzubeziehen, während er die Erinnerung wieder herstellt – Sehen, Hören, Schmecken, Riechen, Spüren.

Danach beginnst du, die Glaubenssätze zu identifizieren, die dein Partner zu diesem Thema hat. Du erforschst die darunter liegenden Ideale, Strategien und Abwehrmechanismen. Diese Schichten bedecken meist eine Menge emotionalen Schmerz. Beim Benennen der Abwehrmechanismen kannst du fragen: »Gib dir selbst einen Moment, um zu spüren, was du mit dieser Abwehr zu verdecken versuchst?« Die Person spürt vielleicht Trauer. Du fragst weiter: »Wenn du der Traurigkeit erlaubst, eine Öffnung zu sein, was findest du dann darunter?« Das könnten dann Wut oder Verzweiflung sein. Du führst die Person immer tiefer und würdigst jede Emotion auf dem Weg.

Jede Emotion ist normalerweise mit einer psychologischen Erinnerung im Verstand verbunden. Es ist nicht nötig, mit dieser Erinnerung zu arbeiten oder analytisch zu werden. Analyse kreist um die Identität, die Glaubenssätze und Ideale, die Inhalte des Verstands sind. Solange du auf dieser Ebene bleibst, werden unendlich viele neue Probleme auftauchen. Stattdessen kannst du unterstützen, dass sich die Emotionen öffnen, und dadurch erlauben, dass die psychologischen Erinnerungen an die Oberfläche dringen. Wenn Emotionen gefühlt und die damit verbundenen Erinnerungen gesehen werden, können alte Haltemuster im Körper-Geist losgelassen werden. Danach forschst du weiter nach dem, was sich unter dieser emotionalen Schicht befindet.

Der Unterschied zwischen Emotionen und Gefühlen ist der Unterschied zwischen der Vergangenheit und dem Jetzt. Emotionen sind starke Strömungen von intensiven Gefühlen wie Wut, Trauer, Gram und Angst, die alle aus der Vergangenheit kommen und als Energiemuster im Körper-Geist gehalten werden. Gefühle geschehen im Hier und Jetzt, sie sind eine direkte Antwort des Körper-Geistes auf einen aktuellen Umstand. Es ist die reine Empfindsamkeit und Empfänglichkeit durch den kinästhetischen Sinn.

Wenn wir auf vorhandene Emotionen treffen, führen uns diese tiefer in unsere Gefühle, in unsere Empfindsamkeit hinein. In der Tiefe liegen Emotionen wie Angst, Panik und Verzweiflung, die alle mit spezifischen Erinnerungen zusammenhängen. Wenn wir durch die verschiedenen Schichten nach innen führen, werden wir irgendwann zur Kernemotion vordringen, gegen die die Abwehr von Anfang an gerichtet war. Wir stoßen auf die Zellerinnerung. Die Kernemotion ist eine Energie, die von den Zellen gehalten wird, bis sie bewusst wahrgenommen wird. Danach sind die Zellen frei, die Kernemotion loszulassen. So werden emotionale Wunden geheilt, aber auch der physische Körper heilt auf diese Weise, sogar Krankheiten wie Krebs, Allergien und Autoimmunerkrankungen.

Es gibt in jedem Fall viele gute Gründe dafür, mit Bewusstsein alte Emotionen und im Körper gehaltene Spannungen loszulassen. Hast du das Thema einmal erkannt, dann vertiefe das Bewusstsein, indem du die Aufmerksamkeit des Individuums auf jede Schicht der Verstandesebene lenkst.

Bewusstsein in Glaubenssätze bringen

Wenn das Problem beispielsweise in der Angst vor Zurückweisung liegt, dann kannst du die Glaubenssätze rund um dieses Thema erforschen. »Was hältst du hier für wahr? Wie glaubst du, funktioniert die Welt, wenn du in dieser Schwierigkeit steckst?« Ist Ehrlichkeit vorhanden, wirst du dazu eine große Anzahl an Glaubenssätzen finden. Sie sind alle wie eine Kette miteinander verbunden und beziehen sich auf vergangene Erlebnisse. Sie haben nichts mit dem gegenwärtigen Moment zu tun. Üblicherweise endet die Kette der Glaubenssätze in der Angst vor Vernichtung. Bei Angst vor Zurückweisung könnte die Kette der Glaubenssätze so aussehen: »Ich habe Angst davor, zurückgewiesen zu werden. Wenn ich zurückgewiesen werde, fühle ich mich minderwertig. Ich glaube, niemand liebt mich. Wenn ich nicht geliebt werde, fühle ich mich einsam. In der Einsamkeit schrumpfe ich zusammen, niemand kümmert sich um mich und dann sterbe ich, allein ...« Um der Angst vor der Vernichtung auszuweichen, wirst du gegebenenfalls vermeiden, die Erfahrung der Zurückweisung zu erforschen.

Du brauchst nur liebevolle Aufmerksamkeit in diese Glaubenssätze zu bringen. Sie müssen weder verändert noch losgelassen werden.

Bewusstsein in Ideale und in Ich-Sollte-Sätze bringen

Ohne irgendetwas mit diesen Glaubenssätzen zu tun, führst du die Person von Schicht zu Schicht. Du bewegst dich zu den Idealen und Ich-Sollte-Sätzen und erkundest weiter: »Die Angst vor der Zurückweisung lässt dich leiden. Wie sehen deine Ideale aus, wenn diese Angst hochkommt? Wie solltest du sein? Was sagst du unbewusst zu dir selbst?« Danach gehst du diesen Idealen auf den Grund.

Bei Angst vor Zurückweisung hörst du wahrscheinlich: »Ich sollte attraktiver sein, ich sollte stark sein, ich sollte selbstbewusster sein, ich sollte nicht an die Ablehnung glauben, ich sollte mich nicht so fühlen, wie ich mich fühle, und ich sollte wissen, wie ich bewusster damit umgehen kann!«

Hinter jedem Ideal lauert ein schmerzhafter Schatten, der nicht gesehen werden will. Sieh dir den Schatten an und frage: »Was musst du verbergen, um stark zu sein?« Die Antwort darauf könnte lauten: »Ich muss mein Gefühl von Verletzlichkeit verstecken.« Welche Ideale und Ich-Sollte-Sätze auch immer enthüllt werden, sie können so belassen werden wie sie sind.

Bewusstsein in Strategien und Abwehrmechanismen bringen

Glaubenssätze und Ideale erschaffen eine Geschichte rund um eine Tatsache. Die Person versucht, sich von etwas, das im Inneren aktiviert wurde, fernzuhalten. Dafür hat dieser Mensch seine eigenen Abwehrmechanismen entwickelt. Du könntest fragen: »Wie schützt du dich üblicherweise vor Schmerzen? Was sind deine Strategien?« Vielleicht erhältst du als Antwort: »Damit ich Angst und Schmerzen durch Zurückweisung nicht spüren muss, gebe ich vor, überlegen zu sein. Ich verleugne meine Gefühle, führe ein Drama auf, beschuldige den anderen. Ich esse massenhaft Süßigkeiten und so weiter.« In dem Moment, wo wir uns des Inhaltes unserer Strategien bewusst werden, sind wir im Hier und Jetzt, in Präsenz. Es besteht keine Notwendigkeit, sie zu verändern oder loszuwerden. Liebevolle Aufmerksamkeit ist die Veränderung.

Mit Emotionen in Kontakt kommen

Doch welche Emotionen werden von den Strategien, Idealen oder Glaubenssätzen verdeckt? Wenn jemand während langer Zeit Gefühle und Emotionen unterdrückt hat, kann es sein, dass dieser Mensch davon abgeschnitten ist und gar nicht mehr weiß, wie er diese fühlen soll. Es sind zwar Schmerzen und Emotionen vorhanden, aber sie sind nicht erreichbar. Dann hilfst du der Person beim Fühlen. Es gibt einen einfachen und wunderbaren Weg, jemanden dabei zu unterstützen, wieder fühlen zu lernen.

Zuerst hilfst du deinem Klienten, sich an eine reale Situation zu erinnern, in welcher ein spezifisches Thema hochkam. Du lädst ihn dazu ein, die Situation wieder zu sehen – in Farbe und in allen Einzelheiten. Du schlägst auch vor, dass er alle Geräusche und Stimmen hört, die damals zu hören waren. Zuletzt nimmst du ihn mit, die Körperempfindungen zu spüren, die mit dieser Erinnerung einhergehen. Du führst ihn, damit er diese Energien im Körper findet und spürt. Meist werden sie als Spannung, Enge, Taubheit, Hitze, Kribbeln oder ähnliches wahrgenommen. Ich frage dann meist: »Wo im Körper erfährst du es? Wie erfährst du es? Ist es heiß, warm oder kalt? Ist es angespannt, stechend, rau oder weich? Hat es eine Form? Kannst du spüren, ob es aus einem bestimmten Material ist? Wie groß ist es? Welche Farbe hat es? Kannst du dich dafür öffnen? Kannst du ihm Raum geben? Kannst du es erlauben?« Du kannst so viele Sinne wie möglich dazunehmen, um mehr Präsenz in die Energie im Körper zu bringen.

Ein Gefühl verstärken

Eine weitere kraftvolle Technik, um versteckte Widerstände aufzubrechen, besteht in der Verstärkung des Gefühls. Manchmal hilft es schlicht einen Satz zu finden, der das Gefühl verstärkt. Probiere mit deinem Klienten ein paar Sätze aus, die mit seiner Geschichte in Zusammenhang stehen, und bitte ihn, diese Sätze laut auszusprechen.

Fühlt die Person Zurückweisung, könntest du beispielsweise vorschlagen, dass sie wiederholt sagt: »Bitte liebe mich!« Du unterstützt sie dabei, mit dem tiefen Mangel an Liebe im Inneren in Kontakt zu kommen. Es bringt die Person direkt zurück in den alten Schmerz, wenn sie den Satz ausspricht. Es ist nur ein einziger Moment nötig, in dem der ganze Schmerz erfahren wird, ohne die Hoffnung, ihn loszuwerden. In dieser Totalität wird die gespaltene Energie wieder eins. Die eingefrorene Energiewelle beginnt erneut zu fließen.

Wir können unseren Klienten noch tiefer führen. »Während du diesen Kummer spürst, was ist noch tiefer darunter verborgen? Nimm einen tiefen Atemzug. Vielleicht gibt es da noch eine Emotion, die von diesem Kummer verdeckt wurde, ein Gefühl, von dem du nicht wusstest, dass es da ist? Was liegt noch tiefer als das?« Es können verschiedene Geschichten und Erinnerungen hochkommen, die mit diesem Gefühl zusammenhängen. Meist sind es Kindheitserinnerungen, da diese Emotion zuerst in der Kindheit unterdrückt wurde. Die Person sagt vielleicht: »Ich fühle mich wie ein Zweijähriger, der von seiner Mutter verlassen wurde. Ich habe das Gefühl, dass ich sterbe ...« Es ist wichtig, die Geschichte als Wegweiser zum direkten Gefühl zu nehmen, ohne sich jedoch in der Geschichte zu verlieren. Ein einziger Moment des totalen Gefühls reicht aus, um es aufzulösen. Die Welle des

Fühlens kann sich dann vervollständigen und zurück in den Ozean des Bewusstseins fallen. Arjuna Ardagh beschreibt diesen Prozess in seinem Buch »Klares Sehen«.

In die Leere eintreten

Wenn dein Klient immer tiefer geht, wird er irgendwann auf einen Ort stoßen, den er in etwa so beschreibt:

Hier ist es nur dunkel ...
Ich weiß nicht ...
Ich habe das Gefühl zu ertrinken ...
Ich habe das Gefühl zu sterben ...
Hier gibt es nichts ...
Es ist leer, schwarz ...

Lade den anderen ein: »Während du dies erfährst, kannst du einen tiefen Atemzug nehmen und noch etwas tiefer sinken.« Dann kannst du fragen: «Und was findest du hier?« Die Antwort ist in den meisten Fällen: «Nichts.« Jetzt steht die Person am Rande vom Ende. Ich nenne es »die Leere«. Hier unterstützt du sie dabei, einfach in diese Leere hinein loszulassen, im Nichts zu ruhen und nicht zu versuchen, sie mit etwas zu füllen. Dann kommt meist eine sehr subtile Überraschung. Auf einmal wird die Person still – und aus dem Nichts heraus herrscht ein Klima von Präsenz, tiefem Frieden und subtiler Freude. Die Person ist in Kontakt mit der Quelle.

Nimm aufmerksam die Beschreibung der Quelle auf. Oft wirst du Sätze hören wie: »Es herrscht eine solche Stille«, »Ich fühle mich hier sicher«, »Ich bin in totaler Harmonie«, »Es ist hier so friedlich«, »Ich fühle mich völlig frei« oder »Ich weiß nicht«. Es ist ein tiefes Nicht-Wissen, ein Sein. All diese Beschreibungen bezeichnen einen Zustand von Einssein, von Zuhausesein. Das ist das Ende der Reise nach innen.

Bitte erinnere dich daran, dass wir während der ganzen Reise nach innen nie versucht haben, irgendetwas zu verändern, zu manipulieren, etwas festzuhalten oder abzulehnen. Wir haben auch nicht versucht, friedvoll zu werden. Das eigentliche Problem oder Thema, das wir als Begrenzung wahrgenommen haben, wurde zum Tor für das Erwachen!

Aus der Quelle sprechen

An diesem Punkt, aus der Ganzheit heraus, kannst du deinen Klienten einladen, durch alle Ebenen zurück zum Anfang der Reise zu blicken. Er darf alle die Menschen treffen, die er auf dem Weg nach innen gesehen hat. Vielleicht begegnet ihm seine Mutter, die diese Angst vor der Zurückweisung ausgelöst hat, weil sie überarbeitet war und keine Zeit für das Kind hatte. Vielleicht trifft er auf seinen Bruder, der ihn gehänselt hat und im Wettstreit mit ihm lag. Von hier aus, aus der Quelle, kann er nun mit all diesen Menschen sprechen. Aus der Quelle spricht er meist mit Weisheit, Liebe und gelöstem Bewusstsein. Die Person mag die Menschen auf dem Weg nach innen einen nach dem anderen einladen, ihre Sicht der Dinge auszudrücken. Sie wird vielleicht überrascht sein, auf einmal deren Motive zu verstehen. Alle Konflikte werden hier gelöst.

Wenn wir aus der Ganzheit auf vergangene Trennungen blicken, offenbaren sich zahlreiche Einsichten. Die Person entdeckt möglicherweise, dass die Dinge einfach so sein mussten, wie sie waren. Und jetzt bleibt nur noch die Vergebung übrig. Tiefe Dankbarkeit und tiefes Mitgefühl für alle Situationen steigt auf, in denen er oder sie in die Irre gelaufen ist. Das ist ein momentanes Erwachen, ein Satori.

Rückführung in vergangene Leben

Kommst du mit all diesen Fragen nicht weiter, dann sieh nach, ob das Thema mit einer Erinnerung aus einem früheren Leben zusammenhängt.

Ich arbeitete einmal mit einem Klienten, der unter chronischen Kopfschmerzen litt. Wir haben sein ganzes Unglück aufgelöst, bis auf diese Kopfschmerzen. Zum Schluss machten wir eine Rückführung in vergangene Leben. Während der Trance erzählte er mir, dass er einst als Ritter auf seinem Pferd vor einer feindlichen Armee floh. Er schaute zurück, um zu sehen, wie dicht sie ihm auf den Fersen waren. In diesem Moment traf ihn ein Ast mit voller Wucht am Kopf, er fiel vom Pferd und starb an seiner Verletzung. Seine Kopfschmerzen begleiteten ihn sein ganzes Leben lang, aber nachdem er sich an diese Szene erinnert hatte, waren die Schmerzen weg. Die in den Zellen festgehaltene Energie war aufgelöst.

Die Rückführung in vergangene Leben ist aber niemals das Erste, was du mit einer Person bearbeitest. Ich lehne dies meist ab, auch wenn jemand ausdrücklich nach einer Rückführungssitzung verlangt. Mir geht es mehr um das Hier und Jetzt, denn das bietet die Möglichkeit, sämtliche Traumen, alle vergangenen Verletzungen und die Identifikation mit dem Schmerzkörper zu heilen.

Während ich den Klienten unterstütze, in diesem Moment die Emotion, die Verletzung oder den Schmerz zu erkennen und wiederzuerleben, wird auch genau diese Emotion, diese Verletzung oder dieser Schmerz alle Einsichten in die zugrundeliegende Geschichte enthüllen, die bedeutsam sind. Es ist nicht wichtig, nach der Geschichte zu graben. Die Geschichte ist irrelevant, denn sie ist vergangen und illusionär. Die Emotion *jetzt* zu spüren, das ist das Wesentliche. Wenn sie begrüßt wird, kann sie dich tiefer führen – ins Fühlen selbst, in die Präsenz, zurück nach Hause, wo du schon immer warst.

Die Beziehung zwischen Berater und Klient

Die Beziehung zwischen dem Berater und seinem Klienten, die wir im Folgenden betrachten, ist auch für alle anderen Beziehungen relevant. Wenn ich hier den Ausdruck »Beziehung« verwende, dann spreche ich von der Co-Abhängigkeit zwischen zwei Menschen, von einem unbewussten Muster, wenn sich zwei Energien ineinander verhaken, zwei Menschen sich gegenseitig provozieren und in Co-Abhängigkeit beeinflussen.

Als Berater ist es sehr wichtig, die Momente zu erkennen, in denen du in ein co-abhängiges Muster mit deinem Klienten gerätst. In einer solchen Situation besteht die Gefahr, dass du unbewusst reagierst, sich die Sitzung dramatisch zuspitzt und nicht mehr hilfreich für den Klienten ist. Beide spielen dann Strategien aus. Sobald du feststellst, dass du in einem co-abhängigen Muster gefangen bist, lässt du dich tiefer in dich hineinsinken und klinkst dich aus. Der Klient wird dadurch frei sein, sich selbst zu sehen. In einem co-abhängigen Muster wird geschoben und gezogen. Das bindet uns und die Energien sind gefangen.

Einsichten, Verstehen und Wachstum können nur geschehen, wenn wir willens sind, das in uns zu konfrontieren, was wir normalerweise im Außen halten und auf einen anderen projizieren wollen. Das erfordert die Bereitschaft, uns beim anderen auszuklinken und das Thema in uns selbst zu konfrontieren.

Es gibt zwei grundsätzliche Co-Abhängigkeitsmuster, die Teil der verbreiteten Unbewusstheit in Beziehungen sind. Sie stehen im Zusammenhang mit der Strategieebene. Beide werden zu etwas Drittem, was dann mehr das Sich-Beziehen betrifft als die Beziehung. Die meisten anderen Muster entspringen aus diesen zwei Mustern. Du wirst lernen, diese Muster zu erspüren und ein Gefühl für sie zu entwickeln. Du wirst sie riechen und schmecken. Du wirst die subtile Disharmonie, die Manipulation und das Ausleben zu erspüren lernen. Du wirst merken, wann der Ton nicht harmonisch ist.

Das Kamel

Das erste Muster zeigt sich darin, dass die Aufmerksamkeit des Klienten ganz beim Berater ist. Er versucht, dem Berater zu gefallen und alles für ihn zu tun. Er würde ihm sogar bis ans Ende der Welt folgen. Es sieht nach einem Ja aus, es klingt auch so, aber es ist kein wirkliches Ja. Es ist ein Ja zum anderen und das ist gleichbedeutend mit einem Nein zu sich selbst. Dieses Muster nennen wir das »Kamel«. Das Kamel verneigt sich vor dem Kameltreiber und nimmt jegliche Last an, die ihm vom Kameltreiber aufgebürdet wird. Im Inneren des Kamels geschieht nicht viel. Es ist niemand zu Hause, keine Präsenz. Das Kamel nimmt einfach die Last an und trägt sie für den Kameltreiber. Das Kamel lebt von der Energie seines Treibers.

Das »Kamel-Muster« ist ein Parasit mit viel verborgener Manipulationskraft. Irgendwann wird das Kamel seiner Last überdrüssig.

Der Löwe

Das ist der Anfang der nächsten Phase eines Beziehungsmusters. Das Kamel hat irgendwann genug und beginnt zu rebellieren. Das Lasttier verwandelt sich in den Löwen und beginnt Nein zu sagen zu seinem Berater. Die Revolution nimmt ihren Anfang. Der Löwe fängt an, sich zu behaupten, er will sein eigenes Ding machen. Er verhält sich, als ob er den anderen nicht braucht, als ob er autonom sei. In diesem Muster ist die Energie bereits stärker. Der Klient braucht die Energie des Beraters, um seine eigene Stärke zu spüren. Er braucht den Berater, um Widerstand leisten zu können, um sich in seiner Abwehr zu spüren. In diesem Muster liegt viel mehr Energie, aber immer noch keine Freiheit. Es ist das Muster, in welches Revolutionäre oder Rebellen verfallen, die sich gegen eine Institution auflehnen. Wenn sie gewinnen, kollabiert ihre Energie sofort, weil sie nur in der Opposition gegen einen Gegner existieren können. Der Löwe findet seine Stärke im Kampf gegen jemanden oder etwas.

Wenn während einer Sitzung ein Kamel- oder ein Löwe-Muster in Erscheinung zu treten beginnt, muss dir klar werden, was passiert. Das erfordert höchste Aufmerksamkeit. Du kannst nicht verhindern, dass du in die Falle gehst, aber du kannst erkennen, dass du in die Falle getappt bist. Als Berater musst du in einem solchen Fall tiefer in dich einsinken und dich ausklinken. Für den Klienten ist es das Beste, wenn er das Muster ausleben kann. Wenn du als Berater in eine Reaktion gehst, bist du im dazu passenden Muster gefangen. Versuche aber nicht, diese Reaktion zu verhindern, denn dann bist du nicht offen. Solltest du das doch tun, dann agierst du aus einer Strategieebene heraus. Es ist wichtig zu verstehen, dass hier das Tiefergehen der Schlüssel ist. Wenn du tiefer gehst, gibst du deine Identifikation auf. Dann kann die Sitzung in Freiheit weitergehen.

Das Kind

Das führt uns zum dritten Stadium, das wir das »Kind« nennen. Das Kind ist frei, offen, antwortet auf den Moment und hat die Freiheit, es selbst zu sein. Das Kind ist spontan.

Die Co-Abhängigkeitsmuster reflektieren die natürliche Evolution von der Kindheit über die Jugendzeit zum Erwachsenensein. Du beginnst als das unschuldige, unwissende Kind – frei, offen, spontan, verletzlich, aber noch nicht bewusst.

Dann kommt die Konditionierung. Du gibst Integrität, Kraft und Willen her für Aufmerksamkeit, Liebe, Nahrung und Schutz. Dein Wille wird gebrochen und du gewöhnst dich daran, Ja zu sagen zu deinen Eltern, zu deinen Lehrern und anderen Autoritäten. Du denkst, dass sie es besser wissen, und wirst ein gutes Kamel.

Dann kommst du in die Pubertät und auf einmal ist alles, was du gelernt hast, nicht mehr richtig. Du beginnst zu rebellieren und du versuchst, deine Identität außerhalb der Eltern und Lehrer zu finden. Du fängst an zu kämpfen und zu streiten. Du beklagst dich und sabotierst, behauptest dich und zettelst eine Revolution an. Du wirst zum Löwen. Doch weißt du nicht, dass du immer noch das »Establishment« benötigst, um dagegen zu sein.

Eines Tages schließlich, wenn du dich durch deine Kindheitsdramen und -traumen hindurchgearbeitet hast, du erwachsen geworden bist und deine Unabhängigkeit behauptet hast, wirst du wieder zum Kind. Eines Tages übernimmst du die volle Verantwortung für dein Leben und alle deine Taten. Eines Tages findest du heraus, dass es im Drama deines Verstandes keine Freiheit gibt. Du bist einfach nur präsent für das was ist. Du antwortest spontan auf den Moment. Du erwachst. Du bist wieder zum Kind geworden. Du bist unschuldig, aber nicht mehr unwissend.

NLP und Hypnose

In diesem Kapitel werden ein paar grundsätzliche Kommunikationstechniken behandelt, die für einen Berater hilfreich sind. Für nähere Einzelheiten solltest du eine professionelle NLP- und Hypnoseausbildung besuchen.

Der unbewusste Verstand

Unser Verstand hat einen bewussten und einen unbewussten Teil. Wenn unser Interesse am Inneren erwacht, sind etwa zehn Prozent des Verstandes bewusst. Die anderen neunzig Prozent sind zu diesem Zeitpunkt noch unbewusst. Das bedeutet, dass uns meistens etwas Unbewusstes steuert.

Nehmen wir einmal an, du möchtest mit dem Rauchen aufhören. Du sagst dir: »Ab sofort höre ich mit dem Rauchen auf!« Innerhalb von Minuten, Stunden oder Tagen findest du dich rauchend wieder. Wer hat die Kontrolle? Dein unbewusster Verstand hat nicht verstanden, dass du mit dem Rauchen aufhören wolltest!

Es gilt einen Weg zu finden, wie du mit dem unbewussten Verstand kommunizieren kannst. Dein unbewusster Verstand kann mit einem Vierjährigen verglichen werden – offen, unschuldig, leichtgläubig und empfänglich für die Liebe. Inzwischen befasst sich eine ganze Wissenschaft mit dem Verständnis dessen, wie wir bewusst und unbewusst funktionieren. Es gibt dabei zwei verschiedene Richtungen. Eine davon ist Neurolinguistisches Programmieren, kurz NLP, und die andere ist die Hypnose.

Zwei Linguisten, John Bandler und Richard Grinder, wollten wissen, was hinter dem Erfolg guter Psychotherapeuten steckt. Sie befragten erfolgreiche Therapeuten in den USA, um herauszufinden, wie sie arbeiten. Einer von ihnen war Milton Erickson, ein bekannter Hypnosetherapeut. Sie saßen in seinen Sitzungen, beobachteten ihn bei der Arbeit und filmten ihn dabei – wie er sich benahm, was er sagte, was er tat und welche Sprache er verwendete. Milton Erickson hatte erstaunliche Erfolge mit seinen Klienten. Er selbst war als junger Mann an Kinderlähmung erkrankt, war vollständig gelähmt und konnte nur noch seine Augen bewegen. Er vermochte Menschen mit einer unglaublichen Sensibilität zu beobachten. Die Kinderlähmung ging später zurück, heilte jedoch nie ganz aus und so saß er zeitlebens im Rollstuhl. Milton Erickson wurde zu einem der weltbesten Therapeuten. Bandler und Grinder beschrieben seine Art zu sprechen und wie er sich gab, und sie versuchten, all das Gesehene und Gehörte zu reproduzieren, ihn nachzuahmen. Interessanterweise funktionierte dies und daraus wurde dann das NLP geboren.

Rapport, Pacing und Leading

Bandler und Grinder fanden heraus, dass sich das Unbewusste eines Menschen gerne von anderen gesehen fühlt. Es fühlt sich also gerne in Übereinstimmung, in NLP-Sprache Rapport genannt, und »zum selben Stamm zugehörig«. Das Herstellen von Rapport ist hilfreich, um in Synchronizität zu kommen.

Wir können durch eine bestimmte Technik Rapport herstellen, die wir im NLP »Pacing« nennen. Pacing bedeutet »anpassen«, »mitgehen«, »spiegeln« – im selben Rhythmus des Klienten mitzugehen. Wie können wir pacen? Wie können wir mit unserem Verhalten mit dem Rhythmus des Klienten mitgehen? Eine Möglichkeit ist unsere Körperhaltung. Wenn du in einer Sitzung die Körperhaltung deines Klienten einnimmst, entspannt sich etwas in ihm, ohne dass er merkt weshalb. Wenn du mit einer Gruppe von Menschen zusammen bist, sieh dich um und betrachte die verschiedenen Körperhaltungen. Du wirst feststellen, dass einige die gleiche Körperhaltung eingenommen haben. Sie befinden sich in Rapport.

Wir können die Körperbewegungen pacen. Wenn der Klient etwa langsam seinen Fuß auf und ab bewegt, dann fällst du sanft in seinen Rhythmus mit ein. Dann spürt das Unbewusste des Klienten, dass da jemand ist, dem er vertrauen kann.

Befindest du dich in Übereinstimmung mit deinem Klienten, wird das Führen (»Leading«) einfach. Wenn ich in meinen Seminaren meinen Kopf hin und her bewege, beginnen auch manche Teilnehmer, ihren Kopf zu bewegen, weil ihr Unbewusstes mit mir in Übereinstimmung bleiben möchte. Ich habe die Teilnehmer also dazu geführt, ihren Kopf hin und her zu bewegen. Das ist ein machtvolles Instrument, wenn du deinen Klienten unterstützen willst, etwas Bestimmtes zu tun.

Wenn ich mit Menschen arbeite, pace ich des Öfteren ihre Körperhaltung. Ich tue das nicht, weil ich mich mit NLP auskenne – es geschieht auf natürliche Weise. Wir pacen uns natürlicherweise ständig. Wenn ich eine Person begrüße, reiche ich ihr die Hand und sage Hallo. Sie reicht mir die Hand und sagt auch Hallo. Damit pacen wir uns gegenseitig. Das Unbewusste ist in Übereinstimmung. Japan ist beispielsweise so voller Menschen, dass man verrückt werden würde, wenn man sich bewusst wäre, wie wenig Raum einem eigentlich bleibt. Damit alles geschmeidig und im Fluss bleib, pacen sich die Japaner andauernd, indem sie sich ständig voreinander verbeugen. Wenn du einen Raum betrittst, verneigt sich jeder und du verneigst dich auch, dann verneigen sich die anderen wieder. Sogar der U-Bahn-Schaffner verneigt sich, wenn er den Wagen betritt und alle verneigen sich zurück. Es geschieht ein kontinuierliches Pacen, sodass sich das Unbewusste entspannen kann und darauf vertraut, dass alles in Ordnung ist.

Das Pacen der Körperbewegungen kann auch indirekt geschehen. Nehmen wir dafür ein extremes Beispiel. Wir haben einen Klienten, der einen Tick hat, eine starke Kopfbewegung. Du willst diese Bewegung nicht ausführen, weil du den

Klienten damit verärgern könntest. In diesem Fall kannst du dieselbe Bewegung mit deiner Hand pacen, indem du sie in seinem Rhythmus bewegst. Wenn du dann deine Hand etwas verlangsamst, kannst du deinen Klienten dahin führen, dass er seine Bewegung auch verlangsamt und sich der Tick erstaunlicherweise abschwächt. Du gehst mit, bis du dich vollständig in Übereinstimmung fühlst. Dann führst du den Klienten in die Entspannung und er wird dir folgen.

Ebenso lässt sich auch das Atemmuster des Klienten pacen. Dir ist vielleicht aufgefallen, dass ein Massagetherapeut während einer Massage mit dir atmet und sich bei deiner Ausatmung auf dich einstimmt. Er berührt dich während der Ausatmung tiefer, du entspannst dich und lässt los. Wenn der Therapeut mit dir atmet, fühlst du dich sicher und verstanden und dein Unbewusstes entspannt sich. Als Berater kannst du die Atmung direkt oder auch indirekt pacen, indem du mit deiner Hand eine leichte Bewegung machst, wenn der Klient atmet. Wenn dein Klient sehr nervös zur Sitzung kommt und schnell atmet, kann du seinen Atemrhythmus pacen und führst dann, indem du ein klein wenig langsamer atmest. Das ist sehr effektiv. Wir können durch unsere Körperhaltung und durch Bewegung direkt und indirekt pacen.

Wir können auch durch unsere Sprache pacen und führen. Hier ist ein Beispiel. Ich konzentriere mich auf eine Teilnehmerin und frage:

Wie geht es dir im Moment?

Sehr gut.

Sehr gut?

Ja!

Ich habe dabei gar nichts gemacht. Sie sagte ›sehr gut‹ und nickte mit dem Kopf. Ich sagte auch ›sehr gut‹ und nickte mit dem Kopf. Nichts geschah und Mary sagte Ja. Und das ist es, was wir wollen! Wir wollen, dass der Klient Ja sagt. Dann gibt es sofort eine Übereinstimmung. Ich wiederhole einfach ihre Worte und pace dabei durch Worte und Intonation, ich sage es mit derselben Melodie. Dann muss sie einfach Ja sagen.

Jane, was sagst du dazu?

Ich bin ganz offen, wenn ich diesen wundervollen Ausführungen lausche.

Du bist so offen!

Ja, ich lerne so viel.

Ja, du lernst so viel, danke.

Diesmal war es ein bisschen offensichtlich, nicht wahr? Wenn du einfach wiederholst, was der Klient sagt, fühlt er sich verstanden. Das innere kleine Kind spürt, dass es verstanden wird und freut sich. Dabei hast du nichts weiter getan, als seine Worte wiederholt. Bedauerlicherweise wird dieses Wissen in der Werbung zu Manipulationszwecken benutzt, um dir alle möglichen Dinge zu verkaufen, die du nicht brauchst. Erst wirst du gepact und dann geführt.

Pacing durch Sprache

Das Pacen durch die Sprache funktioniert auf unterschiedliche Weise. Du kannst die Worte des Klienten pacen. Du kannst durch die Intonation, eine bestimmte Sprache, durch die Art, wie du Dinge sagst, pacen – es ist sehr subtil. Wenn wir uns anschauen, wie wir die Realität wahrnehmen, dann entdecken wir verschiedene Kanäle – unterschiedliche, bevorzugte Sinne –, um die Realität wahrzunehmen.

Visuell: Manche Menschen sind primär visuell. Sie kommen in einen Raum und nehmen durch ihre Augen wahr, sie sehen und schauen sich um.

Auditiv: Manche Menschen sind primär auditiv. Sie nehmen die Realität vornehmlich durch die Ohren wahr, durch Geräusche. Sie kommen in einen Raum, hören hin und hören zu.

Kinästhetisch: Manche Menschen sind primär kinästhetisch veranlagt. Das sind die Gefühlstypen. Wenn sie einen Raum betreten, fallen ihnen keine Einzelheiten auf, sondern sie erspüren die Atmosphäre.

Olfaktorisch und gustatorisch: Manche Menschen sind olfaktorisch und/oder gustatorisch veranlagt. Sie können die Realität riechen oder schmecken.

Digital: Wenn wir nicht gelernt haben, unsere Sinne zu benutzen, oder wenn wir diese Kanäle verschlossen haben, weil wir zu oft verletzt worden sind, dann erfahren wir die Realität auf einer sehr praktischen, nicht-sinnlichen Ebene. Diesen Kanal nennen wir digital.

Natürlicherweise nehmen wir die Realität durch all unsere fünf Sinne wahr. Aufgrund unserer Konditionierung und Erziehung haben wir aber eine Vorliebe für einen bestimmten Sinn entwickelt. Manche Sinne wurden unterstützt und andere unterdrückt. Später funktionieren wir dann primär durch unseren bevorzugten Sinneskanal. Meist haben wir also eine bevorzugte »Sinnestür«, durch die wir die Realität in uns hineinlassen. Auf dem Weg nach innen gibt es noch die »Sinnesbrücke«, oft ein anderer Sinn als die »Sinnestür«, durch die wir den Weg nach innen wahrnehmen, und einen »inneren Sinn« – die Art und Weise, in der wir unsere innere Realität wahrnehmen. Diese Sinne können unterschiedlich sein. Zum Beispiel ist meine »Sinnestür« kinästhetisch, während meine »Sinnesbrücke« auditiv und mein »innerer Sinn« visuell ist.

 Wir sprechen auch eine bestimmte Sprache, die mit diesem Sinn verbunden ist.

Visuelle Sprache: »Wenn ich mich in diesem Raum umsehe, sehe ich viel Licht. Ich liebe die schönen Pflanzen mit ihren bunten Blüten. Das Licht fällt durch die Vorhänge und das Fenster spiegelt sich wunderbar auf der weißen Wand. Die Farben der Polster passen nicht so gut zueinander. Wenn ich aus dem Fenster blicke, sehe ich ein dreidimensionales Bild. Ich mag die Farben.«

Auditive Sprache: »Wie wunderbar still es hier im Raum ist. Sogar das Summen der Geräte wird zur Melodie. Die harmonische Interaktion zwischen euch allen klingt wie eine Symphonie, ein Orchester.«

Kinästhetische Sprache: »Wenn ich diesen Raum betrete, fühle ich, wie sich mein ganzer Körper entspannt. Es fühlt sich einfach gut an. Ich möchte mich am liebsten hinlegen und die sanfte Stimmung genießen. Sie ist beinahe greifbar. Ich liebe diese weichen Samtkissen. Ich möchte einfach tief atmen. Ich spüre, wie sich mein Körper öffnet und ausdehnt.«

Olfaktorische Sprache: »Das hier schmeckt wie der beste Wein in meinem Keller. Es liegt ein besonderer Duft in der Luft. Verwendet ihr einen speziellen Raumduft oder ein Parfum? Diese ganzen schönen Menschen hier verströmen einen unwiderstehlichen Duft.«

Digitale Sprache: »Dieser Raum hat eine interessante Bauweise. Wie lange diese Balken wohl das Dach tragen? Sie senken sich bereits ein wenig. Es gibt hier eine ziemlich gute Musikanlage mit großen Lautsprechern. Ich frage mich, was all diese Leute hier machen. Was kann man in diesen Kursen erfahren? Lässt sich der Nutzen solcher Selbsterfahrungskurse überhaupt beweisen?«

Das nennen wir digitale Sprache. Keiner der Sinne ist dabei involviert. Viele Computerfachleute sprechen diese Sprache. Manchmal haben sie vergessen, mit ihrem Körper und seinen Sinnen in Kontakt zu sein.

Sprache ist kraftvoll. Wenn wir diese einfachen Sprachmuster verstehen, können wir viele unnötige Konflikte vermeiden.

Wie findet man heraus, welche Sprache der andere spricht?

Zum Beispiel durch Zuhören. Dein Klient tritt ein und du sagst: ›Hallo Paul! Schön, dich zu sehen! Wie war deine Reise?‹ ›Ich hatte eine schöne Fahrt. Die Luft war schön kühl und frisch, aber im Auto war es angenehm warm.‹

Paul hat in kinästhetischer Sprache gesprochen. Seine Augen bewegten sich erst nach oben, um die Reise noch einmal vor sich zu sehen. Danach schaute er nach unten und begann zu spüren. Im Gespräch mit ihm würde ich visuelle und kinästhetische Sprache verwenden und er würde mich verstehen.

Die Augenbewegungen

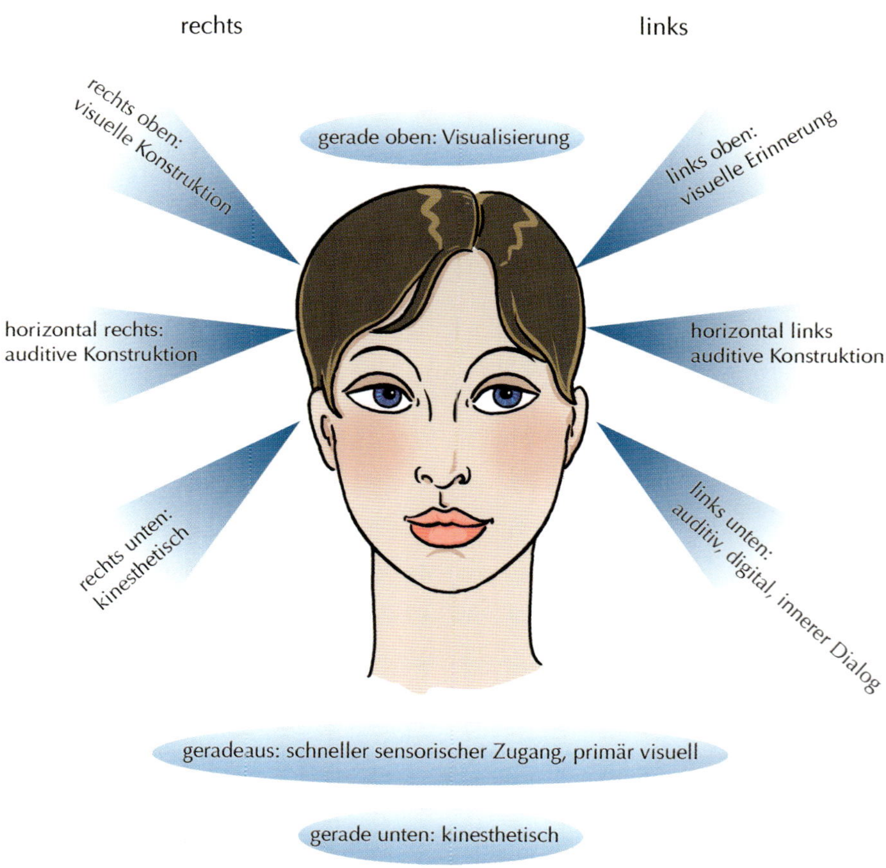

Das Beobachten der Augenbewegungen ist eine weitere Methode um herauszufinden, ob jemand visuell, auditiv, kinästhetisch oder digital veranlagt ist. Die NLP-Forschungen haben ergeben, dass die Augenbewegungen in direktem Zusammenhang mit dem Informationszugriff im Gehirn stehen. Unsere Augen bewegen sich in eine bestimmte Richtung und versuchen, die Realität durch unseren bevorzugten Sinn wahrzunehmen.

Wenn du nach **links oben** schaust, rufst du eine visuelle Erinnerung ab. Du siehst etwas aus der Vergangenheit.

Wenn du **gerade nach oben** schaust, visualisierst du etwas vor deinem inneren Auge. Das kann entweder eine Erinnerung oder eine Konstruktion sein.

Wenn du nach **rechts oben** blickst, erstellst du eine visuelle Konstruktion.

Wenn du **geradeaus** blickst, nimmst du ein Bild schnell auf.

Wenn du **horizontal nach links** schaust, erinnerst du dich an etwas Gehörtes – ein Geräusch, eine Melodie oder eine Stimme.

Wenn du **horizontal nach rechts** schaust, erschaffst du ein inneres Geräusch. Du hörst ein Geräusch, das sich ereignen wird, zum Beispiel etwas, das du oder jemand anderes sagen wird.

Wenn du **gerade nach unten** blickst, greifst du auf kinästhetische Informationen zu und beginnst zu spüren.

Wenn du nach **unten links** schaust, hörst du einen inneren Dialog. Interessanterweise ist diese Blickrichtung sowohl auditiv als auch digital belegt.

Wenn du nach **rechts unten** schaust, greifst du auf ein Gefühl zu.

Übung

Setzt euch zu zweit zusammen und stellt euch sechs unterschiedliche Fragen.

Die erste Frage will eine visuelle Erinnerung abrufen, etwa welche Farbe deine Eingangstür hat.

Die zweite Frage zielt auf eine auditive Erinnerung ab: Was ist deine Lieblingsmusik oder wie bellt ein Hund?

Die dritte Frage ruft ein erinnertes Gefühl ab (kinästhetisch): Wie fühlt es sich an, eine Katze zu streicheln?

Die vierte Frage möchte eine visuelle Konstruktion aus der Zukunft hervorrufen: Kannst du dir vorstellen, wie dein Haus aussieht, wenn es grün gestrichen ist?

Die fünfte Frage möchte eine auditive Konstruktion evozieren: Kannst du dir vorstellen, wie es klänge, wenn deine Katze plötzlich zu bellen anfinge?

Die sechste Frage möchte ein Gefühl konstruieren: Kannst du dir vorstellen, wie es wäre, einmal das Fell eines Eisbären zu berühren?

Bei jeder Frage beobachtest du die Augenbewegungen deines Partners. Wenn er nicht völlig ausgeglichen in all seinen Sinnen ist, werden sich seine Augen regelmäßig in die Ecke seines bevorzugten Sinnes bewegen. Und danach richtest du dann deine Sprache aus.

Aber ich mag manche Sprachen nicht, speziell die digitale.

Ja, wir werden feststellen, dass wir gegen manche Sprachen Widerstände haben. Die kinästhetischen Menschen haben die größten Widerstände gegen die digitale

Sprache, denn sie wollen spüren. Wenn wir einmal gemerkt haben, dass nichts Verkehrtes an der digitalen Sprache ist, können wir die digitalen Menschen einfach dort treffen und ihnen durch Pacing und Leading helfen zu spüren. Dann bist du nicht frustriert, sondern hilfst den Digitalen dabei, ihre Ausdrucksmöglichkeiten zu erweitern. Sind Menschen in der digitalen Sprache stecken geblieben, dann vielleicht deshalb, weil sie sich in ihren Kopf flüchten mussten; alles andere war zu beängstigend. Du kannst ihnen helfen, sich langsam für die anderen Sinne zu öffnen.

Mein Partner war irritiert, als ich versuchte, ihm eine andere Sprache beizubringen.

Ja, weil du versucht hast, ihn zu verändern. Du mochtest ihn nicht so wie er war. Du hast ihn nicht in seiner Sprache getroffen. Wer will schon gesagt bekommen, dass etwas mit ihm nicht stimmt? Es geht nicht darum, jemanden zu verändern. Es geht darum, sich zu öffnen, sich zu erweitern. Es geht darum, das anzuerkennen was ist, und in dem was ist zu ruhen. Aus dieser Quelle können wir eine größere Ausdehnung in uns zulassen.

Meine Eltern waren unterschiedlich veranlagt: mein Vater digital und meine Mutter kinästhetisch.

Wie würde dein Vater diesen Raum beschreiben?

Für ihn gab es nur Fakten, ohne jedes Gefühl, ohne innere Beteiligung und mit viel Ablehnung auf der praktischen Ebene. Es gab keine gefühlsmäßigen Auseinandersetzungen, nur faktische.

Sehr gut! Stelle dir nun die Kommunikation deines Vaters mit deiner Mutter vor, die kinästhetisch veranlagt ist. Sie sind sich gerade begegnet und haben sich ineinander verliebt. Gegen Ende ihrer Flitterwochen kommt sie nach Hause und sagt:

›Schau mal Schatz, ich habe einen neuen Schal gekauft. Ist er nicht schön und so wunderbar weich? Fasse ihn doch mal an! Wie steht er mir? Gefalle ich dir damit?‹

Er: ›Wie viel hat der gekostet? Er war bestimmt teuer. Bist du sicher, dass er aus reinem Pashmina ist? Ich finde ihn etwas groß für dich.‹

Sie: ›Aber Schatz, fühl' doch mal, wie weich er ist! Mach dir wegen des Preises keine Sorgen, sieh mich an damit! Findest du mich nicht schön damit? Komm Liebling, umarme mich!‹

Er: ›Nein, jetzt nicht. Ich habe noch am Computer zu tun. Gib mir einfach die Rechnung und ich kümmere mich später darum.‹

Sie braust auf: ›Spür mich, du spürst mich nie! Nie umarmst du mich!‹

Er: ›Ich weiß gar nicht, weshalb du auf einmal so emotional reagierst. Es ist doch alles in Ordnung und es gibt keinen Grund für Konflikte. Es ist okay, ich bezahle ihn ja.‹

Sie: ›Aber ich möchte umarmt werden! Du liebst mich nicht!‹

Er: ›So beruhige dich doch! Es ist doch alles in Ordnung. Ich habe jetzt zu tun. Beruhige dich erst einmal, ich komme später wieder.‹

Damit hast du die Beziehung zwischen meinen Eltern genau beschrieben. Meine Mutter versuchte es zwar, gab aber später auf.

Ja, sie gab auf. Wenn sie jedoch ein paar dieser Geheimnisse gekannt hätte, dann hätte sie etwas digitale Sprache lernen können. Sie hätte ihn pacen, eine Übereinstimmung im digitalen Raum schaffen und ihn dann langsam ins Fühlen führen können. Und er wäre ihr bereitwillig gefolgt, denn sein inneres Kind will genau das. Pacing und Leading heißt einfach: ›Du bist dort – ich bin hier. Ich möchte, dass du hierher kommst. Wir treffen uns bei dir. Komm, nimm meine Hand und folge mir.‹ Das ist alles. Kinder mögen so was sehr gerne.

Oder dein Vater hätte etwas kinästhetische Sprache lernen können, um besser mit ihr zu kommunizieren. Wenn er in ihrer Sprache mit ihr gesprochen hätte, hätte sie sich verstanden gefühlt. Sie hatten einfach ein Kommunikationsproblem, ohne das sie einander verstanden hätten.

Ist das denn nicht ziemlich manipulativ?

Wenn du das als Trick zu deinem eigenen Vorteil anwendest, dann ist es Manipulation. Wenn du es jedoch in einer Beratungssituation anwendest, um die Person zu unterstützen, sich zu öffnen und sich selbst auf einer ganz tiefen Ebene zu erkennen, dann ist die Methode ein Geschenk. Wenn du mit Menschen arbeitest, ist es wesentlich, dass du mit deiner Mitte in Kontakt bist. Wenn du nicht in Verbindung mit deiner Mitte bist, dann wird es sehr schnell manipulativ und kontraproduktiv. Jede Methode, nicht nur diese hier, kann sowohl im Guten als auch im Schlechten angewendet werden.

Verändern die Menschen ihre Modalitäten? Kann man erst visuell sein und später im Leben dann kinästhetisch? Ich habe nämlich das Gefühl, dass es mir so ergangen ist. Rund um mein Haus war ich immer ziemlich digital und nüchtern und alles musste praktisch sein. Die Schönheit spielte dabei keine Rolle. Inzwischen stelle ich aber gerne überall Blumen hin und werfe überflüssigen Plunder weg. Mein Mann versteht das nicht und meint, dass Blumen ja schön und gut seien, aber so ein großes Aufhebens müsse man darum auch nicht machen.

Ja, du kannst dich auch verändern. Oder sagen wir es so: Du öffnest dich für weitere Sinne. Ich zum Beispiel war anfänglich eine kinästhetische Person und meine Partnerin Nura war sehr visuell veranlagt. Ein kinästhetischer Mensch interessiert sich weniger dafür, wie die Dinge aussehen, er muss sich einfach gut fühlen. Mein Zimmer war ein Durcheinander, in dem ich mich aber wohl fühlte. Für Nura muss alles absolut klar und schön aussehen. Dann kann sie sich entspannen. Ihr könnt euch die Schwierigkeiten, die wir hatten, bestimmt vorstellen. Sie hatte keine Lust, in mein Zimmer zu gehen. Nach einer Weile lernte ich, mich mehr meiner visuellen Seite zu öffnen, aufzuräumen und es zu genießen. Wenn du unser Haus heute betrittst, dann ist es sehr klar, aufgeräumt und schön dort. Ich bin Nura dafür sehr dankbar, denn so fühlt es sich für meinen kinästhetischen Sinn sogar besser an und optisch sieht es klarer aus. Ich habe viel gelernt bei der Entwicklung meiner visuellen Seite. Trotzdem ist mein primärer Sinn der kinästhetische.

Es ist gut, die Sprache der verschiedenen Modalitäten zu lernen. Höre deinem Gegenüber zu und beobachte, welche Sprache es spricht. Du wirst feststellen, dass die Kommunikation leichter wird, wenn du seine Sprache sprichst.

Zu einer Gruppe sprechen

Wenn du vor einer Gruppe sprichst, ist es wichtig, dass du nicht nur deinen eigenen Sinn mit einbeziehst, sondern mindestens drei Hauptsinneskanäle – visuell, auditiv und kinästhetisch. Damit deckst du die Bedürfnisse der meisten Zuhörer ab. Beschränkst du dich auf die gefühlsmäßige Sprache, dann verlierst du deine visuellen und auditiven Zuhörer – sie langweilen sich und verstehen dich nicht. Und wenn du dich nur visuell ausdrückst, dann sind die Gedanken der kinästhetischen und auditiven Zuhörer anderswo.

Es ist hilfreich, etwas in drei verschiedenen Sprachen auszudrücken. Bei der Herzmeditation hörst du mich sagen: »Wenn ihr das tiefere Herz erreicht habt … werden einige von euch das Herz spüren, andere sehen es vor ihrem inneren Auge und wiederum andere hören innerlich die zarte Melodie des Herzens. Manche werden es einfach wissen.« Alle Hauptmodalitäten werden bedient. Jeder fühlt sich direkt angesprochen und verstanden. Dann führe ich dich ins Fühlen, indem ich sage: »Während du das Herz siehst, hörst, riechst und schmeckst, kannst du all das übersetzen und das Energiefeld des Herzens spüren.« Dann wird das Folgen und Fühlen ganz einfach.

NLP wird in der Werbung angewendet und auch dort funktionieren Pacing und Leading gut. Stell dir folgende Anzeige vor: Ein gut aussehender Mann reitet auf seinem Pferd durch die schöne und wilde Landschaft. Der Himmel ist von strahlendem Blau. Dieses Bild spiegelt deine Lust auf Abenteuer, Freiheit, frische Luft und ungezähmte Natur. Du sehnst dich nach Freiheit und frischer Luft und liest unter der Anzeige: »Der Geschmack von Freiheit und Abenteuer« – dann wirst du zur Zigarette geführt und rauchst. Pacing und Leading funktionieren! Deine Sehnsucht wird gespiegelt und die Werbung führt dich in Richtung Zigarettenrauchen. Der Vierjährige in dir will Wildheit und Freiheit und denkt, damit bekommt er es. Er fängt an, diese Zigaretten zu rauchen. Der unbewusste Verstand ist nicht logisch, sondern sehr leichtgläubig. Deshalb isst du noch immer Hamburger, obwohl du weißt, dass sie ungesund sind. Dasselbe gilt für Coca Cola. Es ist zwar das schlechteste, was du trinken kannst, aber es gilt als »The Real Thing – das Wahre«. Du fühlst dich lebendig, wenn du die Menschen siehst, die am Strand feiern, während du im Büro hocken musst. Dann kannst du dich dazu verleiten lassen zu denken: »Ich möchte das, was sie haben. Ich möchte das Wahre, lasst uns Cola trinken!«

Hochglanzmagazine verkaufen alle nach demselben Prinzip. Sex ist bei den meisten Menschen in den Kopf gestiegen, weil sie ihn nicht richtig ausleben und deshalb davon fantasieren. Daher ist auf den Titelseiten der meisten Magazine eine halbnackte Frau abgebildet. Sie spiegelt dein unerfülltes Verlangen nach Sex und bringt dich dazu, diese Zeitschrift zu kaufen. Schau dir die Kosmetikwerbung an. Düfte, die in der Herstellung bloß einen Euro kosten, werden für Hundert Euro verkauft. In der Werbung siehst du diese wunderschöne Frau mit tollem Makeup und glänzenden Augen, die sagt: »Weil ich es wert bin.« Darüber steht eine bestimmte Kosmetikflasche. Das spiegelt das Verlangen nach Schönheit, das in jeder Frau steckt. Du siehst Schönheit und sagst dir: »Ich bin es mir wert, etwas für hundert Euro zu kaufen. Es muss diese Marke sein, dann kann ich sein wie sie.« Das sagt das vierjährige Mädchen in dir.

Kannst du erleuchtet sein und gleichzeitig rauchen? Ja, natürlich! Das ist jedoch eine ganz andere Dimension. Das erinnert mich an Osho, dem einst dieselbe Frage gestellt wurde: »Kann ich ein Buddha sein, der raucht?« Hier ist seine Antwort: *»Diese kleinen Dinge erlaube ich dir. Du kannst ein Buddha sein, der raucht. Das wird zwar zeigen, dass du ein dummer Buddha bist! Aber: Ob dumm oder nicht – niemand kann dir deine Buddha-Natur nehmen.«*

Mit der Sprache führen

Indem wir dieselbe Sprache sprechen wie unser Klient, vermögen wir ihn zu führen. Wir können auch führen, indem wir eine unspezifische, vage Sprache verwenden. Ich sage zum Beispiel gerne: »Vielleicht hast du mich sagen gehört …« Das ist zwar seltsam, überlässt dem Unbewussten jedoch die Wahl, ob es etwas gehört hat oder nicht. Weil das Unbewusste unkritisch ist und gerne Ja sagt, anwortet es: »Natürlich habe ich dich gehört!« Wir könnten auch sagen: »Während du dieses Gefühl spürst, kannst du dir vielleicht ein paar Worte dazu erlauben?« Das ist eine komische Frage, denn natürlich kannst du darüber sprechen, was gerade geschieht. »Vielleicht kannst du dir ein paar Worte dazu erlauben …« gibt dir die Erlaubnis, in deinem Erleben zu sein. Das Unbewusste fühlt sich frei, weil es die Wahl hat, darüber zu sprechen oder auch nicht. Das Unbewusste möchte jedoch immer Ja sagen, wenn es nur die freie Wahl hat.

Wir können führen, indem wir eine erlaubende Sprache sprechen, eine Sprache, die dem Empfänger die Erlaubnis und zugleich Alternativen bietet: »Du kannst dir jetzt erlauben, einen tiefen Atemzug zu nehmen.« Das Unbewusste, das vierjährige

Kind, möchte nach Möglichkeit immer kooperieren. Es ist ein soziales Wesen. Es spürt, dass es sich etwas erlauben darf. Es spürt die Verbindung und es will den Rapport, die Übereinstimmung.

Wenn ich früher einen Encounter-Kurs leitete, eine Therapiemethode, die auf Konfrontation basiert, dann verwendete ich eine andere Sprache, weil dort die reine Erlaubnis nicht funktionieren würde. Teil der Encounter-Arbeit ist es, zuerst Abwehr aufzubauen und diese dann zu durchbrechen. Die Sprache, die eine Abwehr aufbaut, ist viel provokativer: »Was hältst du zurück? Schau hin! Sieh dich an, wie du dasitzt! Welche Gefühle unterdrückst du gerade mit deiner Körperhaltung?«

Durch deine Sprache und die Art, wie du Dinge ausdrückst, rufst du verschiedene Reaktionen hervor. Bei der Kommunikation des Herzens möchte ich eine Antwort, die den Widerstand umgeht. Deshalb geht diese Arbeit so tief. Ich arbeite mit keinerlei Widerstand. Keine Energie geht in die Abwehr. Ich nehme sie weg und schaue, was darunter verborgen ist. Ich möchte natürlich auch nicht, dass der unbewusste Verstand Widerstand leistet, und deshalb verwende ich eine einladende, erlaubende Sprache.

Bringt es nicht auch Ergebnisse, wenn wir Kommandos erteilen?

Bei mir persönlich bringen Kommandos nichts. Kommandos machen mich entweder zum abhängigen Kamel oder ich gehe in den Widerstand und werde zum Rebell. Eine erlaubende Herangehensweise holt das Beste aus mir heraus. Es stimmt zwar auch, dass Männer herausgefordert werden wollen, aber das ist etwas anderes. Die männliche Psyche gedeiht mit Herausforderungen, während die weibliche Psyche mit Empfänglichkeit aufblüht. Wenn du beispielsweise einen Chef hast, der dich rumkommandiert, dann möchtest du ihm an die Gurgel gehen.

Genau. Ich will nichts befolgen, bin dagegen und wütend. Wenn ich einen Chef habe, den ich respektiere, der erlaubend ist, dann tue ich alles für ihn.

Ja, du kannst alles für ihn tun, weil du und dein Unterbewusstsein sich frei fühlen. Das ist es!

Ich bin der lebende Beweis für das, was du sagst. Ich war zehn Jahre lang Tänzerin und mittlerweile unterrichte ich Tanz. Das Rumkommandieren hatte nicht das Beste aus mir herausgeholt. Als ich selbst anfing zu unterrichten, habe ich aber ebenso herumkommandiert und dadurch genau das gemacht, was ich eigentlich nicht tun wollte. Irgendwann habe ich den Tänzern dann gesagt: ›Bitte fühlt euch frei zu experimentieren, wenn ihr ins Studio kommt.‹ Je weniger ich sagte, desto erfindungsreicher wurden sie. Je mehr ich ihnen erlaubte zu fantasieren, desto neugieriger wurden sie, wie meine Fantasien aussahen. Es war wundervoll.

Sehr schön! Weder Kinder noch Erwachsene wollen, dass man ihnen vorschreibt, was sie tun sollen. Das schafft immer Widerstände. Früher, als ich Encounter-Gruppen leitete, war ich an Widerständen interessiert. In meiner jetzigen Arbeit bin ich nicht daran interessiert, dass Menschen Mauern um sich errichten. Jetzt will ich wissen, was hinter der Mauer liegt. Wie können wir Mauern entfernen? NLP ist ein Weg.

Es ist euch vielleicht aufgefallen, dass dieser Kurs, obwohl er sehr viel Raum gibt, stark strukturiert ist. Wir kommen immer pünktlich. Wir erforschen ein Thema nach dem anderen und kommunizieren klar. Weil wir in Übereinstimmung sind, kann etwas in unserem Inneren vertrauen. Da ist ein großes Ja, weil wir die Freiheit zu Experimentieren haben.

Wir können führen, indem wir unseren Auftrag in eine Frage verpacken: ›Kannst du jetzt bitte einen tiefen Atemzug nehmen?‹ Ich möchte, dass du atmest, und wenn ich das Unterbewusste frage, sagt es: ›Natürlich kann ich atmen!‹

Sei dir bewusst, was du im Klienten erwecken möchtest und achte darauf, wie du das sagst. Wenn du einen Klienten beispielsweise durch Spiegeln (Pacing) und Führen (Leading) in die Entspannung bringen möchtest und mit lauter Stimme sagst: »Du kannst dich jetzt entspannen!«, dann wird das nicht funktionieren. Intonation und Energie in dem, was du sagst, stimmen nicht mit deinem Auftrag überein. Wir nennen das inkongruente Sprache und Intonation. Deine Intonation muss übereinstimmen mit der Botschaft, die du zu vermitteln gedenkst. »Während du zuhörst, spürst du, wie dein Rücken sich in den weichen Kissen wohl fühlt und du immer mehr entspannst.« Die Stimme wird tiefer in Richtung Entspannung. Auf diese Art und Weise wird deine Botschaft ankommen.

Das Unbewusste ist intelligent und es sucht sich genau das heraus, was es für die Heilung benötigt. Sprichst du mit einer unspezifischen Sprache, dann wird sich das Unbewusste vermutlich das heraussuchen, was es hören will. Ich sage zum Beispiel: »Während du hier sitzt, geschieht das Verstehen, nicht wahr?« Ich sage nicht, was du verstehen sollst, aber das Unbewusste sucht sich genau das heraus, was es für sein Verständnis braucht. Das ist das Schöne am Unbewussten.

Die Energielesung

Wenn am Himmel ein Regenbogen erscheint, sind wir fasziniert von seiner lebendigen Schönheit. Wir sehen das ganze Farbenspektrum, je nach Wellenlänge rot, orange, gelb, grün, blau, indigo und violett. Diese leuchtenden Farbbänder sind aber in ihrer Essenz eine Reflexion des reinen, weißen Lichts.

Auch das menschliche Chakrasystem ist wie ein wunderbarer Regenbogen, das seinen Ursprung im weißen Licht des reinen Bewusstseins hat. Der einzigartige Energiefluss und das Muster in jedem Chakra sowie die Verbindungen zwischen den sieben Chakren untereinander definieren unsere Individualität.

Kommunikation des Herzens kann auch das Energielesen beinhalten. Im Energielesen werden die Mysterien der sieben Chakren erkundet. Du stimmst dich auf die verschiedenen Aspekte dieser Zentren ein und liest sie. Jedes Chakra, in dessen Kern wir vordringen, führt uns zur Quelle, zum reinen, alles durchdringenden Bewusstsein.

Eine Lesung kann zu einem detaillierteren Verständnis der Individualität des Einzelnen mit seinen Stärken und Schwächen beitragen. Vor allem aber wird der Mensch durch die Augen der Liebe wahrgenommen. Im Licht der bedingungslosen Liebe lässt sich leichter akzeptieren, was ist. Eine Energielesung hilft Menschen zu erkennen, dass die Existenz sie bereits vollkommen erschaffen hat. Es braucht nichts hinzugefügt, verändert oder verbessert zu werden. So können wir uns im Licht von Liebe und Bewusstsein sehen und beginnen, unsere Einzigartigkeit zu erkennen.

Ruhst du als Lesender tief in deinem Herzen, erschafft das einen Raum, in dem der Empfänger urteilsfrei gesehen wird. Das Lesen der Energien kann Muster enthüllen, die aufgrund von Ablehnung, Verleugnung, Selbstverurteilung, Mangel an Liebe oder Misstrauen bislang verborgen waren. Diese Muster entstanden über Jahrhunderte hinweg durch die Konditionierungen unserer Vorfahren, Eltern, Lehrer, Priester, Politiker und der Gesellschaft, die alle ihre vorgefertigten Ideen davon weitergaben, wie wir zu sein haben. Diese Strukturen wurden zu einem Teil unseres Körper-Geistes. Die Schwächen oder Herausforderungen dieser Muster müssen herausgefunden und angenommen werden. Eine Energielesung vermag diese Muster transparenter zu machen und die Einzigartigkeit des Individuums zu enthüllen. Allein das Erkennen dieser Muster birgt die Chance, Veränderung zu bewirken. Eine Veränderung zum Guten geschieht, wenn Bewusstsein, Liebe und Verständnis zu dem, was ist, hinzukommen. Starre Strukturen werden wieder flüssig und der natürliche Fluss wird wieder hergestellt.

Beim Energielesen gehen wir in tiefe Synchronizität mit dem Klienten. Der Regenbogen des Chakrasystems offenbart sich uns als ein Ganzes, wir bringen Liebe und Licht in die Schichten, die jedes Chakra umgeben und durchdringen. Die Magie und das Mysterium einer Lesung ist die Öffnung einer Tür zur Ganzheit.

Wenn jemand durch die Augen der Liebe gesehen wird wie er ist, kann er sich in sein natürliches Wesen hinein entspannen. In dieser Entspannung kann alles, was in der Dunkelheit verborgen war, wieder ans Licht kommen, alles, was im Unbewussten lag, enthüllt werden. Das Mysterium des Bewusstseins besteht darin, dass es die Dunkelheit einfach auslöscht, indem es sie mit Licht überflutet – wie die Sonne, die nach dem Schatten sucht, den sie nie finden wird. Eine schöne Nebenwirkung einer Lesung ist die Heilung lebensfeindlicher Energiemuster. Eine Energielesung erschafft eine Brücke zum Zentrum jedes Chakras, indem wir den umliegenden Schichten helfen, transparenter zu werden. Das führt das Individuum zu seiner wahren Natur, zum Bewusstsein selbst.

Menschen haben unterschiedliche Motive, weshalb sie lernen möchten, sich auf Energien einzustimmen und sie zu lesen. Ich unterrichte Chakren und vermittle das Wissen um feinstoffliche Körper hauptsächlich, weil es unsere Sensibilität erhöht. Unsere Wahrnehmung verbessert sich dadurch und es hilft uns vor allem zu sehen was *ist*.

Alles, was uns dabei unterstützt, unsere Einzigartigkeit zu sehen, uns zu entspannen und das zu akzeptieren, was wir als Form sind, kann zu einer Tür für das Erwachen in die Formlosigkeit werden. Es gibt keine Notwendigkeit, etwas abzulehnen.

Wer wir wirklich sind

Wir sind in Wirklichkeit das Bewusstsein hinter jedem Inhalt, hinter all den Geschichten. Wir sind der reine Zeuge und die ewige Präsenz. In mir und in dir ist dieselbe Präsenz. Sie wohnt ebenso in Bäumen, Tieren und Steinen. Bewusstsein ist die Essenz, aus der die ganze Existenz gemacht ist. Das Wunder ist, dass jedes Chakra, in das wir mit Liebe und Präsenz eintauchen, uns zu dieser Essenz führt. Mit ihm gelangen wir zum Zentrum des Seins, das alles durchdringt. Wenn wir in diesem Sein ruhen, enthüllt sich alles, wonach wir in unserem Leben gesucht haben. Wir suchen nach Frieden, Liebe, Freiheit, Entspannung und Ganzheit. Wir sehnen uns danach, nach Hause zu kommen, uns sicher und geborgen zu fühlen und nach Vertrauen.

Das Mysterium zeigt, dass all diese Qualitäten in der reinen Leere deines Wesens verborgen sind. Die große Reise von Hier nach Hier bedeutet, das, was ist, mit Liebe und Mitgefühl zu erfahren. Dann löst sich all das, was scheinbar getrennt ist, in Einssein auf. Wenn wir eins werden mit dem Erlebnis, lösen sich Dualität und Getrenntsein auf und es ersteht eine dritte, neue Qualität, die bisher nicht vorhanden war. Viele Male haben wir erfahren, wie unsere volle und rückhaltlose Hingabe an die Trauer uns zur Entdeckung der Liebe und Präsenz im Innersten geführt hat.

Wenn wir uns dem Schmerz gestellt haben, ohne die Hoffnung, dass er vergehen wird, führt er uns zur Erkenntnis, dass im Zentrum des Schmerzes eine ungeahnte Offenheit und die Weite der Liebe liegt.

Eine Energielesung ist eine wunderbare Möglichkeit, mit dem Herzen, mit den Augen der Liebe und mit Akzeptanz gesehen zu werden. Es ist, als ob uns unser Geliebter sieht. In diesem Gefühl, gesehen zu werden, kann alles, womit der Klient gekämpft haben mag, einfach schmelzen.

Die Facetten unseres Chakrasystems sind wie ein wunderschöner, geschliffener Diamant. Angesichts dieser verzaubernden Facetten neigen wir dazu, den Diamanten selbst zu vergessen. In einer Energielesung versuchen wir, uns von der Form zum Formlosen zu bewegen, indem wir die Facetten des Diamanten erkennen, um sie dann zu durchdringen. Wenn wir die Form vollkommen annehmen und uns daran erfreuen, öffnet sich das Tor zur Formlosigkeit. So entsteht ein Tanz zwischen der Form und der Formlosigkeit, zwischen dem griechischen Zorbas und Gautama Buddha. Es ist der Tanz, das Leben mit seinen Inhalten zu leben, sich an der Erforschung der Polaritäten zu erfreuen und zurück in die Quelle zu fallen, ins ewige Sein.

Für den Verstand gibt es jedoch die Schwierigkeit, dass das Gefühl des Ich als einer getrennten Identität hier nicht zu finden ist. Wir können uns in der Quelle nicht getrennt fühlen, weil wir das sind, was alles durchdringt. Wenn wir diese Einheit erkennen, können wir den anderen als wunderbaren Spiegel einer unserer eigenen Facetten sehen. Alles andere – positiv oder negativ – zeigt mit dem Finger auf das, was darunter liegt. Es zeigt auf das, was einfach ist.

Diese Wahrheit zu erkennen ist alles, was ein Mensch sich erhoffen kann. Es ist das Ende der Suche und der Beginn des Findens. Hier entfaltet die Blüte des Seins Tausende und Abertausende von Blütenblättern. Hier sehen wir das Kommen und Gehen. Wir genießen die Aufführung, während wir in dem ruhen, was nie kommt und nie vergeht. Das ist unser wahres Zuhause.

Ich habe schon viele Lesungen gegeben und mich danach oftmals erschöpft und unglücklich gefühlt. Meine Lehrerin sagte mir, dass ich mein eigenes Unbewusstes lese und es auf andere projiziere. Dadurch fühlte ich mich verurteilt und gekränkt.

Die Lesung sollte aus einem leeren Herzen kommen. Wenn du unglücklich bist danach, dann zeigt das, dass du nicht immer aus einem leeren Herzen heraus gelesen hast. Viele Menschen mit psychischen Fähigkeiten können zwar ihr drittes Auge bis zu einem bestimmten Punkt öffnen, aber die Verbindung zum Herzen ist noch verschlossen. Wenn wir das Lesen üben, erwähne ich das Dritte Auge nicht, sondern lediglich das Herz, denn beim Lesen aus dem Herzen liest du aus der Leere. Wenn du im Herzen bist, kannst du beinahe alles sagen und die andere Person wird sich nicht verurteilt fühlen, denn sie wird sich durch die Augen der

Liebe gesehen fühlen. Dennoch geschieht das Lesen durch das Dritte Auge. Wenn das Herz offen ist, ist das Dritte Auge aufnahmefähig.

Vermutlich versuchte deine Lehrerin, dir dies zu spiegeln. Weil sie jedoch aus einer Position der Trennung sprach, aus ihrem eigenen Schmerzkörper, ist ihr dies misslungen. Wir sprachen bereits über den Schmerzkörper als gefrorene Energiemuster aus der Vergangenheit, die sich in unseren Energiekörpern befinden, bis sie von Bewusstsein und Präsenz durchdrungen werden. Agieren wir aus unserem Schmerzkörper heraus, aus unseren vergangenen Verletzungen und nicht aus der Präsenz, dann fühlen wir uns falsch und rufen dieses Gefühl auch im anderen hervor. Du wurdest verurteilt und fühltest dich nicht durch die Augen der Liebe gesehen, deshalb hat es dich gekränkt.

Wann immer du verurteilt wirst, schmerzen dich deine eigenen Urteile über dich selbst. In dem Moment, in dem du siehst, dass es nichts mit dir zu tun hat, gibt es keine Verletzung mehr. Und liegt in der Rückmeldung Wahrheit, dann wird es dich auch nicht schmerzen, denn du bist dankbar für das, was du gespiegelt bekommst. Sollte es dich immer noch schmerzen, dann ist der eigentliche Schmerz deine eigene Identifikation mit dem Schmerzkörper.

Was ist der Schmerzkörper?

Der Schmerzkörper besteht aus allem, was wir unterdrücken und in unserem Unbewussten verstecken. Unterdrückung, Zurückweisung und Verleugnung führt zu psychologischem Schmerz. Wenn jemand einen alten Schmerz in dir hervorruft, dessen du dir nicht bewusst warst, wird dein Schmerzkörper aufwachen und rufen: ›Du verletzt mich!‹ Der Schmerzkörper will Rache, obwohl ihm klar ist, dass dies zu noch mehr Schmerzen führen wird. Der Schmerzkörper ist hungrig und ernährt sich von Schmerz.

Wenn du tiefer gehst, wirst du herausfinden, dass er bloß ein Gespenst ist und in Wirklichkeit gar nicht existiert. Die Auflösung dieses Gespenstes geschieht, wenn du dich dem Schmerz öffnest, ihm begegnest, ihn willkommen heißt und dich von ihm tiefer führen lässt.

Eine Energielesung ist dann gelungen, wenn sich danach sowohl dein Klient als auch du selbst dich genährt fühlen. Das ist das Zeichen, dass du in Synchronizität mit deinem Herzen warst und Präsenz in das, was ist, gebracht hast. Das ist der einzige Sinn und Zweck einer Lesung. Liebende Präsenz löst das auf, was nicht ist.

Ich konnte meiner Partnerin nicht helfen – sie fühlte sich verurteilt.

Deine Partnerin spürte während der Herzmeditation Angst, als ich euch in die Leere führte und euch einlud, das Herz eures Partners im leeren Herzen zu empfangen. Danach folgtest du einer christlichen oder Mutterkonditionierung, die besagt: ›Ich möchte dir helfen.‹ Das ist eine schöne Absicht und die Energie befindet sich dann mehr an der Vorderseite des Herzens. Sie will nach außen gehen und den anderen unterstützen. In diesem Moment ist die Energie jedoch nicht völlig in Kontakt mit der Mitte, der Quelle. Deine Partnerin hatte nicht den Raum, selbst zu erfahren. Sie verfiel in ein Opfermuster, welches zu deinem Helfermuster passte. Das schafft eine subtile Trennung. Die Energie bewegt sich nach außen mit dem ›Ich will dir helfen›, und wenn dann keine Offenheit oder Empfänglichkeit vorhanden ist, fühlt sich die andere Person missbraucht und verurteilt. Es ist ein sehr verbreitetes ›Mutter-Muster‹. Mütter lieben es, Kindern zu helfen, ohne vorher zu prüfen, ob die Kinder die Hilfe brauchen und wollen oder nicht. Kinder wollen einfach so gesehen werden wie sie sind.

Wenn du aus deiner Tiefe kommst, aus der Leere, dann wird es energetisch möglich, den anderen so zu empfangen wie er ist. Du ruhst einfach in der Leere, und in der Leere sind wir beide dieselben. Es gibt kein besser oder schlechter, kein richtig oder falsch – niemanden, der Hilfe gibt oder empfängt. Wir sind gleich, dasselbe Wesen.

Die Rückmeldung, die du bekommen hast, bedeutet, dass du deinen Klienten verletzt hast, obwohl du ihm helfen wolltest. Deshalb brauchst du dich nicht falsch zu fühlen, denn du bist nie falsch. Es gibt lediglich etwas zu lernen. Was du hier lernst, ist, dass du jemanden verletzt, wenn du ihn verbessern willst. Das ist eine direkte Rückmeldung. Verstehe, dass du nichts verändern musst. Erkennen reicht völlig aus. Was auch immer der Veränderung bedarf, wird sich selbst verändern. Du kannst einfach ein leerer Spiegel sein, der das, was *ist,* reflektiert. Ihr hattet beide ein ähnliches Muster, das in Gelb schwang, und dort habt ihr euch getroffen. Die Strategie des Lesenden war ›Ich will helfen‹, und die Strategie des Klienten war ›Lass mich in Frieden‹ – eine perfekte Co-Abhängigkeitspaarung.

Als du dann tiefer gegangen bist, hast du auf einmal den Raum im Herzen wieder berührt. In dieser Tiefe gibt es keine Strategie, nur Ruhe im Sein. Von hier aus kannst du immer noch die Strategien der Oberfläche sehen und spüren. Das haben wir gelernt. Wir können Strategien nicht einfach so loswerden. Wir müssen nur Bewusstsein hineinbringen, liebendes Bewusstsein.

Ich fühlte mich so zusammengezogen, so eng, eingeschränkt und klein.

Du hast dich diesem Zusammengezogensein wunderbar gestellt. Wenn du die Idee, dass du nicht zusammengezogen sein solltest, loslässt, dann geht es dir damit sehr gut. Darum geht es im Leben: Ausdehnung und Zusammenziehen. Es ist wie Einatmen und Ausatmen. Wenn jemand etwas in dir berührt, ziehst du dich zusammen. Wenn du dem Widerstand hinzufügst und den denkenden Verstand einlädst, seine Meinungen kundzutun, dann bewirkt das Leiden.

Gestern habe ich euch erzählt, dass ich mich zusammenziehe, wenn ich am Computer sitze und er abstürzt. Dann merke ich, dass ich nichts verändern muss und das macht mich dann frei, in diesem Moment auf die Tatsache zu reagieren.

Durch dieses liebevolle Bewusstsein geschieht Ausdehnung. Beschränkung und Ausdehnung geschehen beide in dem Raum deines Wesens. Fühle dich in Ordnung mit beidem – mit dem Zusammenziehen und der Ausdehnung. So wirst du durch Präsenz geheilt.

Während der Energielesung meines zweiten Chakras bin ich in eine Art Trance gefallen.

Hier kommt eine Erklärung für den Verstand, damit er sich entspannen kann. Eine Lesung ist wie eine tiefe Hypnose. Im NLP-Teil haben wir durch Pacing und Leading aktiv das Verhalten des Klienten gespiegelt, um eine Übereinstimmung, den Rapport, herzustellen. Wenn du eine Lesung deines zweiten Körpers erhältst, dann wirst du ständig von deinem Lesenden in deinen Gefühlszuständen gespiegelt. Das kann zu einer tiefen, hypnotischen Trance führen. Wenn du liest, dann liest du das was ist. Wenn du das ansprichst was ist, was wir auch Pacing nennen, dann sprichst du direkt über das Hier und Jetzt, und das kann dich in eine hypnotische Trance fallen lassen. In gewisser Weise sind Hypnose und Meditation sehr ähnlich – mit einem großen Unterschied: Tiefe Hypnose ist unbewusst, tiefe Meditation ist diesem Zustand sehr ähnlich, enthält aber das Bewusstsein.

Der zweite Körper liebt es zu verschwinden, sich im Nichts aufzulösen. Du kannst das genießen und beobachten, anstatt es als etwas Falsches anzusehen. Etwas Ähnliches geschah, wenn Osho zu uns sprach, denn er spiegelte unser Wesen. In den ersten Jahren wurden manche von uns ohnmächtig und fielen während seiner Diskurse in eine Trance. Später schloss sich diese Bewusstseinslücke und wir waren sehr wach und präsent.

Speziell beim Lesen des zweiten Körpers ist es sehr hilfreich, den Klienten hin und wieder zu fragen, ob er eine Verbindung zum Gelesenen spürt: ›Was ist deine Erfahrung hier?‹ Das bringt den Klienten zurück ins Bewusstsein und hilft ihm, Bewusstheit hinzuzufügen. Aber selbst wenn du in einer tiefen Trance bist, mag das der zweite Körper. Er mag es, gesehen, gespürt und empfangen zu werden, und kann sich dabei entspannen.

Die Teilnehmerin, die die Lesung gegeben hat, bei der die Klientin nicht glücklich war, erlaubte, dass sich eine tiefe emotionale Wunde öffnen konnte. Ich unterstützte sie dabei und ihr Körper ging durch eine Art Geburtsprozess. Am Ende landete sie im Nichts, in der Leere. Dann sprang sie aus der Leere und heftete sich an ein neues Problem, sah jedoch viel strahlender und offener aus als zuvor. Das ist ein wunderschönes Beispiel für das Präsentsein in dem was ist, anstatt sich mit dem Inhalt zu verstricken. Was immer wir zu Beginn berührten, war lediglich ein Symptom für das Ablehnen von etwas, das tatsächlich da war. Durch unsere Präsenz und die Bereitschaft, sich nicht einzumischen, es nicht verändern zu wollen oder etwas damit zu tun, hat sich die Energie geöffnet und ihren Weg gefunden. Es gab offensichtlich eine Erinnerung im Emotionalkörper. Die Energie war in einem dieser schwarzen Löcher gefangen, aus welchen der Schmerzkörper aufsteigt. Wir haben sie einfach dabei unterstützt, mit dem zu sein was ist. In diesem Moment hat sich die Energie geöffnet und die alte Energieerinnerung wurde befreit. Es sah aus wie eine Geburt. Vielleicht erinnerte sich der Emotionalkörper an etwas, ein Trauma während der Geburt. Das Thema ist dabei unerheblich. Wichtig sind die Öffnung und die Bereitschaft, das zu erfahren, von dem du einst beschlossen hattest, es nie wieder fühlen zu wollen. Durch die Bereitschaft, es noch einmal zu erfahren, verändert sich die Energie. Die Bereitschaft, den Druck in der Brust voll zu erfahren, öffnet die Brust. Ist das nicht eigenartig? Wenn wir uns eine Strategie ausdenken müssten, dann würden wir zuerst den Druck in der Brust lösen, aber das funktioniert nicht. Der Druck vergeht in dem Moment, in dem wir ihm vollständig erlauben, da zu sein. Dann kamen wir an einen Punkt, an dem unsere Freundin sagte: ›Hier ist nichts.‹ Das ist dieser schwarze Ring in der Leere auf der Karte der Schichten der Persönlichkeit. Das kommt direkt vor dem Verschwinden ins Ganze, ins Einssein. An diesem Punkt wollte sie jedoch nicht ganz sterben, was auch in Ordnung ist, und sprang zurück in eine andere Erfahrungsschicht, auf der noch mehr Öffnung und Bewusstsein passieren sollten. Das ist völlig in Ordnung.

Eines Tages magst du an diesen Punkt des Nichts zurückkehren und dort auch bleiben. Es wird dich sehr überraschen, was dort in der Leere vorhanden ist. Auch wenn du es bereits von spirituellen Lehrern oder Freunden gehört hast, wirst du in dem Moment, in dem du deine Grenzenlosigkeit selbst erfährst, ein transformiertes Wesen sein.

In deinem Fall hat deine Angewohnheit, im Außen nach Liebe und Anerkennung zu suchen, die Oberhand gewonnen. Außerdem hattest du Angst, zu viel Zeit zu beanspruchen. Deine Angst sagte: ›Wenn ich so bin, dann werde ich nicht geliebt.‹ Dieses Programm haben so viele von uns gelernt. Wenn du es siehst, umarme es einfach liebevoll.

Wenn du in der Leere bleibst, wirst du irgendwann aufwachen und deinen eigenen Schatz erkennen. Ob dies jemand bemerkt oder nicht, spielt keine Rolle. Wenn du deine göttliche Schönheit spürst und annimmst, ungeachtet der Meinungen anderer, wird dies alles auslöschen, was du dachtest zu sein. Es wird dein Leben annullieren, in dem du nach Anerkennung gestrebt hast und das Bedürfnis hattest, gebraucht zu werden. Gehe an diesem Punkt weiter und du wirst begreifen, dass das, was du dachtest zu sein, lediglich ein Aspekt von dir war, denn du bist auch das Gegenteil davon. Irgendwann wird dir dann bewusst, dass du weder das eine noch das andere bist.

Es gibt großartige Therapieformen, mit denen du deine Opferidentifikation in eine Tyrannenidentifikation umpolen kannst. Oder wenn du glaubtest, niemals erfolgreich sein zu können, dann kannst du auf einmal erfolgreich werden – wie die

Autorin von Harry Potter. Sie glaubte, sie sei arm, und auf einmal war sie reich. Das alte Selbstbild funktioniert nicht mehr. Der Verstand versucht andauernd, ein neues Selbstbild zu erschaffen, damit er sagen kann: ›Ah, das bin ich!‹ Auch als spiritueller Sucher kannst du nach dem richtigen Selbstbild, einem neuen Image suchen, wie ›Jetzt bin ich ein Sannyasin‹.

Irgendwann merkst du, dass du alles, was du siehst, auch selbst bist. Dann kommt unweigerlich die finale Frage: ›Wer bin ich wirklich?‹ Wenn wir in dieser Frage ruhen, werden wir merken, dass alles, gegen das wir uns gewehrt hatten, irrelevant wird. Vielleicht hast du deine Zerbrechlichkeit zu schützen versucht und damit im Außen Herausforderungen an deine Zerbrechlichkeit erschaffen. Deine Identifikation mit der Zerbrechlichkeit wird zu einer subtilen Trennung. Die Zerbrechlichkeit wird zu einem der Sterne in deinem glitzernden Selbstbild. Auf der anderen Seite dieses Sterns gibt es vielleicht den Aspekt der Kraft in dir. Wenn du auch diese Seite gesehen hast, wird klar, dass du keins von beidem bist oder beides. Und so wirst du immer weitere Überraschungen erleben.

Manchmal fühle ich mich wie ein kleiner Junge, etwa wenn ich Surfen gehe, und das ist völlig in Ordnung. Im nächsten Moment bin ich ein Lehrer, und auch das ist in Ordnung. Wir sind alle so vieles. Im nächsten Moment bin ich Gärtner und genieße es, mich um die Pflanzen zu kümmern. Wenn du alles annimmst, was geschieht, dann bist du im Fluss, du bist ein nicht festgelegtes, farbenprächtiges Wesen. Du bist ein Ausdruck des Göttlichen in dieser besonderen, wundervollen Form. Mal bist du eine gute Heilerin, dann wieder ein kleines Mädchen, eine Mutter oder Ehefrau. All das geschieht an der Peripherie und du bist die reine Beobachterin und genießt das einfach. Du hast keine Widerstände gegen das, was das Leben durch dich leben möchte. Hier ist der Verstand leer, weil er in den weiten, leeren Himmel schaut und nichts findet. Alles was übrig bleibt, ist die Präsenz im Hier und Jetzt.

Wie unterscheide ich in einer Lesung zwischen dem, was meins ist und was von meinem Partner kommt? In meiner Lesung sah ich eine Wasserschale, in die ein elektrischer Blitz fuhr.

Wir sehen einander als Frequenzen und beim Zusammentreffen zweier Frequenzen geschieht etwas. In der Physik ist bekannt, dass das Aufeinandertreffen von zwei Wellen eine Erhöhung und Vergrößerung oder auch gegenseitige Aufhebung bewirken kann. In einer Lesung werden diese Schwingungen sichtbar und du siehst sowohl deine als auch die Schwingungen deines Partners. Was du dabei erkennst, ist das, was bei diesem Zusammentreffen enthüllt werden möchte. Es ist nicht einfach, diese Eindrücke in Worte zu fassen. Deine Sprache mag sich von der deines Klienten unterscheiden. Dein Körper-Geist übersetzt das empfangene Bild vielleicht in eine Wasserschale, in welche der Blitz einschlägt. Dein Klient fühlt sich von diesem Bild vielleicht nicht direkt gesehen, auch wenn es stimmig sein mag. Dann kann es hilfreich sein, es in anderen Worten auszudrücken, einen anderen Sinn anzusprechen. Wie fühlte sich deine Klientin während der Lesung?

Ich fühlte mich sehr gut und im Fluss, auch wenn ich mit dem Bild nichts anfangen konnte.

Gut! Ich kann nur sagen, dass du deiner Erfahrung vertrauen kannst. Die Phänomene, die bei diesem Zusammentreffen auftauchen, kommen aus der Leere, aus der Weite der liebevollen Umarmung dessen, was ist. Dinge, die noch nicht so bewusst waren, steigen vielleicht an die Oberfläche. Auch wenn das Bild, das du bekommst, nicht so sehr zu deinem Erleben passt, geschieht etwas anderes, was eine Öffnung bewirkt. Was das ist und weshalb – wer weiß das schon? Es werden immer neue Mysterien enthüllt. Es spielt keine Rolle, was das Bild bedeutet. Auf jeden Fall geschieht etwas Schönes, wenn sich zwei Menschen in Synchronizität begeben.

Wenn du endlich aufhörst, dich mit der Existenz zu zanken, dass mit dir etwas nicht stimmt, und du annimmst, dass du ein gesegneter, reich beschenkter Ausdruck des Göttlichen bist, dann wirst du empfänglich für das Geschenk, das du bekommen hast. Wir sind so reich beschenkt – mit mehr, als wir je verlangen könnten. Wenn du aus einem Glaubenssystem des Mangels funktionierst, dann bedeutet das einfach, dass du noch immer mit der Existenz streitest. Die ganze Existenz lehrt dich, dass es keinen Mangel gibt – es gibt einen solchen Überfluss! Millionen von Insekten krabbeln herum, Millionen von Pflanzen wachsen, Millionen von Tieren leben und bewegen sich, Millionen von Sternen leuchten nachts am Himmel. Jedes einzelne Wesen feiert die Existenz, mit Ausnahme der meisten Menschen. Sie sind noch keine ›Wesen‹, sondern ›Werdende‹. Es ist an der Zeit, dass wir als menschliche Wesen aufwachen und in die Feier einstimmen. Wenn wir nicht mehr aus dem Mangel funktionieren, verändert sich unser ganzer Lebensstil. Das spiegelt sich in unserem täglichen Leben wider. Wenn du dich nach Liebe sehnst, wirst du zum Bettler, und die Menschen werden dir das spiegeln und dir die Liebe verweigern. Entdeckst du aber, dass die Liebe deine wahre Natur ist, wird die ganze Welt dies reflektieren.

Als Kind hatte ich so sehr das Gefühl, mit mir stimme etwas nicht und dass mich niemand lieb haben könne. In der Schule wurde ich von den anderen Kindern geschlagen und war isoliert. Das hat dann wiederum meinen Glaubenssatz unterstützt, dass mit mir etwas nicht stimmt. Mein ganzes Verhalten aufgrund dieses Glaubenssatzes war ein Versuch zu beweisen, dass ich in Ordnung bin. Deshalb strengte ich mich sehr an und wollte der Held für meine Mutter, der Intellektuelle für meinen Vater und der Diener für meinen Bruder sein. Und alles, was ich tat, war nie genug. Alles was du angestrengt tust, wird nie genug sein und man wird dir nie geben, was du dir so sehr wünschst. Bis du eines Tages innehältst und gewahr wirst, dass deine Anstrengungen aus einem falschen Glaubenssystem, aus einer Lüge kommen.

Wenn du der Lüge mit Bewusstsein begegnest, kann sie nicht überleben. Als ich Osho traf, konnte ich einfach nicht glauben, dass da jemand war, der mich so liebte, wie ich war. Das hat mir mein Herz aufgerissen. Meine Glaubenssätze funktionierten nicht in seiner Präsenz. Ich hatte das tiefe Gefühl, dass es Osho nicht kümmerte, wer ich war, was ich war und wo ich war. Er erkannte mein Wesen und überschüttete mich mit Liebe. Ich projizierte diese Liebe auf Osho als menschliches Wesen, als Form, bis ich eines Tages erkannte, dass da niemand war. Osho ist einfach eine Tür zur Existenz. Der Meister ist eine Rechtfertigung, weil die Existenz so groß ist. Tatsächlich liebt dich die gesamte Existenz. Die wahre Essenz der Existenz ist Liebe und du bist ein Teil davon – du bist Liebe. Du bist DAS, ob du nun ein Heiliger oder ein Sünder bist, ein Mörder oder ein Edelmann – ungeachtet deiner Taten. Wenn du das verstehst, verschiebt sich alles. Dann willst du dies nur noch teilen und dadurch wird es immer mehr. Es ist zu viel, um drinnen gehalten zu werden.

Fang an, das in deinen Sitzungen zu teilen und es wird immer mehr werden. Mit jedem Teilen wirst du dich ein kleines bisschen mehr öffnen und die Öffnung ist grenzenlos.

Die sieben Chakren

Esoterische Wissenschaften

Alle esoterischen Traditionen, Techniken und Wegweiser wurden entwickelt, um die Manifestation des Bewusstseins zu verstehen; in Indien beispielsweise das Konzept der sieben Chakren als »Landkarte«. Am Anfang stand die Absicht, Ordnung in das mysteriöse Phänomen des Menschseins zu bringen. Bei einer Landkarte gibt es jedoch immer nur eine relative Wahrheit, denn wir können dabei nur vom Inhalt sprechen. Unser Wesen ist jedoch ewige Stille – und dafür gibt es keine Worte.

Diese Landkarten sind wertvolle Werkzeuge bei der Entdeckung dessen, was ist. Sie helfen, Licht in die verschiedenen Frequenzen des Bewusstseins zu bringen. Unsere Landkarte zu den Schichten der Persönlichkeit versucht, verschiedene Aspekte des Körper-Geistes zu erklären, und weist den Weg in die Richtung des Seins. Wir funktionieren durch den Körper-Geist. Wenn du einmal erwachst als der, der du bist, als das Sein selbst, dann ist die Landkarte nicht mehr von Interesse. Wenn du deine Bestimmung erreicht hast, legst du die Landkarte weg.

Bei den Texten zu den sieben Körpern beziehe ich mich auf Oshos Lehre in seinen Büchern »Meditation – Die Kunst der Ekstase« und »In Search of the Miraculous«.

In Ländern wie Japan, Korea und China wird anstelle des Chakrasystems das Konzept des Hara verwendet. Zenmeister haben in ihrer Einfachheit direkt auf die Quelle des Lebens, das Zentrum, hingewiesen. Viele Meditationstechniken aus Japan, Korea und China konzentrieren sich auf das Hara, das Zentrum der Schwerkraft. Es liegt etwa zwei Finger breit unter dem Nabel, zwei Finger breit im Inneren. Alle Kampfkünste basieren auf der Stärke des Hara. Wenn der Kämpfer im Hara zentriert ist, kann er nicht aus dem Gleichgewicht geworfen werden. Dasselbe gilt für den Meditierenden, der nicht aus dem inneren Gleichgewicht fallen kann, wenn er in seinem Wesen zentriert ist. Ein japanischer Junge zeigte einmal auf die Frage, mit welchem Körperteil er denke, auf sein Hara. In Japan gilt das Hara als das »Tor für Leben und Tod«.

Das Hara ist energetisch unabhängig vom zweiten Chakra, wie wir es hier beschreiben. Wir können es als roten Energieball (Zinnoberfeld) wahrnehmen, der eine leere Mitte besitzt und Lebensenergie für alle Chakren und subtilen Körper bereitstellt. Die Quelle dieser Energie ist ein Mysterium. Sie entspringt einem leeren Zentrum und scheint unerschöpflich. Das Hara kann als eine Kraftzentrale gesehen werden, welche die Energie aus dem Universum umwandelt, sie für den Körper-Geist verträglich bereitstellt und sie dann den Chakren und subtilen Körpern zuführt.

Bei der Kommunikation des Herzens verwenden wir das Modell der Chakren beim Erkunden der Schichten der Persönlichkeit. In diesem Modell werden die Schichten von den verschiedenen Farben repräsentiert, die sich auf die Energieschwingung der Chakren beziehen.

Im Chakramodell hat jedes Chakra eine Vorder- und eine Rückseite sowie ein leeres Zentrum. Die Vorderseite repräsentiert die Art unseres energetischen Ausdrucks in der Welt. Die Rückseite zeigt, wie sehr wir mit der Energie in unserem Inneren in Kontakt stehen und wie sehr wir für sie empfänglich sind. Das leere Zentrum ist unsere Verbindung mit dem Formlosen, mit dem Beobachter, dem inneren Buddha.

Jedes Chakra bildet einen subtilen Energiekörper, der den physischen Körper durchdringt und sich über ihn hinaus erstreckt. Wenn dieser Energiekörper entwickelt wird, werden unsere Chakren transformiert und wir steigen in eine höhere Bewusstseinsstufe auf.

Es gibt viele hilfreiche Techniken, um die Schichten des Körper-Geistes transparenter zu machen. Wenn jemand zum ersten Mal zur Therapie kommt, sind diese Schichten meistens wie dichte Wolken, die das Wesen bedecken. Therapie hilft, diese Schichten mit liebevoller Bewusstheit zu durchdringen und die verfälschten Energien bei der Transformation zu unterstützen.

Unterschiedliche Therapieformen nutzen unterschiedliche Schichten des Körper-Geistes als Ansatzpunkte. In den Kapiteln über die einzelnen Chakren möchte ich zur Illustration mein frei zusammengestelltes Modell dazu vorstellen. Die Erklärungen zu diesen Prozessen erheben keinerlei Anspruch auf Vollständigkeit. Sie sollen lediglich als Wegweiser dienen.

Alle Schichten des Körper-Geistes sind eng miteinander verbunden. Die Struktur einer Schicht hat Einfluss auf die Strukturen aller anderen Schichten. Deshalb beeinflussen Therapietechniken, die hauptsächlich an einer Schicht arbeiten, auch alle anderen Schichten sowie das ganze System des Körper-Geistes. Je transparenter der Körper-Geist ist, desto einfacher kann das Wesen hindurchscheinen.

Erwachen durch verschiedene Chakren

Während meiner Zeit in der Mysterienschule in Pune interessierte ich mich für die esoterischen Wissenschaften, die Funktionen der Chakren sowie die Qualitäten der feinstofflichen Körper. In unseren Studien und Forschungen gingen wir immer mehr in die Einzelheiten, was eine wunderbare Fortsetzung meines Medizinstudiums war. Ich widmete mich den spirituellen Kräften und lernte das Lesen von Energien, vergangenen Leben, Chakren und feinstofflichen Körpern. All das faszinierte mich. Im Rückblick erscheint mir das wie ein wunderbarer Zeitvertreib vor dem Erwachen.

Wir verstehen die unterschiedlichen Lehren erst, wenn wir sie nicht mehr brauchen. Sie stammen von Menschen, die verstanden haben, wer sie sind und die versucht haben, Methoden zu entwickeln, die anderen Menschen helfen aufzuwachen.

Trotz der zahlreichen Techniken und Wege für das Erwachen hat noch nie jemand einen anderen Menschen erleuchtet. Das ist immer eine individuelle Suche. Man kann mit allem spielen, aber das letzte Loslassen geschieht stets durch Gnade.

Osho hat uns Hunderte von Wegen aufgezeigt und uns unzählige kreative Möglichkeiten an die Hand gegeben. Was für ein unglaublicher Meister! Wenn ich zurückblicke auf das, was wir mit Osho in den verschiedenen Schulen ausprobiert haben, dann waren alle Möglichkeiten vorhanden. Manche haben sich zwar widersprochen, aber immer war da Liebe und Präsenz Es spielt keine Rolle, in welche

Richtung du gehst. Du endest immer da, wo du bereits bist: präsent im Hier und Jetzt, dich selbst als Bewusstsein erkennend.

Atisha, der alte tibetische Meister, der die Herztransformation entwickelt hat, studierte bei drei verschiedenen Meistern.

Der erste Meister lehrte ihn »No-Mind«, »Leere« und »Inhaltslosigkeit«. Er half ihm zu verstehen, dass er in der Essenz das Formlose ist, dass er das Bewusstsein selbst ist. Atisha erwachte.

Der zweite Meister lehrte ihn Liebe und Mitgefühl.

Der dritte Meister lehrte ihn die Kunst, das Leiden von anderen im eigenen Herzen aufzunehmen, es dort zu transformieren und Segnungen zu geben – Liebe durch Handlung. Gibt es ein schöneres Erblühen des Erwachens?

Wenn wir es einmal erkannt haben, müssen wir es teilen. Wir müssen Kreativität regnen. Der Kanal, durch welchen wir teilen, ist individuell unterschiedlich. Es kann Sport, Kampfkunst, Gärtnern, Therapie oder Management sein, es kann dienend sein oder eine Kunst. Du wirst deinen Kanal finden.

Lasst uns ein wenig mit dem Konzept der Chakren spielen. Wir wissen auf jeden Fall, wo wir enden werden. Wir sind reines Bewusstsein und alles ist ein Teil von uns. Machen wir einen kleinen Umweg und betrachten wir, wie das Erwachen, durch verschiedene Chakren erlebt, aussehen könnte: Das Zentrum ist leer. Je nachdem, welchen Sinn wir ansprechen, ist das Wesen Stille (auditiv) oder Leere (kinästhetisch), reines Licht oder Dunkelheit (visuell) oder aber Nichts (digital). Das Zentrum repräsentiert das Sein – universelles Bewusstsein.

Wir können durch jedes Chakra zum Sein erwachen. Durch welches wir auch immer erwachen – es erfordert Achtsamkeit und Totalität. Das Chakra kann einen bestimmen Geschmack hinterlassen, eine bestimmte Farbe oder ein bestimmtes Gefühl. Diese Tür mögen wir als die bevorzugte unseres Körper-Geistes verwenden, um uns auszudrücken und mitzuteilen. Dann wird unser Teilen diesen spezifischen Geschmack tragen. Wenn du beispielsweise durch das Herz erwachst, dann wird dein Teilen durch das Herz geschehen und den Duft der Liebe tragen. Erwachst du durch das Dritte Auge, wird dein Teilen Klarheit ausstrahlen. Und wenn du durch den Hals erwachst, dann wird dein Teilen mit der Tiefe des Verstehens, der Kreativität, der Hingabe und des Nicht-Wissens erstrahlen.

Das erste Chakra – Die Wurzel

Das erste Chakra, auch Wurzelchakra genannt, sitzt am unteren Ende der Wirbelsäule. Die Vorderseite reicht bis zum Schambein, die Hinterseite bis zum Steißbein und das Zentrum befindet sich in der Mitte des Damms. Es steht in Verbindung mit dem physischen Körper, der Ebene der Lebensenergie. Das erste Chakra bestimmt die Verwurzelung in deinem Körper und deine körperliche Konstitution. Der Energiefluss im ersten Chakra bestimmt deine Erdung und wie du mit der materiellen Welt verbunden bist.

Themen und Herausforderungen des ersten Chakras sind Sexualität, deren Missbrauch und Begrenzungen, Überlebensangst sowie physische Stärke und Schwäche. In Unbewusstheit stehen das erste Chakra und die rote Farbe für Wut, Frustration, Ärger, sexuelle Wunden und Spannungen sowie Energieblockaden im physischen Körper. Die Erinnerung in den Zellen hält diese Blockaden fest, was zu Krankheit führen kann.

Wenn das erste Chakra und der physische Körper von Bewusstsein durchdrungen sind, manifestiert sich die Energie als pure Lebensenergie, Vitalität, Lebendigkeit, physische Kraft, Liebe zum Körper, Leidenschaft und als die Fähigkeit, in der Fülle zu leben.

Während der ersten sieben Lebensjahre existiert nur der physische Körper. Die anderen Körper sind erst als Samen angelegt. Ihr Wachstumspotenzial ist bereits vorhanden, aber während dieser ersten Jahre schlummert es noch. Manche Menschen stagnieren und wachsen nie über diese ersten sieben Jahre hinaus.

Therapien für das erste Chakra

Bioenergetik hilft dir, deinen Körper zu öffnen, sodass die Energie zu fließen beginnt. Dabei nimmst du bestimmte Stresspositionen ein, in denen du die Körperbereiche spürst, wo du festhältst. Während du diese Haltemuster wahrnimmst und in sie hinein atmest, steigt das auf, was in ihnen emotional gespeichert ist. So können diese Muster losgelassen werden.

Yoga, **Massage**, **Rebalancing**, **Rolfing**, **Shiatsu**, **Craniosacrale Therapie** und viele andere Körpertherapien nutzen den Körper, um tiefere Schichten der Psyche zu erreichen.

Tantra verwendet die Sexualenergie für die Transformation und die Erweckung der Kundalini-Energie.

»Die Wurzeln der Angst abschneiden« ist schließlich ein Gruppenprozess zur Beleuchtung der Grundängste des Menschen, die alle mit der Angst vor dem physischen Tod zusammenhängen. Wenn wir jedoch das entdecken, was nie stirbt, verschwindet auch die Angst.

Durch das erste Chakra erwachen

Wer Sport treibt, joggt oder eine andere Form von intensiven physischen Übungen betreibt und dabei präsent ist, kann an einen Punkt kommen, an dem das Ich verschwindet. Das ist der Grund für die Sportbegeisterung vieler Menschen. Wenn du total bist, wenn Sportler und Sport zu einem werden, löst sich das Ego auf, welches vom Körper getrennt war. Wenn du total bist, bewegt sich nur der Körper. Er wird vom Ganzen bewegt und der Handelnde verschwindet.

Ich lernte beispielsweise bereits als kleines Kind Skifahren und ich liebte es. Ich hatte dieses Hochgefühl immer mit der Harmonie der Bewegungen und der Freude an der herrlichen Natur in Verbindung gebracht, dabei wurde in Wirklichkeit dieses Glücksgefühl vom Verschwinden des Ich hervorgebracht. Die Totalität bewegte meinen Körper. Das Erwachen durch das erste Chakra ist möglich, wenn der Verstand versteht, dass du in deiner Totalität in der Bewegung verschwindest. Dann kannst du erkennen, dass du nie vom Ganzen getrennt warst.

Das zweite Chakra – Der Unterbauch

Das zweite Chakra befindet sich im unteren Bereich von Bauch und Rücken. Es steht in Beziehung zum emotionalen Körper. Der Energiefluss im zweiten Chakra bestimmt unser Verhältnis zu Gefühlen und Emotionen, zu Beziehungen, zum Verschmelzen und zum Alleinsein.

Themen und Herausforderungen des zweiten Chakras sind Schock und Scham, Co-Abhängigkeit und das innere Kind. In Unbewusstheit steht die orangene Farbe für emotionalen Schmerz, Gefühllosigkeit, Zurückweisung, Ablehnung, Mangel an gebender und empfangender Liebe und sexuelle Schuldgefühle. Weil wir Gefühle oft unterdrückt haben, finden wir hier viele Schichten von emotionaler Vergangenheit, die wieder geöffnet werden können.

Wenn das zweite Chakra von Bewusstsein durchdrungen ist, entsteht eine emotionale Offenheit. Gefühle sind authentisch und werden ausgedrückt. Die Energie öffnet sich für Sinnlichkeit, Selbstliebe, Sensibilität und Genuss.

Der **ätherische** oder **emotionale Körper** reift natürlicherweise zwischen dem siebten und vierzehnten Lebensjahr. In diesen sieben Jahren findet das emotionale Wachstum des Individuums statt. Die sexuelle Reife und Anziehungskraft als intensivste Form der Emotion wird mit der Pubertät im Alter von etwa vierzehn Jahren erreicht. Manche Menschen bleiben auf dieser Stufe stehen; ihr physischer Körper wächst heran, aber trotzdem bleiben sie in ihren ersten beiden Körpern stecken. Nach der Entwicklung der ersten beiden Körper erreicht ein Mensch das Erwachsenenalter, die Geschlechtsreife. Die Natur hat bis zu diesem Zeitpunkt alles gegeben, um diese Entwicklung zu unterstützen. Aber ein Mensch ist zu diesem Zeitpunkt noch nicht völlig menschlich.

Therapien für das zweite Chakra

Bei **Atemtherapie** und **Rebirthing** wird tief und stetig geatmet, damit sich die Energieblockaden im physischen Körper zeigen und öffnen können. Das bringt dich in Kontakt mit deinen Emotionen und tiefen Gefühlen.

Primärtherapie hilft dir, dich für deine verborgenen Emotionen und Gefühle aus der Kindheit zu öffnen. Du kannst deine Kindheitserlebnisse und damit verbundene Traumen noch einmal bewusst erleben. Du wirst dabei unterstützt, all das auszudrücken, was du emotional und körperlich unterdrückt hast. Schließlich tut sich die Erfahrung auf, dass du jetzt eine Wahl hast, wo du in der Vergangenheit keine Wahlmöglichkeiten gesehen hast. Du lernst, deine Spontaneität und Unschuld wiederzugewinnen. Verschüttete Lebensquellen können wieder geöffnet werden.

Pulsation und emotionale Klärungstechniken arbeiten mit der Atmung und verschiedenen Körperbewegungstechniken, die dazu dienen, alte, gespeicherte Emotionen loszulassen.

Co-Abhängigkeits-Therapie ist die komplexe Arbeit mit Abhängigkeiten und Süchten. Jede Sucht, ob Drogen, Alkohol, Essen oder die Sucht nach einer anderen Person, ist ein Versuch, alten Schmerz zu überdecken. Wenn wir uns für diesen Schmerz öffnen und ihn annehmen, können wir wieder Vertrauen und Unschuld gewinnen.

Durch das zweite Chakra erwachen

Wer schon durch intensive emotionale Arbeit gegangen ist und tief in seinen emotionalen Schmerz eingetaucht ist, kam dabei an einen Punkt, an welchem der Schmerz sich in Freude, Raum, Liebe und Glückseligkeit verwandelt hat. Das Einssein mit der Intensität des Seins öffnete die Tür zum Sein. Wenn der Verstand sich der Tatsache ergibt, dass Freude und Sein immer da waren, nur unter Schmerz verdeckt, dann erwachst du.

Vielleicht hast du dich bei einer Massage oder in warmem Wasser liegend ganz für die Sensibilität der Berührung geöffnet oder du bist in einer warmen Umarmung geschmolzen. Dann hast du einen Zustand jenseits der beiden Polaritäten erlebt, einen Zustand jenseits des Ich. Der Handelnde, der vom Gefühl getrennt ist, verschwindet in der Totalität des Fühlens und Verschmelzens. Auf einmal bist du nur noch eine sich ständig verändernde Welle oder ein Strom von Gefühlen. Dasselbe kann beim Liebesspiel geschehen, wenn die Vereinigung lange genug währt, sodass ein Energiekreis entsteht. Auch in der Natur kann dieser Zustand eintreten, sofern du mit ihr eins wirst.

Wenn du dich nicht an das Erlebnis heftest, nicht versuchst, etwas festzuhalten, dann wirst du dich als eins mit allem und jedem erfahren. Die Freiheit ist da. Wenn der Verstand erkennt, dass die Freiheit schon immer da gewesen ist, öffnet er sich und offenbart das erwachte Bewusstsein.

Das dritte Chakra – Der Solarplexus

Das dritte Chakra befindet sich zwischen dem Nabel und dem Rippenbogen, zwischen dem Solarplexus und dem mittleren Rücken. Es steht in Zusammenhang mit dem Astralkörper und der Ebene der Strategien und Abwehrmechanismen. Der Energiefluss im dritten Chakra bestimmt unser Verhältnis zu Macht, Intellekt, Entschlusskraft, Willenskraft, Autorität und Charisma.

Themen und Herausforderungen des dritten Chakras sind Kontrolle, Angst sowie Strategien und Abwehrmechanismen zur Schmerzvermeidung. Die gelbe Farbe enthüllt Machtspiele und -fantasien, Urteile sowie Minderwertigkeits- und Überheblichkeitsgefühle.

Wenn das dritte Chakra von Bewusstsein durchdrungen ist, wird die Energie zu Freude, Willenskraft, Tatkraft, Entschlossenheit, Intelligenz, Weisheit, Echtheit, Originalität, Präsenz und liebevoller Aufmerksamkeit.

Der dritte Körper oder Astralkörper bildet sich natürlicherweise in der dritten Siebenjahresspanne heraus, zwischen dem vierzehnten und einundzwanzigsten Lebensjahr. Hier werden Individualität, Urteilskraft, logisches Denken und Intellekt entwickelt. Er reift, wenn wir ein aktives, abenteuerliches Leben führen, Verantwortung für unsere Taten übernehmen und uns auf das Unbekannte einlassen. Der dritte Körper ist eine Mischung von Ausbildung, Zivilisation und Kultur. Aus diesem Grunde wurde das Wahlrecht ursprünglich ab dem einundzwanzigsten Lebensjahr verliehen. Heutzutage reifen die Menschen schneller heran, und so sind die meisten Länder dazu übergegangen, schon ab dem achtzehnten Lebensjahr wählen zu lassen. Der dritte Körper benötigt jedoch normalerweise einundzwanzig Jahre, um auszureifen. Die Mehrheit der Menschheit entwickelt sich darüber hinaus nicht weiter.

Therapien für das dritte Chakra

Konfrontationstherapie (Encounter) provoziert deine Abwehr, um diese zu durchbrechen. Encounter-Therapeuten sind oft Meister darin, Menschen am wundesten Punkt ihrer Abwehr abzuholen. Wenn deine Abwehr geknackt wird, öffnest du dich für tiefere Gefühle.

Der Gruppenprozess »Machtspiele durchtrennen« (Cutting through powertrips) bringt liebevolles Bewusstsein in die Machtspiele und arbeitet mit Themen rund um Macht: Vergleichen, Wettbewerb, Urteilen und Verurteilen, Schuldzuweisungen und das Tyrannen-Opfer-Spiel. All diese Strategien sind der Versuch, emotionalen Schmerz zu überdecken.

Durch das dritte Chakra erwachen

Das dritte Chakra scheint der Ort zu sein, an dem wir die meisten Einschränkungen und Beschädigungen erfahren haben. Der dritte Körper trägt all unsere Erinnerungen an Machtmissbrauch aus vergangenen Leben, zum Beispiel als Tyrannen oder Opfer.

Wenn wir die Verantwortung für unsere Realität übernehmen, wenn wir total in der Verfolgung unseres Willens sind, wenn wir uns unserer inneren Autorität unterwerfen und loslassen, dann verschwindet unser Ich. Unsere Taten sind zweitrangig. Wer in Oshos Kommune in Oregon (USA) gewesen ist und vierzehn Stunden täglich voller Energie auf dem Bau gearbeitet hat, hat sich aufgelöst. Dadurch wurde große Freude geweckt. Wir waren vermutlich die glücklichsten erschöpften Arbeiter, die es je gegeben hat.

Im dritten Chakra können wir uns in Machtkämpfen verstricken. Sind wir durch diese Kämpfe hindurch gegangen, wird das enthüllt, was dahinter liegt: eine wahrhaftige Stärke, unabhängig von äußeren Umständen. Sie umfasst auch die Stärke, schwach zu sein und sich zu erlauben, verletzlich zu sein. Wenn du diese Totalität zulässt, dann fällst du in den Raum zwischen Stärke und Schwäche. Sich dieser Erkenntnis hinzugeben, ist Erwachen.

Das vierte Chakra – Das Herz

Das vierte Chakra oder Herzchakra befindet sich in der Mitte der Brust – im Gegensatz zum physischen Herzen, welches auf der linken Seite schlägt. Die Vorderseite finden wir in der Mitte des Sternums und die Hinterseite zwischen den Schulterblättern. Es steht in Verbindung mit dem **mentalen** oder **psychischen Körper** und der Ebene der Ideale und Ich-Sollte-Sätze. Der Energiefluss im vierten Chakra bestimmt dein Verhältnis zu Liebe, Mitgefühl, Geben und Nehmen. Er bestimmt den Raum, den du dir selbst und anderen einräumst, und dein inneres Gleichgewicht. Dieser leere Raum, das Herz, die Mitte, ist die Quelle für Intuition und Transformation.

Themen und Herausforderungen für das vierte Chakra sind Ideale und Ich-Sollte-Sätze und das Bedürfnis nach Raum. In Unbewusstheit steht die grüne Farbe für Eifersucht und Misstrauen in Beziehungen, das Gefühl von Wertlosigkeit und das »Blutende-Herz-Syndrom«, auch Helfersyndrom genannt. Wenn das Herz von Bewusstsein durchdrungen ist, öffnet es sich für Liebe, Akzeptanz, auch Selbstakzeptanz, für Geben und Empfangen, Mitgefühl, Heilung und Transformation.

Die Fähigkeiten des vierten Körpers finden wir bei Menschen mit übersinnlichen Fähigkeiten: Hypnose, Telepathie, Fernheilung und Hellsehen. Individuen können miteinander in Kontakt stehen, ohne durch Zeit oder Entfernung eingeschränkt zu sein. Sie verstehen es, Gedanken zu lesen oder Gedanken auf jemand anderen zu übertragen. Es ist möglich, Astralreisen zu unternehmen und sich außerhalb seines physischen Körpers wahrzunehmen. Wenn alles optimal läuft, entwickelt sich dieser Körper bis zum achtundzwanzigsten Lebensjahr.

Die Welt, die sich mit dem vierten Körper eröffnet, ist subjektiv, während die Welt davor objektiv war. Träume ereignen sich im vierten Körper. Alle spirituellen Kräfte, im Yoga »Siddhis« genannt, werden in diesem Körper erreicht. Die Yoga-Tradition hat den Meditierenden unablässig vor diesen Fähigkeiten gewarnt, denn hier lauert die große Gefahr, sich darin zu verlieren. Diese scheinbar großen spirituellen Kräfte, die du hast, wenn du dich in einen psychischen Zustand versetzt, haben für sich genommen keinen wirklichen spirituellen Wert. Das ist mir im Laufe meiner Zeit in der Mysterienschule klar geworden. All meine psychischen Kräfte haben mir nicht dabei geholfen, mich zu befreien.

Therapien für das vierte Chakra

Die Gruppenprozesse **Öffnung des Herzens** und **Integrität des Herzens** arbeiten direkt mit dem Idealismus des Herzens und enthüllen die darunter verborgene Weisheit, Liebe und Integrität.

Herzmeditationen helfen, direkt ins Herz zu kommen.

Positives Denken und **Affirmationen** zielen darauf ab, das Gleichgewicht auf die positive Polarität des Mentalkörpers zu lenken. Doch besteht die Gefahr, dass sich der negative Aspekt in den Untergrund zurückzieht und aus dem Unterbewusstsein heraus weiter agiert.

Durch das vierte Chakra erwachen

Im Herzen verschwindet die Dualität. Wenn du der geführten Herzmeditation folgst, dann erfährst du, dass das Herz fähig ist, alles mit einzubeziehen, aufzunehmen und umzuwandeln – sogar die Gegensätze. Wenn du tiefer gehst, gestehst du dir jede Erfahrung zu. Dann erlaubst du dem Erlebnis selbst, sich als Tür oder Vorhang zu öffnen, durch den du tiefer eintreten kannst, bis du den reinen Raum erreichst, das reine Nichts. Du entdeckst das grenzenlose, formlose Sein, das schon immer da war, das leere Herz.

Der vierte Körper wird auch Mentalkörper genannt. Gedanken gehen ein und aus. Während du dies zulässt, ohne dass du dich an einen Gedanken anheftest oder einen zurückweist, fällst du ins Herz. Du berührst die Gedanken nicht – sie gehen lediglich ein und aus. Du lässt sie geschehen und fällst durch die Kluft in der Mitte. Irgendwann gibt sich der Verstand der Tatsache hin, dass Bewusstsein das einzige ist, was es gibt – und es wird still. Du erwachst aus der Illusion der Identifizierung mit einem Teil des Ganzen und erinnerst dich, dass du immer das Ganze gewesen bist.

Das fünfte Chakra – Der Hals

Das fünfte Chakra oder Halschakra sitzt vorne und hinten am Hals und erstreckt sich über den Bereich oberhalb der Schlüsselbeine bis unterhalb des Unterkiefers. Der Energiefluss im fünften Chakra bestimmt deine Fähigkeit, dich auszudrücken, zuzuhören sowie kreativ und spontan zu sein.

Thema und Herausforderung des Halschakras ist die Kommunikation. Der Hals trägt die erstarrten Strukturen der Glaubenssätze. Vielleicht stellst du fest, dass du husten musst, wenn gewisse Glaubenssätze und Konzepte, mit denen du dich identifizierst und an denen du noch festhältst, in Gefahr sind, das heißt herausgefordert werden. Das ist der Versuch, das bedrohliche Konzept hinauszuwerfen, das nicht in dein Glaubenssystem passt. Die blaue Farbe steht in Unbewusstheit für Schwierigkeiten in der Kommunikation, generelles Misstrauen und Zurückhaltung.

Wenn das fünfte Chakra von Bewusstsein durchdrungen ist, wird diese Energie zu tiefem existenziellem Verständnis, Kreativität, schöpferischer Kraft, Ausdruck, Frieden, Vertrauen ins Unbekannte und Hingabe.

Das fünfte Chakra steht in Beziehung zum **spirituellen Körper**. Würden wir uns frei und ungehindert entwickeln, dann wäre der fünfte Körper im Alter von fünfunddreißig Jahren voll ausgebildet, was jedoch nur bei sehr wenigen Menschen geschieht. Im fünften Körper erwacht das Wesen. Das Ego, die Vorstellung von Getrenntsein, die Vorstellung davon, der Handelnde zu sein, löst sich auf. Hier endet die Dualität und Erwachen geschieht. Die persönliche Handlung hört auf, aber es ist nicht das Ende unserer Entfaltung.

Therapien für das fünfte Chakra

Neurolinguistisches Programmieren (NLP) und **Hypnose** sind kraftvolle Werkzeuge, um Glaubenssätze und die dazu gehörenden Verhaltensmuster zu verändern.

In **The Work**, entwickelt von Byron Katie, werden Glaubenssätze und Gedanken anhand von vier Fragen und ihrer Umkehrung erforscht. Ein Beispiel eines unerforschten Gedankens ist: »Mein Freund sollte immer für mich da sein«. Nun kannst du die folgenden vier Fragen stellen:

1. Ist es wahr?
2. Kannst du dir sicher sein, dass es wahr ist?
3. Wie fühlst und verhältst du dich, wenn du diesen Gedanken denkst?
4. Wer wärst du ohne diesen Gedanken?

Damit ziehst du den Gedanken wie einen Zahn und stornierst den Glaubenssatz. Alles darunter wird kollabieren, auch das Leiden. Die Umkehrung unterstützt das Kollabieren. Eine solche Umkehrung ist beispielsweise: »Ich sollte immer für mich da sein.« Oder eine andere Umkehrung: »Ich sollte immer für meinen Freund da sein.« Dann erforschst du, ob die Umkehrung genauso wahr ist wie der ursprüngliche Gedanke – meistens wird das der Fall sein. Mit der Umkehrung wird es unmöglich, an einem spezifischen Glaubenssatz festzuhalten.

Voicing, Stimmhafter Ausdruck und **Gesangstherapien** wie das Obertonsingen brechen feste Glaubensstrukturen im Hals auf und helfen, den spontanen Ausdruck zu öffnen.

Avatar ist ein anderes System, welches mit der Kraft von Glaubenssätzen und wie diese unser tägliches Leben formen, arbeitet.

Durch das fünfte Chakra erwachen

Wenn wir total im fünften Chakra und unserer Kreativität sind, verschwindet das Ich. Künstler werden oft süchtig nach ihrer Kunst. Weshalb ist das so? Weil sie in der Ausübung ihrer Kunst verschwinden! In der Totalität des Malens verschwindet der Maler selbst. In der Totalität des Tanzes verschwindet der Tänzer und es bleibt nur noch der Tanz. Dies ist eine extatische Erfahrung jenseits des Ich. Wenn der Verstand sich jedoch wieder einschaltet, verknüpft er gerne die Freude des »Nichtseins« mit der Handlung, kreiert ein neues »Ich« und übersieht, dass die Freude von Innen heraus, aus dem Nichtsein kam.

Zum fünften Chakra gehören die Glaubenssätze. Wenn wir uns ins Unbekannte begeben, dann haben die Glaubensstrukturen keine Macht mehr über uns. Hast du also die Wahl zwischen einem bekannten und einem unbekannten Weg, dann wähle den unbekannten. Auf dem unbekannten Weg musst du präsenter sein.

Wenn du total und präsent in deiner Kreativität bist, verschwindest du. Wenn du ins Unbekannte fällst, jenseits der Glaubenssätze, dann richtest du dich wieder auf das Mysterium des Lebens aus. Und wenn sich der Geist dem Verschwinden ins Unbekannte hingibt, erwachst du.

Das sechste Chakra – Das Dritte Auge

Das sechste Chakra, das Dritte Auge, befindet sich auf der Stirn zwischen den Augenbrauen. Seine Rückseite sitzt in der Mitte des Hinterkopfes. Sein Zentrum liegt in der Mitte des Kopfes. Das sechste Chakra steht in Verbindung mit dem kosmischen Körper. Der Energiefluss des sechsten Chakras bestimmt deine Klarheit, Bewusstheit, Intuition und Wahrnehmung.

Thema und Herausforderung des sechsten Chakras drehen sich um Identifikation. Hier lebt das Ich. In Unbewusstheit steht das Indigo für die Identifikation mit dem Falschen. Du leitest dein Gefühl für dich selbst von den erlernten Programmen deines Körper-Geistes ab. Du definierst dich selbst aus den Meinungen anderer. »Papa denkt, ich bin dies. Mama denkt, ich bin das. Meine Schwester denkt noch einmal anders von mir – und ich versuche, allen gerecht zu werden.« So wird deine Persönlichkeit zu einem Patchwork. Vielleicht ziehst du dein Selbstgefühl aus einer Idee: »Ich bin erleuchtet und deshalb etwas Besonderes.« Mit Identifikation können einhergehen: spirituelle Arroganz, der Wunsch, etwas Besonderes zu sein und psychische Kontrolle über andere auszuüben, des Weiteren Unbewusstheit. Wenn das Dritte Auge von Bewusstsein durchdrungen ist, geschehen Klarheit, Achtsamkeit, Bewusstheit, Intuition und das Erkennen der unvergleichlichen Einzigartigkeit jedes Einzelnen.

Der sechste Körper wird auch **kosmischer Körper** genannt. Wenn ein Mensch sich jenseits dieser Identifikationen durch Erwachen entwickelt, tritt er in den sechsten Körper ein. Hier wird das Sein transzendiert und das Nichtsein enthüllt, ebenso kosmisches Bewusstsein. Die natürliche Entwicklung des sechsten Körpers würde bis zum zweiundvierzigsten Lebensjahr dauern, aber nur sehr wenige Menschen kommen jemals hier an.

Therapien für das sechste Chakra

Voice Dialogue ist eine Therapieform, die mit der Identifikation mit verschiedenen Unterpersönlichkeiten arbeitet. Jede Unterpersönlichkeit zeigt ihre eigene, unverwechselbare Schichtstruktur. Wenn wir mit diesen verschiedenen Stimmen sprechen, können wir sie erkennen und als Teile des Ganzen annehmen.

Ein wunderbares Beispiel dafür, dass Autoimmunerkrankungen von der Identifikation mit dem Verstand bestimmt werden, ist der wissenschaftlich erforschte Fall einer Person mit einem multiplen Persönlichkeitssyndrom. Bei diesem besonderen Fall war die eine Persönlichkeit Diabetiker und benötigte Insulinspritzen. Wenn jedoch eine andere Persönlichkeit die Oberhand hatte, dann war diese Person gesund und brauchte kein Insulin.

Visualisierungen: Jede Visualisierung ist die Kreation eines Bildes vor dem Inneren Auge, eine Kreation des Dritten Auges, die Auswirkungen auf die Energiekörper darunter hat. In der alternativen Medizin visualisiert ein Krebskranker etwa, wie seine körpereigenen Antikörper den Krebs angreifen und vernichten. Der Körper-Geist folgt dieser Anweisung und der Krebs verschwindet.

Aura-Soma ist ein ganzheitliches Farbheilsystem, das unter anderem darauf beruht, dass der Klient intuitiv über seine Augen und das Dritte Auge aus derzeit 111 farbigen »Balanceflaschen« vier Farbkombinationen aussucht, die tiefe Aspekte seiner Persönlichkeit, seiner Identität widerspiegeln.

Selbsterforschungsgruppen wie »Awareness Intensive« und »Satori«: Diese stark strukturierten meditativen Prozesse arbeiten hauptsächlich mit Variationen der Frage: »Wer bin ich?« Die Frage selbst wird zu einem Brennglas, das die üblichen Identifikationen auflösen und das wahre Wesen darunter offenbaren kann.

Satsang und Meditationsretreats: Satsang heißt wörtlich »Begegnung in Wahrheit«. Es sind Treffen, in denen der Lehrer direkt auf die Wahrheit hindeutet und dem Suchenden hilft, tiefer zu gehen als seine persönliche Geschichte, an welcher der Verstand üblicherweise festhält. Verschiedene Meditationstechniken wie Vipassana, Zazen, Nadabrahma, Gourishankar und Meditationen für das Dritte Auge unterstützen diesen Prozess.

Durch das sechste Chakra erwachen

Die Technik für die Öffnung des Dritten Auges ist Meditation, ist lernen zu beobachten. Du beginnst üblicherweise damit, den Atem beim Ein- und Ausströmen zu beobachten. Dabei gibt es noch immer eine Trennung zwischen dem Beobachter und dem Beobachteten, weil ein Teil des Verstandes den anderen Teil des Verstandes beobachtet. Dieses Beobachten wird meistens sehr schnell vergessen und von Gedanken verdrängt. Es ist aber ein gutes Training, bis dieser Teil des Verstandes erschöpft ist. Dann entspannst du dich, wodurch die Energie zurück ins Zentrum fällt. Anschließend ist das Beobachten keine Anstrengung mehr, es geschieht mühelos. Bewusstsein und Klarheit sind da. Dieses Erkennen verbindet dich direkt mit dem ewigen Zeugen. Du erwachst als der, der du bist. Du bist reines, unendliches Bewusstsein.

Das siebte Chakra – Die Krone

Das Kronenchakra befindet sich mittig oben auf dem Kopf. Es steht in Verbindung mit dem siebten Körper, dem Nirvanakörper. Der Energiefluss im siebenten Chakra bestimmt deine Verbindung mit dem Ganzen, dem Universum, dem Göttlichen, und es bestimmt den Grad der Ausrichtung all deiner anderen Chakren. In einigen Traditionen wird der Krone das Violett zugeschrieben, in anderen Traditionen ist es das Weiß, in dem alle Farben enthalten sind.

Themen und Herausforderungen des Kronenchakras sind das Gefühl, vom Ganzen abgeschnitten zu sein, Zersplitterung, Isolation, eine resignierte Haltung im Leben und Gram. Das Violett steht in Unbewusstheit für ein tiefes Bedürfnis nach Heilung und ein Ungleichgewicht der inneren männlich-weiblichen Polarität. Das Weiß steht im Unbewussten für Tod, Verlust und einen Ozean an ungeweinten Tränen (in Indien trägt die Witwe traditionell weiß).

Wenn das Kronenchakra von Bewusstsein durchdrungen ist, fließt die Energie vom Himmel zur Erde und wieder zurück, frei durch dich hindurch. Du bewegst dich jenseits der männlich-weiblichen Polarität und erfährst Ganzheit. Du erlebst Normalität und leistest Dienst, ohne der Handelnde zu sein. Du bist eins mit dir selbst, dem Universum und dem Göttlichen. Alles wird einfach und heilig.

Violett steht im Bewusstsein für Integration und Gleichgewicht des Männlich-Weiblichen im Inneren, Einssein, Meditation und Heilung. Weiß repräsentiert Achtsamkeit und die spiegelhaften Qualitäten des Bewusstseins, den Zeugen in der Mitte und das ungeteilte Licht im Regenbogen.

Der **Nirvanakörper** entwickelt sich natürlicherweise im Alter von neunundvierzig Jahren. Es ist der letzte Sprung. Wir sind ein Niemand, in einem Zustand der Körperlosigkeit, der Nichtkörperlichkeit. Das ist der letzte Zustand, in dem nur noch die Leere übrig ist – nicht einmal die kosmische Realität, sondern nur noch Leere. Es ist eine vollständige und absolute Leere. Das ist das Nirvana. Hier endet der Körper-Geist. Buddha hat die Erleuchtung »Nirvana« genannt, das »Verlöschen des Kerzenlichts«. Es bleibt NICHTS übrig.

In »Meditation – Die Kunst der Ekstase« sagt Osho:
»Prana ist kosmische Energie. Unsere erste Bekanntschaft mit ihr machen wir mit dem physischen Körper. Zuerst manifestiert sie sich als Atem. Danach manifestiert sie sich auch in anderen Formen: Einflüsse, Magnetismus, Gedanken, Leben, Schöpfung, Sein. Wenn du dich ihr bewusst wirst, dann transzendierst du sie und erreichst einen dritten Punkt. Wenn du diesen dritten Punkt erreicht hast, dann transzendierst du diesen Körper und trittst in den nächsten Körper ein. Du trittst in den zweiten Körper durch den ersten Körper ein und so weiter. Wenn du weiter transformierst, gibt es immer noch einen weiteren Körper, aber über den siebten Körper hinaus gibt es nur noch Körperlosigkeit. Dann wirst du rein und ungeteilt und es existieren keine Polaritäten mehr. Dann ist es Advaita – nicht zwei. Dann ist es Einssein.«

Therapien für alle Chakren

Die hier aufgeführten Therapien können dich direkt zu deinem Wesen und dem Ganzen führen.

The Work von Byron Katie (siehe weiter oben)

Kommunikation des Herzens

Living Essence ist von dem spirituellen Lehrer und Autor Arjuna Ardagh entwickelt worden. Sie beruht auf ähnlichen Prinzipien wie Kommunikation des Herzens.

Essenz-Arbeit, entwickelt von Faisal Muqaddam, einem Schüler von A.H. Almaas (The Diamond Approach): Hier entdeckt der Suchende auf dem Weg nach innen essenzielle Qualitäten seines Seins, die ihm als Potenzial bei seiner Inkarnation in diesen Körper mitgegeben wurden.

The Journey von Brandon Bays: Brandon Bays hat in ihrer Arbeit auf ihre Art die Reise durch die verschiedenen Ebenen der Persönlichkeit entdeckt. Sie führt den Suchenden sehr strukturiert an die Quelle jenseits seiner persönlichen Geschichte.

Durch das siebte Chakra erwachen

Das siebte Chakra ist unsere Verbindung mit dem Ganzen und dem Göttlichen. Es ist der Ort, an dem die Integration der Individualität und Spiritualität geschieht. Wenn wir alle Aspekte unserer Individualität erforscht, gesehen und integriert haben, alle Aspekte des Regenbogens, erkennen wir das ursprüngliche weiße Licht als die Quelle hinter dem Regenbogen. Mit dieser Erkenntnis öffnet sich die Krone zum direkten Wissen. Wir erwachen – und gleichzeitig realisieren wir das Göttliche in seinen vielen Formen als Teil von uns.

Es gibt nur die Liebe

Alle Sinne sind offen
um den Nektar dieses Moments zu trinken
um mein Herz
von der Stille durchdringen zu lassen
um den Duft der Ewigkeit
zu riechen
um der Musik der Existenz
zu lauschen
göttlich
es gibt nur die Liebe

Tränen der Dankbarkeit
dass ich Teil dessen bin

Zweiter Teil

Tantra-Alchemie für liebende Paare

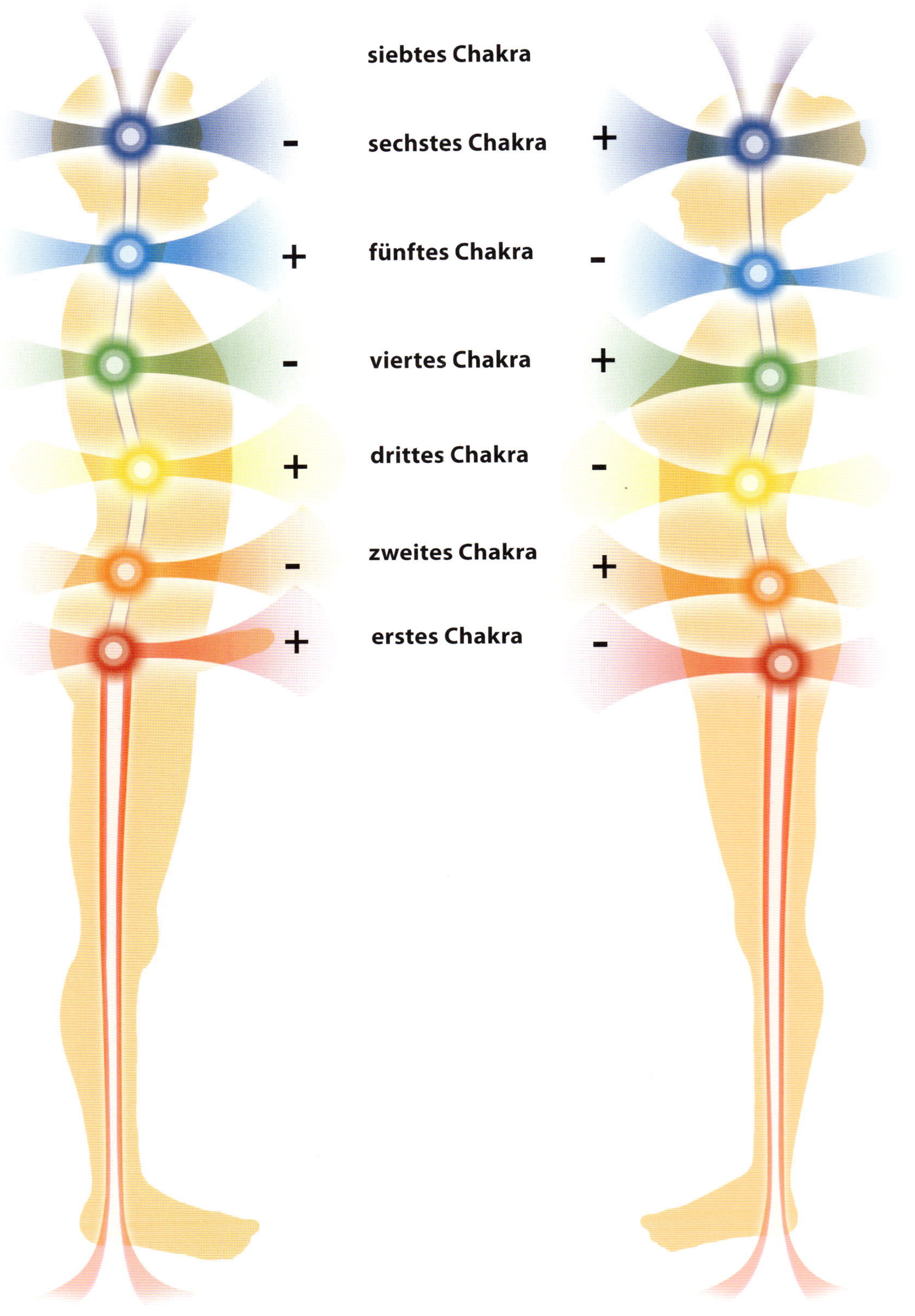
siebtes Chakra
-
sechstes Chakra
+
+
fünftes Chakra
-
-
viertes Chakra
+
+
drittes Chakra
-
-
zweites Chakra
+
+
erstes Chakra
-

Paare sind der Kern aller zwischenmenschlichen Beziehungen. Ihre Art des Zusammenseins, ihre Liebe und Intimität, ihr Vertrauen zueinander und ihr Erfülltsein beeinflussen alle anderen Beziehungen. Im Allgemeinen sehen wir unseren Partner nicht in aller Deutlichkeit. Wir nehmen ihn oder sie nur durch unseren Verstand, durch den Filter all unserer Wünsche und ungestillten Bedürfnisse, durch unsere Unvollkommenheit wahr. Wir wünschen uns, dass der andere den entsprechenden Ausgleich in unserem Inneren schafft. Und der andere ist genauso unerfüllt und möchte, dass wiederum wir diesem Mangel beikommen. Das ist unbefriedigend. Es ist eine hoffnungslose Situation. Aufgrund unseres Unbewusstseins machen wir den anderen für dieses Chaos verantwortlich.

Wenn wir nach den Flitterwochen feststellen, dass unser Partner unserem tiefen Gefühl von Mangel nicht gerecht wird, können wir uns einen neuen Partner suchen, mit dem wir wieder an denselben Punkt kommen werden. Oder wir werden intime Feinde und bekriegen uns aus den lächerlichsten Gründen. Oder wir resignieren und schließen mit dem anderen einen Vertrag: »Ich schütze dich und du schützt mich. Wir werden einander an den Punkten, an denen es weh tut, nicht berühren, wir bleiben an diesem Punkt stehen und einigen uns auf einen Kompromiss.« Es gibt unzählige solch stagnierender Beziehungen, in denen zwei Menschen wie Roboter in ihren vier Wänden leben, zu ängstlich, alleine zu leben.

Wenn wir nach der ersten Verliebtheitsphase schließlich realisiert haben, dass der andere einfach nur ein Spiegel unser selbst ist, können sich uns wundervolle Möglichkeiten eröffnen, wahre Liebe zu entdecken. Doch erfordert dies die Bereitschaft, das meiste von dem, was wir über Beziehung und Sexualität zwischen Mann und Frau gelernt haben, vollkommen zu vergessen. Auf der folgenden Entdeckungsreise, auf die ich mich einst selbst mit meiner geliebten Frau Nura begeben habe, will ich Wege aufzeigen, diese wahre Liebe kennenzulernen. Es ist eine echte Chance und nicht nur ein schönes Märchen.

Stellt euch für einen Moment folgende Situation vor: Du hast die Stecker aus allen Telefonen herausgezogen und dich mit deinem Geliebten zu einer Liebesmeditation verabredet. Ihr sitzt euch auf dem Bett nackt gegenüber, ihr meditiert und geht tief in euer Herz, vielleicht macht ihr meine geführte Herzmeditation. Ihr sitzt ungefähr eine halbe Stunde in Stille zusammen und erlaubt dem Verstand, ruhig zu werden. Ihr entspannt in euer Wesen und alles darf so sein wie es ist. Dann, wiedergeboren aus der Stille, bist du vollkommen unschuldig, nicht wissend, offen, zugänglich und präsent. Mit klarem Blick siehst du diesen kostbaren Moment von Neuheit. Du schaust deinen Geliebten an, so als ob du ihn zum ersten Mal siehst, frisch und neu ...

Du beginnst, den geheimnisvollen Körper deines Geliebten zu berühren, wie eine zarte Blüte, einen wilden Vogel oder ein scheues Tier. Du empfängst den zarten Duft dieses Lebewesens. Du berührst das vibrierende Leben selbst, die pure Energie, die aus dieser geheimnisvollen Gestalt strömt. Du hältst inne, wartest und empfängst Wellen von Leben und Empfindsamkeit und trinkst sie mit jedem Atemzug. Du hast dabei kein Ziel, sondern bist mit deiner vollen Aufmerksamkeit im Hier und Jetzt, in diesem Moment des Zusammenseins. Durch sanfte Berührung öffnet sich jede Zelle deines Körpers und reagiert mit Lebendigkeit. So wie dich diese tiefe Empfänglichkeit erfüllt, wirst du dir all der feinen Geräusche im Raum und außerhalb des Raumes bewusst, was deine Zellen noch mehr dafür öffnet, deinen Liebsten zu empfangen. Du wartest und betrachtest voller Staunen, wie dein ganzer Körper reagiert und sich dieser Offenheit hingibt.

Danach könnt ihr euch vereinen, weich oder hart, um eine Verbindung im Wurzelchakra herzustellen. Ihr sitzt oder liegt miteinander und ineinander und wartet. Folge als Mann nicht dem Verlangen, dich zu bewegen, dich zu stimulieren. Fühle stattdessen, wie die energetische Verbindung zwischen den Polaritäten in den beiden ersten Chakren einen Energiefluss erweckt, der dem Penis auf natürliche Weise ermöglicht, zu einer vollen Erektion anzuwachsen. Oder ihr beobachtet beide, wie der kleine Penis in die Vagina gekuschelt ist, ohne eine Erwartung, dass er wachsen sollte, und genießt die innige Intimität der Herzen und Körper in diesem Moment der Verschmelzung. Eure Präsenz und liebevolle Intimität wird sich jetzt zu einer wunderbaren Zeitlosigkeit ausweiten.

Wenn es keine Erwartung gibt, kein Ziel und keine Idee, wie Dinge sein sollten, beginnen die Körperenergien und deren unterschiedliche Polaritäten aus sich selbst heraus zu agieren, und sie öffnen sich mehr und mehr ihrem natürlichen Fluss. Beide Körper mögen anfangen, sich behutsam zu bewegen und sich für weitere Energien zu öffnen. Wenn mehr und mehr Lebendigkeit und Erregung die Körper durchströmen, dann haltet inne und beobachtet, wie dieses neue Leben sich in unbekannte Schichten eures Seins öffnet und in sie hineinfließt. Eine tiefergehende Empfänglichkeit erlaubt dem Fluss der Liebe in Bereiche einzudringen, die du niemals zuvor berührt hast. Du fühlst dich verletzlich, zitternd, unsicher, nicht wissend. Du gibst dich der Liebe hin, die euch beide bewegt. Wenn die Energie ansteigt und du fühlst, dass da eine große Erregung ist, die dich zur Ejakulation bringen könnte, machst du eine Pause, entspannst dich und lädst die Energie ein, tief im Inneren aufgenommen zu werden. Strebe nicht nach dem Orgasmus oder einer Entladung. Du kannst dich hier verlieren und in die unendliche Weite sinken lassen, nicht wissend, wer oder wo du bist, und dennoch vertraust du und lässt es zu ... Hier beginnt Tantra, und es wird dich in Dimensionen tragen, die du niemals für möglich gehalten hast.

Wenn du meditierst, wirst du vielleicht entdeckt haben, dass in deiner Mitte Leere ist. Der Verstand hat Schwierigkeiten, dies zu erkennen, weil er sich nur auf Greifbares, Substanzielles beziehen kann. Wenn du weiter vordringst, entdeckst du, dass du unendlich bist, reiner leerer Raum, in dem der Körper-Geist wie eine Wolke frei am unendlichen Himmel schwebt.

Meditieren zwei Menschen mit unterschiedlichen Körpern und unterschiedlichem Geist zusammen, verbinden sich beide wieder mit dieser Leere in der Mitte. Du wirst das aus der Mathematik kennen: Aus der Addition von zwei Nullen ergibt sich eine Null. Unsere tiefste Sehnsucht ist es schließlich, Eins zu werden. Das ist unsere intensivste Anziehungskraft aufeinander. Wir wollen verschmelzen, wir wollen Eins werden, wir wollen nach Hause zurückkehren. Auf der Körperebene, in der sexuellen Vereinigung, ist dies nur für einen Moment möglich. Mit Tantra kann die sexuelle Vereinigung zur Grundlage des Erwachens werden, um zurück zur Quelle zu gehen und eine mystische Vereinigung zu erreichen.

Wir betrachten nun die subtile Anatomie aus der Sicht der männlichen und weiblichen Gegensätzlichkeit.

Die männlichen und die weiblichen Chakren

Das männliche erste Chakra

Einssein kann sich nicht in sich selbst verlieben. Wenn du dein wahres Wesen als Eins erkennst, dann begreifst du es als formlos. Um sich im Sinne von Einssein selbst lieben zu können, bedarf es der Erscheinung von zweien – von Mann und Frau. Das männliche und weibliche physische Energiesystem ergänzen sich auf wunderbare Weise. Sie haben ein Herz und zwei Körper-Geist-Systeme. Diese beiden Systeme verfügen über energetisch gegensätzliche Polaritäten. Es handelt sich hierbei um ein exquisites Arrangement der Existenz! Die Genitalien im ersten Chakra des männlichen Körper-Geist-Systems zeigen dabei vom Körper weg. Die Hoden hängen außerhalb des Körpers, der Penis steht hervor und hat die Möglichkeit zu erigieren. Der Mann hat im ersten Chakra eine positive Ladung und positive Ladungen sind da, wo Leben ist. Der Penis ist ein lebendiger Abenteurer! So wie das männliche erste Chakra direkt mit dem physischen Körper verbunden ist, ist der Mann in seinem Körper zu Hause. Normalerweise ist der männliche Körper stärker als der weibliche Körper – er ist für körperliche Aktivitäten gemacht. Die männliche Energie ist praktisch und körperlich.

Das weibliche erste Chakra

Das erste Chakra der Frau ist energetisch und körperlich so entwickelt, dass es Energie empfangen kann. Die weiblichen Genitalien befinden sich im Inneren des Körpers. Energetisch ist die Vagina rezeptiv, sie hat eine negative Ladung. Eine negative Ladung ist nicht in erster Linie Ausdruck von Leben. Das bedeutet für die

Frau, dass sie im ersten Chakra nicht aktiv ist. Ihr Körper ist üblicherweise zarter und benötigt mehr Schutz. Das weibliche erste Chakra ist eher passiv, wie die Erde, die die Saat empfängt und die richtige Umgebung bereitstellt, in der die Saat keimen und wachsen kann.

Das weibliche zweite Chakra

Im zweiten Chakra, im Bauch, ist die Energie umgekehrt. Das weibliche zweite Chakra hat eine positive Ladung. Die Frau ist zu Hause in ihren Gefühlen, in ihrer Sensibilität, in ihrem Bauch. Sie ist ein fühlender Mensch. Die Frau ruht in ihrem Schoß, ihr Kind wächst in ihrem Schoß. Das Leben zeigt sich in ihrem zweiten Chakra. Die Frau drückt sich durch Schönheit und Sensibilität aus. Meist ist sie diejenige, die im Haus für Schönheit zuständig ist und für Behaglichkeit und Wärme sorgt.

Der zweite Körper der Frau steht in direkter Verbindung zu sinnlichen Einflüssen, wie visuellen, kinästhetischen, auditiven, olfaktorischen und gustatorischen Reizen. Sie liebt Farben, Berührungen, Musik, Düfte und gutes Essen. Die Öffnung der Sinne durch ein Essen mit Kerzenlicht, mit köstlichen Speisen, sanfter Musik, duftenden Essenzen, liebevollen Worten und sanften Berührungen ist eine Einladung an ihre Sinnlichkeit und ihren zweiten Körper. Ihr zweites Chakra reagiert unmittelbar.

Das männliche zweite Chakra

Das männliche zweite Chakra ist rezeptiv und passiv; es hat eine negative Ladung. Der Mann ist in seinen Gefühlen und in seinem Bauch verletzlich. Fühlen ist nicht seine natürliche Sprache. Wenn es um Gefühle geht, ist er unsicher und manchmal hilflos. Er ist dort nicht zu Hause und benötigt, um im zweiten Chakra in seiner Sensibilität zu erwachen, ebenso viel Zeit wie die Frau, sich in ihrem ersten Chakra zu öffnen. Mit Zeit, Verständnis, Entspannung, Präsenz und Liebe wird der Mann in seinem zweiten Chakra empfänglich werden.

Das Dilemma

Dieser einfache Unterschied in den Polaritäten der männlichen und weiblichen ersten zwei Chakren ist verantwortlich für eine außerordentlich komplizierte Situation bei der sexuellen Vereinigung.

Der Mann, der in seinem ersten Chakra zu Hause ist, möchte sofort in die Frau eindringen. Er ist bereit, sobald er eine Erektion hat. Anders jedoch die Frau: Sie ist noch nicht bereit, weil sich die Energie in ihrem ersten Chakra noch nicht geöffnet hat. Sie mag ihn in seinem Wunsch, sofort in sie einzudringen, als unsensibel und selbstsüchtig empfinden.

Auf der Ebene des zweiten Chakras bekommt der Mann Angst, wenn die Frau emotional wird. Er ist nicht in seinem Bauch zu Hause. Er ist verletzlich, hat Angst vor Gefühlen und davor, emotional überwältigt zu werden. Er versucht die Frau in ihrem Gefühlsausdruck zu kontrollieren, sich nicht unsicher zu fühlen. Das könnte sich so darstellen: Der Mann will in die Frau eindringen und sie sagt: »Nein, nicht so schnell.« Dadurch fühlt sich der Mann zurückgewiesen und kastriert. Er fühlt sich schuldig für sein natürliches Verlangen. Die Frau befürchtet, dass sie nicht bereit sein könnte, wenn er zu früh in sie eindringt. Möglicherweise fühlt sie sich vergewaltigt und entscheidet sich für ein »nie wieder«. Sie lehnt ihn ab. Oder aber sie stellt sich tot und lässt ihn »seine animalische Sache« machen. Dann fühlt er sich schuldig dafür, dass er Sex möchte. Oder sie wird emotional und wirft ihm vor, unsensibel zu sein. Die Folge ist wiederum, dass der Mann erschlafft. Er ist erschrocken über den emotionalen Angriff und fühlt sich emotional missbraucht. Er will fliehen und losgehen, um Fußball zu spielen oder fernzusehen – und die Frau weint.

Es gibt noch eine weitere Möglichkeit, denn da sind zwei Menschen, die eine tiefe Angst haben, vergewaltigt, überwältigt und missverstanden zu werden: Beide flüchten in ihre Fantasien und Träume. Der Mann fantasiert dann von Sex und Geschlechtsverkehr und die Frau von Romantik und Intimität. Aber die Realität gesteht weder den Fantasien noch den Träumen ihren Raum zu – was für ein Dilemma!

Allein durch unser Nicht-Verstehen der männlichen und weiblichen negativen Polarität schaffen wir in unserem Energiefluss ein Ungleichgewicht.

Die Heilung

Doch das, was auf den ersten Blick so hoffnungslos aussieht, kann die Basis für eine tiefe Heilung werden. Die Natur hat die Anziehungskraft zwischen Männern und Frauen nicht nur hervorgebracht, um Nachwuchs zu zeugen, sondern auch, um durch die Transformation der Partner zu *göttlichen Wesen* Bewusstsein zu erschaffen. Die eigentliche sexuelle Energie kann die Grundlage sein, um im Einssein aufzuwachen. Wenn da Vertrauen ist, wenn es eine Begegnung der Herzen gibt und eine Bereitschaft, mit dem zu sein, was *ist*, dann kann der Fluss der sexuellen Energie ein Mittel zum Erwachen sein.

Der natürliche Fluss der sexuellen Energie

Wenn Mann und Frau gemeinsam meditieren, ohne irgendetwas zu tun, können sich beide entspannen. Ihre Energien stellen sich auf natürliche Weise aufeinander ein. Keiner von beiden folgt dem Drang, sich nach einem bekannten Muster zu verhalten. Beide sind einfach nur präsent, während Fantasien und Ideen sich auflösen können. Die Energien beginnen ihrem natürlichen Fluss zu folgen. Die Frau hat die für sie so wichtige Zeit, sich zu entspannen, und der Mann kann warten, bis er sich für seine eigene Empfänglichkeit und seine Gefühle öffnet. Ganz von alleine wächst die Energie, die sich mehr und mehr von selbst öffnet, einfach weil die Elektrizität zwischen den Polen Plus und Minus zu fließen beginnt. Die sexuelle Energie sinkt vom Verstand hinunter in die Körper – als ein wundervoller Energiefluss zwischen den beiden ersten Chakren. Es ist erstaunlich, dies von innen zu beobachten.

Damit die Frau in ihrem ersten Chakra offen und empfänglich werden kann, bedarf es der Öffnung ihres positiven Pols, ihrer Sensibilität, ihres zweiten Chakras. Erst dann ist sie bereit, den Mann zu empfangen. Wenn der Mann dies versteht, vermag er für den zweiten Körper seiner Geliebten mit allen Feinheiten empfänglicher zu werden.

Kehren wir zur Lehre von den Chakren zurück, erinnern wir uns, dass es in jedem Chakra eine Vorderseite, eine Rückseite und eine leere Mitte gibt. Die Vorderseite repräsentiert die Qualität, mit der sich die Energie nach außen bewegt und wie sich die Energie in der Welt zum Ausdruck bringt. Die Rückseite steht für den empfänglichen Teil, wie die Energie aufgenommen und innerlich gewürdigt wird. Die Mitte ist leer, wie ein offener Kanal.

Wenn beide, Mann und Frau, empfänglich werden für das, was im Innen geschieht, anstatt sich darauf zu konzentrieren, es dem anderen recht zu machen, tut sich das Tor für eine unvorstellbare Begegnung auf. Vielleicht kann der Mann in die Frau eindringen und dann warten und entspannen. Dies erlaubt es der Frau, die heilende Präsenz des männlichen ersten Chakras zu spüren, ohne sogleich überwältigt zu werden. Dann wird diese natürliche rote Energie des männlichen ersten Chakras zu einem heilenden Zauberstab. Er vermittelt die Präsenz, das Geerdetsein und die Sicherheit, in welcher die Frau ihren Emotionalkörper öffnet und noch empfänglicher in ihrem ersten Chakra wird. Die Rückseite ihres ersten Chakras öffnet sich und die männliche Energie füllt diese Öffnung auf natürliche Weise. Der Mann dehnt sich, indem er empfangen wird, natürlicherweise aus. Vielleicht spürt der Mann, dass sein Penis zu einem immer größeren Energiestab wird, der diese Empfänglichkeit füllt. Diese Energie überströmt allmählich das ganze weibliche erste Chakra und fließt dann natürlich weiter in das zweite Chakra.

Indem der Mann in seinem ersten Chakra vollständig empfangen wird, wird er auf natürliche Weise empfänglich in seinem Bauch. Verletzlich und offen kann er die Frau einlassen und spüren, wie der ozeangleiche Energiestrom aus ihrem Bauch und ihrem zweiten Körper ihn noch tiefer öffnet. Energie ist wie Wasser – sie umspült die Sandbänke der alten Energieblockaden und Ängste und schwemmt sie fort. Vielleicht spürt er eine Öffnung auf der Rückseite seines zweiten Chakras, wo die Energie plötzlich durch den Mittelkanal zurück hinunter in sein erstes Chakra fließt. Ein Energiekreislauf entsteht – der erste tantrische Kreis zwischen dem Wurzelchakra und dem zweiten Chakra der beiden Liebenden.

Während der Energiekreislauf fortfährt sich weiter zu öffnen und zu vergrößern, wird die Energie letztendlich überströmen und höher steigen – ins dritte Chakra oder direkt ins Herz.

Das männliche dritte Chakra

Wenn die Energie ins dritte Chakra steigt und beide offen bleiben – präsent und bewusst –, dann kann die Energie im Mann zu einem brennenden, sonnengleichen Feuer werden. Die männliche Polarität im dritten Chakra ist positiv und die Energie ist nach außen gerichtet und feurig. Der Mann ist von Natur aus zu Hause in Bewegung und Kraft.

Das weibliche dritte Chakra

Das weibliche dritte Chakra ist wieder rezeptiv. Wenn die Frau bewusst ist, wird sie diesem Feuer erlauben, eine Öffnung zu brennen. Indem sie seine Kraft voll und ganz aufnimmt, können beide zu wilden Tieren werden. Hier können die Partner auf all ihre Freuden und Ängste vor Kontrollverlust treffen und wild und unbändig sein. Die Energie wird freudig, spielerisch und lebendig.

Das weibliche vierte Chakra

Danach kann die Energie in das Herz aufsteigen und einen unglaublichen Strom der Liebe öffnen. Im Herzchakra ist die Frau positiv und ihre Energie ist auf natürliche Weise gebend. Auch auf der körperlichen Ebene zeigen die Brüste nach außen. Von ihrem Herzen aus entsteht ein Fluss der Liebe, die in der Aura sichtbar wird und die Frau in strahlende Schönheit hüllt. Ihr ganzes Sein wird nahrhaft und gebend.

Das männliche vierte Chakra

Sowie die Energie zum Herzen emporsteigt und der Mann sich dem Fluss der Liebe öffnet, wird sein Herz antworten. Wenn sich der Mann dem Energiefluss aus ihren Brüsten hingibt, wird sein Herz aufgeschlossen. In dieser Empfänglichkeit wird sich die Energie schließlich zu einem großen Kreis zwischen dem ersten Chakra und dem Herzen umwandeln. Das ist der zweite tantrische Energiekreis zwischen den Liebenden.

Mit Bewusstsein und Präsenz wird die tantrische Liebe zu einer erstaunlichen Reise. Mann und Frau können gemeinsam in diesen großen Energiekreislauf eintauchen, leidenschaftlich abwarten und der Energie erlauben, ihren Weg zu finden. Hier wird es sehr geheimnisvoll. Wenn die Energie fortfährt sich weiter zu öffnen und aufzubauen, kann sie ins fünfte Chakra aufsteigen oder sich in die leere Mitte auflösen. Fallen beide dann in ein tiefes Nichts, fühlt sich das an, als fielen sie einen Moment lang in Schlaf. Es ist jedoch kein Schlaf, sondern ein tiefer meditativer Zustand.

Sie bewegen sich vom Bekannten, dem Sichtbaren, dem Greifbaren ins Unbekannte. Steigt die Energie aus diesem Nichts auf, sammelt sie sich möglicherweise in der Kehle und drückt sich in einer unbändigen Kreativität aus. Vielleicht werden beide ungemein ausdrucksstark und beginnen zu singen, zu summen oder Töne auszudrücken. Während das Erwachen des Seins in der Kehle zu geschehen scheint, mögen sich beide als grenzenlose Einheit wahrnehmen, als ob der gesamte Himmel in Liebe mit sich selbst vereinigt ist.

Hier wird es immer schwieriger, das, was geschieht, in Worte zu fassen, obwohl es viel realer ist als jede andere Möglichkeit, sich mit einem Partner in Liebe zu vereinen. Sobald die Energie das fünfte Chakra auffüllt und öffnet, muss sie sich nach oben zum Dritten Auge bewegen. Beide Liebespartner werden zutiefst intuitiv und absolut klar. Letztendlich fühlt es sich so an, als ob das gesamte Universum sich durch die Liebenden in Liebe vereinigt. Die Energie fließt durch das Kronenchakra, von da den ganzen Weg hinunter zum Wurzelchakra und wieder zurück. Beide lösen sich als Liebe in der Liebe auf. Es ist eine der größten mystischen Erfahrungen.

Die Reste des Schmerzkörpers beim Sex

Diese geheimnisvolle Reise beginnt mit der ursprünglichen, »animalischen« Sache, die Sex genannt wird. Die Natur schuf die Grundlage für den Beginn dieser Reise. Von Natur aus fühlen wir uns zum anderen hingezogen und wollen uns durch ihn vervollständigen.

Es gibt viele Spiele rund um das Thema Sex, in denen wir Verstecken spielen. Der Natur gelingt es, uns zu überlisten, damit wir Liebe machen und Kinder zeugen. Um Kinder zu zeugen, ist Bewusstsein nicht erforderlich. Und es ist beklagenswert, dass uns die Priester der meisten organisierten Religionen auch an diesem Punkt halten wollen. Sie lehren uns, dass Sex Sünde sei und nur der Zeugung von Kindern diene. Das bewirkt, unsere grundsätzliche Lebenskraft zu kontrollieren, ja es ist ein Mittel, unser Leben zu kontrollieren.

Unsere sexuelle Konditionierung hat energetische Blockaden im Schmerzkörper geschaffen und diese blockieren so lange den natürlichen Energiefluss, bis wir uns dessen bewusst werden.

Im Fall einer Frau, die sexuell missbraucht worden ist, und diesem Gefühl des Missbrauchs nicht bewusst begegnet ist und es nicht heilte, wird diese Energie ungelöst in ihrem Schmerzkörper an der Vorderseite ihrer Vagina sitzen. Wenn der Mann dann in die Frau eindringen will, trifft er auf diese Energie, die dazu neigt, ihn hinauszudrängen. Da dies der Begegnung von zwei positiven Polen entspricht, wird es sich wie eine Mauer anfühlen. Das mag dazu führen, dass der Mann sehr früh ejakulieren wird. Fühlt sich die Frau geliebt und bekommt sie den Raum, um die Energie, die hier festgehalten wird, bewusst wahrzunehmen, kann sie sie schmelzen lassen. Vielleicht spürt sie für einen Moment die Angst und den Schmerz wieder, den sie durch den Missbrauch erfahren hat, oder sie erlebt die Situation wieder, in der sie Angst hatte, sich zu öffnen. Indem sie sich für das Gefühl öffnet, schmilzt die festsitzende Energie, die Blockade löst sich und Heilung geschieht. Ihre Empfänglichkeit öffnet sich. Dies kann nur durch eine sehr liebevolle Präsenz der beiden Partner geschehen. Das Herz ist dabei sehr wichtig.

Eine der größten Sehnsüchte der Frau ist es, die männliche Energie vollkommen und vollständig zu empfangen. Ebenso ist es die tiefste Sehnsucht des Mannes, von der Frau voll empfangen und aufgenommen zu werden. Wenn der Mann empfangen wird, dehnt er sich auf natürliche Weise in seiner Energie aus, und der Drang zu ejakulieren verschwindet.

Wenn die Energie zum zweiten Chakra aufsteigt, können die früheren emotionalen Traumen des Mannes wachgerufen werden. Instinktiv möchte er die Frau aus seinem Bauch heraushalten, um der Angst nicht entgegentreten zu müssen. Er erinnert sich womöglich an die Kämpfe, die er mit seiner Mutter hatte, um sich zu behaupten. Die meisten Mütter geben ihren Söhnen Doppelbotschaften. Auf der einen Seite wollen sie, dass ihr Sohn ein Mann ist, ihr Held. Auf der anderen Seite wünschen sie sich unbewusst, dass er ein Junge bleibt.

Während des tantrischen Liebesspiels – der kraftvolle Strom aus dem Bauch der Frau fließt in seinen Bauch – kann er sich wieder wie ein kleiner Junge fühlen. Gegebenenfalls wird das die männliche Angst vor der Dominanz der Frau an die Oberfläche bringen. Wenn er sich nicht verschließt, wenn er nicht flieht, wenn er nicht umschaltet in gewohnheitsmäßiges Verhalten, darf er etwas Wunderbares erwarten. Ist Liebe in seinem Herzen, kann er den natürlichen Energiefluss aus dem Bauch der Frau einladen, ihm zu helfen seinen eigenen Bauch zu öffnen. Er kann die Sprache des Fühlens wieder lernen.

Wenn die Energie zum dritten Chakra aufsteigt und eine Identifikation mit dem Schmerzkörper vorliegt, tritt die allergrößte Schwierigkeit auf. Die Liebenden befinden sich im wunderschönsten Liebesspiel, und plötzlich, von einem Moment auf den anderen, verändert sich die Energie und zieht sich zusammen. Was ist geschehen? Die Energie im dritten Chakra hat all die Kontrollmechanismen und Ängste, kontrolliert zu werden, angestoßen. Der Mann will dominieren und die Frau wird zum Opfer oder umgekehrt.

Im dritten Chakra liegt die unbewusste Tendenz zu urteilen, zu beschuldigen, zu beherrschen, zu projizieren und zu verteidigen. Das tut weh. Und wenn die beiden Liebenden durch den wunderschönen Fluss der Liebe so offen sind, tut es besonders weh. Vielleicht beschuldigen sie einander oder verletzen sich verbal, manchmal sogar physisch. Wenn der Schmerzkörper die Oberhand gewinnt, herrscht tiefe Unbewusstheit.

Um in diesem Moment bewusst zu werden, ist es der erste Schritt, sich zu erinnern, dass dein Partner einfach nur ein Spiegel für das ist, was du bisher in dir nicht gesehen hast. Bleib in diesem Moment offen, schalte nicht ab, dann wirst du es spüren. Du kannst dem begegnen. Du darfst die Verletzung und den alten Schmerz, den der andere in dir aufgewühlt hat, liebevoll fühlen und in dir annehmen. Dann wird genau diese Energie dein drittes Chakra durchströmen und es öffnen. Der Schmerzkörper kann verwandelt werden. Wenn du weiterhin atmest, dich öffnest, spürst und die volle Verantwortung für das übernimmst, was in dir ausgelöst wird, dann ist dein Partner frei, die Verantwortung für seinen Teil zu übernehmen. Dadurch hat auch dein Partner die Chance, bewusster zu werden. Beide können über das Dilemma hinauswachsen. Eine hervorragende Möglichkeit, sich nicht mehr mit dem gewohnten Verhalten zu identifizieren, ist Humor – wenn also beide über ihre Menschlichkeit lachen.

Wenn der Mann in seiner Kraft empfangen wird, kann er sie großzügig teilen und die Frau dadurch stärken. Beim Öffnen des dritten Chakras steigt plötzlich Freude auf. Die Energie strömt ins Herz. Sind Mann und Frau bereit, über ihre animalische Natur hinauszugehen und bewusst zu bleiben, wird der tantrische Fluss der Liebe folgen. Das einzige was dafür notwendig ist, ist die Bereitschaft, das, was der andere in dir berührt, zu nutzen, dich zu öffnen und es mit liebevoller Präsenz willkommen zu heißen.

Wenn ihr auf diese Weise zusammen seid, werdet ihr vieles loslassen – den Drang zu kontrollieren, den Drang, dich zu beklagen, zu urteilen, dich überlegen oder unterlegen zu fühlen und den anderen für deine Gefühle verantwortlich zu machen. Eine unserer Lieblingsprojektionen in einer Beziehung ist folgende: »Nur wegen dir fühle ich mich soo gut!« Viele Liebeslieder handeln davon. Und es wird unweigerlich enden bei: »Nur wegen dir fühle ich mich soo schlecht!«

Du wirst die Einsicht gewinnen, dass es »den anderen« nicht gibt. Der andere ist lediglich ein Spiegel für dich, damit du dich für die Liebe öffnest und aufwachst. Du wirst unendlich dankbar sein, dies mit deinem Geliebten zu teilen.

Der Weg der Meditation und der Weg des Tantra

Du kannst durch Meditation erwachen und du kannst durch Tantra erwachen. Tantra ist unendlich reich. Meiner Meinung nach ist dies ein Königsweg zum Erwachen. Für Nura und mich war die Entdeckungsreise ins Tantra unvorstellbar hilfreich.

Der männliche Weg der Spiritualität ist Meditation. Auf dem Weg der Meditation siehst du durch die Illusion der Form. Du gehst den Weg von »Neti, neti« – weder dies noch das: Ich bin nicht mein Körper, ich bin nicht mein Geist, ich bin nicht meine Gefühle, ich bin kein Inhalt, ich bin keine Form ... bis du zu diesem Punkt gelangst: Ich bin der Beobachter, ich bin das Formlose, aus dem jede Form entsteht.

Für den Mann ist es zielführend, in der Wüste oder im Himalaya zu sitzen und fernab der Zivilisation zu meditieren, insbesondere weit weg von Frauen. Da ist so viel Angst vor dem Weiblichen! In einem Kloster im Himalaya bist du so friedlich. Wenn aber eine Frau erscheint, fühlst du dich plötzlich rastlos, angezogen und gleichzeitig ängstlich. Du willst sie erobern oder du fühlst dich wie ein kleiner Junge. Der Friede ist verschwunden. Viele Religionen sind dieser Angst erlegen und gründeten Klöster, in denen Männer und Frauen getrennt lebten. Das schuf zwar eine friedliche Atmosphäre, aber auch die Möglichkeit, dass Sex pervertiert werden konnte. Pädophilie, Sodomie und alle möglichen sexuellen Perversionen entstanden aus der erzwungenen Trennung. Es ist unmöglich, die sexuelle Energie zu unterdrücken. Sie ist deine vitalste Energie. Wenn sie sich nicht auf natürliche Weise ausleben kann, wird sie andere Wege finden, um sich auszudrücken.

In der Meditation kann diese Energie im Inneren hochsteigen und das Dritte Auge berühren. Bemühungen um Wachsamkeit und Beobachtung gipfeln im Erwachen von mühelosem Bewusstsein und Präsenz.

Der weibliche Weg der Spiritualität ist Liebe. Die Liebe sagt: Ich bin meine Gedanken, ich bin meine Gefühle, ich bin mein Körper, ich bin alles, was ich erfahren kann. Und nicht nur das: Ich bin auch du, ich bin deine Gedanken und Gefühle, ich bin die ganze Menschheit. Auch hier kann man sehr leicht verloren gehen.

Der Weg des Tantra ist der Weg der Liebe und Meditation. In der Liebe lösen sich der Liebende und die Geliebte auf und nur der Beobachter bleibt. Es ist ein Weg, der jede Erfahrung, die das Leben uns geben kann, mit einbezieht und im unendlichen Bewusstsein transformiert.

Empfänglichkeit

Empfänglichkeit ist ein Schlüssel für tantrische Transformation. Die Herzmeditation ist ein Mittel, um empfänglich zu werden. Sie ist ein Mittel, sich dem zu öffnen, was ist, und alle Dimensionen des Lebens liebevoll zu umarmen.

Wenn wir nicht empfänglich sind, können wir nicht offen sein. Wenn wir nicht offen sind, können wir nicht sehen was ist. Und wenn wir nicht sehen können was ist, dann behalten wir den von der Vergangenheit gefärbten Blick. Es gibt viele Situationen im Leben, in denen wir Empfänglichkeit üben können, bis sie zu unserer eigenen Natur wird – in jedem Moment. Normalerweise sind wir nicht präsent, zum Beispiel beim Essen. In Gedanken sind wir woanders. Wenn wir essen, können wir für das Essen, das wir zu uns nehmen, empfänglich werden. Wenn wir atmen, können wir für die Luft empfänglich werden. Wir können die Aufmerksamkeit nach innen richten und unmittelbar die Antwort unseres Körpers auf die Luft und den Lebensfluss im Körper spüren.

Ein besonders schöner Ort, um für deinen Geliebten empfänglich zu werden, ist das Schlafzimmer. Empfänglichkeit schafft eine vollkommen neue Grundlage für Liebe und die liebende Vereinigung. Der Macher verschwindet, die Aktivität jedoch nicht, wenn das Tun aufhört. Mit der Empfänglichkeit schwinden die Vorstellungen, wie die Dinge geschehen sollten.

Sex ist eine Aktivität, die beladen ist mit Ideen davon, wie die Dinge zu geschehen haben. Sex ist in allen Medien allgegenwärtig. Rund um das Thema Sex gibt es sehr viele Ideale und Es-Sollte-Sätze. All diese Ideale machen es schwierig, sich zu entspannen und empfänglich zu werden. Entspannung, Empfänglichkeit und Präsenz sind jedoch unabdingbar für eine wahre Begegnung.

Sei mit deinem Geliebten zusammen, als betrachtest du eine schöne Blume oder einen Sonnenaufgang. Dann weitest du diese Empfänglichkeit zum anderen, zur Geliebten aus. Das bringt dich direkt ins Unbekannte, in den Raum, in dem das Ich, das so verzweifelt die Kontrolle behalten will, hilflos ist. Empfänglichkeit ist eines der tiefsten Geheimnisse des Tantra.

Wenn du in der Badewanne im wohlig warmen Wasser liegst, bist du empfänglich. Alles entspannt sich und lässt los. In dieser Entspannung verbindest du dich mit der unendlichen Quelle. Einstein kam in der Badewanne auf seine Relativitätstheorie. Davor hatte er es erfolglos in seinem Studierzimmer versucht.

Als er sich entspannte, fiel er in die Quelle. In der Quelle ist alles bereits vorhanden. Einstein entspannte sich und ein Fenster zum Jenseits öffnete sich. Die Quelle selbst kam durch ihn zum Ausdruck.

Dasselbe geschieht, wenn du mit deinem Geliebten im Bett bist. Wenn du loslässt, entspannst und empfänglich wirst, verbindest du dich mit der unendlichen Quelle, von der eine unbekannte Energie kommt und dich bewegt. Es kann sein, dass sie deinen Körper nicht bewegt. Dein Körper kann still sein, aber innerlich wirst du auf subtile Weise bewegt. Ihr empfangt Energie und tauscht sie aus, auch wenn eure Körper ganz still sind. Letztendlich beginnt die Energie die Körper zu bewegen. Dann erlaubt ihr den Körpern, in Empfänglichkeit zu tanzen. Ihr erfahrt das große Mysterium, wie die unendliche Quelle ununterbrochen Energie spendet.

So wie wir Empfänglichkeit mit dem Geliebten lernen, können wir sie in viele weitere Situationen im Leben ausdehnen. Wenn du am Strand in der Sonne liegst, kannst du für den gesamten Himmel, für die Wolken, den Wind und das Meer empfänglich werden.

Wenn du die Empfänglichkeit mit deinem Geliebten und der Natur geübt hast, bist du bereit, deine Experimente auf Situationen mit größeren Herausforderungen auszuweiten. Das sind Situationen, in denen du dazu neigst, gewohnheitsmäßig Widerstand zu leisten, weil frühere Erlebnisse und festgehaltene Muster berührt werden. Kannst du empfänglich werden, wenn jemand deine Knöpfe drückt? Was wäre, wenn du der Energie der anderen Person erlauben würdest, sanft durch dich hindurch zu fließen, so wie du es in der Herzmeditation geschehen lässt?

Dies hat große Auswirkungen, denn wenn jemand dir gegenüber aggressiv ist, wird er in dir keinen Sparingpartner finden. Da ist niemand, der Widerstand leistet. Dann ist der andere gezwungen, entweder zu fliehen, weil es Angst einflößend ist, oder sich zu öffnen. Deine Empfänglichkeit hat eine unglaublich transformative Wirkung auf deine Umwelt. Und alles was du tust, ist, die Öffnung auch in herausfordernden Situationen zuzulassen. In der Empfänglichkeit verschwindest du, denn das Du, wie du dich selbst kennst, besteht nur aus Widerstand und aus Nein! In dem Moment, in dem du aufhörst, Widerstand zu leisten, verschwindest du.

Es dauerte eine Weile, bis ich verstand, was Osho damit meinte, als er sagte, dass Buddhas sehr feminin seien. Wir können nicht erwachen, wenn wir nicht weiblich werden. Meiner Identifikation mit dem Männlichen gefiel das überhaupt nicht! Erst später verstand ich, dass auch der Mann vollkommen offen und empfänglich werden kann. In dieser Empfänglichkeit wird er präsent im Hier und Jetzt. Die Öffnung zur Empfänglichkeit schadet dem Mann in mir keineswegs. Wenn ich während der körperlichen Liebe präsent bin und meine Geliebte empfange, erlaube ich der Energie, ihren eigenen Weg zu finden. Das bringt uns in einen tiefen Raum des miteinander Verschmelzens. Es ist ein großes Wunder. In dieser Empfänglichkeit öffnen sich Energieblockaden auf natürliche Weise und werden dadurch gelöst. Wir brauchen es nicht zu *tun*. Es geschieht einfach. Wenn beide immer empfänglicher werden, werden wir zu zwei Öffnungen, die unendlich miteinander schmelzen. Unsere Herzen öffnen sich jenseits aller Vorstellungen.

Fragen und Antworten

Was kann ich tun, wenn ich fühle, für meinen Mann da zu sein, aber er psychisch nicht präsent ist?

Was tust du normalerweise?

Ich schalte ab und entferne mich.

Das ist die normale Reaktion und dann bist auch du nicht mehr anwesend. Du agierst aus dem gewohnten Schmerzkörper. Innerlich sagst du zu deinem Mann: ›Ich werde es dir nicht geben.‹ Ich vermute, dass du dich von deiner eigenen Angst, allein zu sein, verlassen zu werden, abschneidest. Das kann in uns allen geschehen, denn die psychische Abwesenheit des anderen spiegelt unsere tiefe Angst davor, verlassen zu werden. Stell dir einen Moment lang vor, wie es wäre, dich diesem Schmerz ganz zu öffnen. Wahrscheinlich stellt sich Panik ein. Du lässt den Mann an der Peripherie und heißt das willkommen, was du in dir selbst berührst.

Um zu experimentieren braucht ihr beide, du und dein Partner, die Übereinkunft, dass ihr bereit seid, die innere Reaktion zu erfahren und nicht den anderen dafür verantwortlich zu machen. Wenn dein Mann beispielsweise psychisch nicht anwesend ist und du dich darüber beschwerst, dann übt er möglicherweise Druck auf sich selbst aus, um präsent zu sein. Er wird sich selbst zwingen, präsent zu sein und das ist nicht natürlich.

Meine Erfahrung aus einer ähnlichen Situation ist, dass sich etwas in mir verändert, wenn Nura sich die volle Erlaubnis gibt, ihre Gefühle zu spüren. Selbst wenn es Panik ist, die sie fühlt, bin ich plötzlich bei ihr. Das ist ein Weg, damit umzugehen. Die andere Möglichkeit ist, sehr deutlich auszudrücken, was du von deinem Mann brauchst, ohne Erwartungen an das Ergebnis.

Für einen Mann ist es tatsächlich sehr angenehm, präsent zu sein. Die Frau wird deine Präsenz immer wieder austesten. Wenn du denkst, du bist anwesend, dann wird sie dich testen. Sie wird dir den Teppich unter den Füßen wegziehen. Wenn der Mann sich auf seinem Stolz ausruhen will, wird die Frau ihn herausfordern. Eine Frau vertraut dir nicht, wenn du halbherzig bist. Sie vertraut dir, wenn du hier bist – nicht als großer Macho, sondern mit all dem, was du bist. Du kannst dich wie ein kleiner Junge fühlen: Wenn du darin präsent bist, ist es für sie in Ordnung.

Die weibliche Psyche hat die Tendenz, den Mann manipulieren und verändern zu wollen. Und das funktioniert nicht. Der Mann wird sich verschließen. Und dann sind beide verschlossen und in ihrem Schmerz gefangen. Als Frau ist es dann deine einzige Chance, dich als Liebe in diesem Moment zu erkennen und dieser Liebe zu erlauben, deine tiefste Verletzlichkeit zu öffnen. Wenn du mit dem experimentiert hast, was ich sage, dann wirst du herausfinden, dass du Glückseligkeit findest, wenn du in den innersten Kern deiner Angst eindringst. Welch eine Überraschung! Wenn die Frau sich durch ihre Angst hindurch bewegt, bewegt sie sich plötzlich in die Glückseligkeit. Und der Mann kann nur noch staunen.

Ich habe Angst, dass ich ihn mit meinen emotionalen Ausbrüchen vertreibe.

Du bist nicht da, um ihn zu schützen. Die Frau neigt dazu, den Mann beschützen zu wollen. Das hat seinen Preis. Wenn du ihn vor dir selbst schützen willst, wirst du ihn später dafür hassen. Die Einladung hier ist, dir selbst zu erlauben, vollständig in deinen Gefühlen zu sein und die volle Verantwortung für sie zu übernehmen. Wenn er wegläuft, dann läuft er weg. Meiner Erfahrung nach kann der Mann bleiben, wenn die Frau die volle Verantwortung für ihre Gefühle übernimmt und sie nicht bei ihm ablädt. Die Voraussetzung dafür ist, dass der Mann keine Angst vor seinem eigenen Schmerz hat. Es ist für einen Mann ein wunderbarer Moment, eine weinende Frau, die sich ihren Gefühlen öffnet, zu lieben – er kann dadurch der Leuchtturm im Sturm sein. Da springt das Herz des Mannes förmlich auf und die männliche Energie jubelt. Die Frau braucht Mut, sich zu erlauben, sie selbst zu sein. Es ist ihre tiefste Sehnsucht. Du kannst deinen Mann nicht vor dir selbst schützen. Das ist nicht möglich.

Gleichzeitig kann der Mann die Frau auch nicht vor seiner Energie schützen. Die Frau wird ihm nicht vergeben, wenn er sich zurückhält, nur um sie zu schützen – auch wenn sie nach Schutz verlangt. Wenn er sich zurückhält, wird sie sich rächen. Wenn er Angst vor sich selbst hat, wird sie den Punkt finden und den Finger in die Wunde legen. Es ist doch ein schönes Spiel, oder?

In diesem wunderbaren Spiel zweier Menschen können wir uns des Einen bewusst werden. Dies ist tatsächlich unsere tiefste Sehnsucht, noch tiefer als das Verschmelzen mit dem Geliebten. Die tantrische Verschmelzung ist das Tor, um das Eine wiederzuentdecken. Dann wird Beziehung und Sex zum Tor für Samadhi, das Einssein mit Gott.

Wie wichtig ist Sex in einer Beziehung?

Sehr wichtig! Wenn ihr zusammen lebt und das Verlangen nach Sex verschwindet langsam, dann ist dies durchaus natürlich, besonders wenn du in mittleren Jahren bist und meditierst. Die hormonelle Anziehungskraft lässt nach und das biologische Verlangen fängt an zu verschwinden.

Dann ist es sehr hilfreich, euch zu einer Liebesmeditation zu verabreden. So nennen Nura und ich es. Auch wenn wir kein Verlangen nach sexueller Vereinigung spüren, verabreden wir uns. Zuerst sitzen wir in Meditation zusammen, dann liegen wir zusammen und warten. Das Magische dabei ist, dass die Energie ihren

Weg finden wird und zu fließen beginnt. Dann ist Sex nicht etwas vom Verstand Getriebenes, eine Idee oder die Hoffnung auf Erleichterung. Die Grundlage ist ein tiefes und intimes Zusammentreffen.

Sitzt oder liegt in Vereinigung zusammen, mit dem Penis in der Vagina. Auch wenn der Penis weich ist, führt ihr ihn ein und wartet ab. Zu Beginn sind vielleicht keine sexuellen Gefühle vorhanden und nichts geschieht. Dann, nach einer Weile, wird die Natur und die Polarität zwischen Mann und Frau die Energie erwecken. Es wird lebendig und beginnt, natürlich zu fließen. Dies führt nicht unbedingt zu einem sexuellen Liebesspiel. Es kann auch zu einer Energieöffnung wie in jedem Satsang kommen. Du begegnest dem Hier und Jetzt gemeinsam mit deinem Geliebten und hast nicht das Ziel, dass es zu einem leidenschaftlichem Liebesspiel führen muss. Einfach da zu sein, präsent mit dem anderen, schafft eine unglaublich süße Intimität mit dem Geliebten und mit dir selbst.

Damit das Fließen beginnen kann, wird das erste Chakra benötigt. Die genitale Verbindung ist die Basis, von der die Energie auf natürliche Weise anfängt, aufzusteigen – durch sich selbst. Es ist wie ein Satsang, eine Begegnung in Wahrheit, mit deinem Geliebten. Sexuelle Energie ist solch eine starke Kraft; sie ist deine grundlegende Lebensenergie und deshalb ist die Verbindung auf dieser Ebene so unglaublich hilfreich.

Beide Partner sollten sich dafür entscheiden, sich zwei Stunden Zeit nehmen zu wollen für eine Liebesmeditation ohne Erwartungen, Hoffnungen und Ziele und ohne den Anspruch, der andere soll anders sein. Ihr nehmt es als einen wunderbaren Anlass, um in intimer Nähe präsent zu sein. Ihr werdet herausfinden, wenn ihr es praktiziert habt, dass euch diese Liebesmeditation über Tage mit einem Strom von Liebe versorgen wird. Solange wir in einem physischen Körper leben und mit einem Partner gesegnet sind, ist dieser männlich-weibliche Energieaustausch äußerst heilsam. Deine Energieblockaden können in der sexuellen Begegnung leicht dahin schmelzen.

Diese grundlegende Lebensenergie ist in der Lage, jegliche Anteile des Schmerzkörpers auf natürliche Weise schmelzen zu lassen. Es kann sein, dass die Frau mehr Schmerz im ersten Chakra trägt, weil sie aufgrund ihrer Empfänglichkeit vielleicht dort mehr verletzt wurde. Der Mann trägt die Angst eher im zweiten Chakra, weil er dort empfänglich ist. Vielleicht wurde er von seiner Mutter überfordert und hat deshalb das Bedürfnis nach Verteidigung. Diese gewohnheitsmäßigen Ängste an den Stellen im Schmerzkörper, mit denen wir uns leicht identifizieren, lösen sich auf, wenn die sexuelle Energie durch sie hindurch fließt.

Wenn du in einer Beziehung lebst, empfehle ich regelmäßige Liebesmeditationen, auch wenn du dich nicht sexuell fühlst. Sex ist wichtig. Wenn du nicht in einer Beziehung lebst, erlaube dieser Energie während der Meditation, sich in dir als Liebesspiel mit dem Universum zu bewegen. Hast du aber einen Partner, dann gestehe ihm zu, das Universum zu sein. Dein Partner ist dein Schlüssel für die Vereinigung mit dem Göttlichen. Diese Vereinigung beginnt im ersten Chakra, aber sie endet dort nicht.

Wenn du weiterhin mit deinem Partner in einer sexuellen Beziehung bleibst, auch wenn das Verlangen nicht mehr so stark ist, kann die Erfahrung sehr tief gehen. Es wird viel eher zu einer spirituellen Vereinigung. Jetzt, wo du nicht mehr von deinen Hormonen gesteuert wirst, kannst du wirklich tief in die Liebe eintauchen. Mitten in einer tiefen Liebesvereinigung kann auf einmal alles in ein unendliches Nichts verschwinden. In der Vergangenheit hätten wir vielleicht gesagt: ›Jetzt bist du nicht mehr hier mit mir.‹ Vertraue diesen Momenten des völligen Verschwindens und du wirst entdecken, wie das Leben wieder aus diesem Nichts emporsteigt: wunderbar neu, frisch, rein und unbekannt. Es ist unbeschreiblich.

Ich weiss nicht

Ich weiß, wer ich bin
ich bin das, was nicht gekannt werden kann
deshalb weiß ich nicht
ich lehre euch immer weiter, damit ich mich erinnere
ich lehre euch immer weiter,
weil ich weiß, wer ihr seid
ihr seid das, was nicht gekannt werden kann
deshalb weiß ich nicht
obwohl es nichts zu lehren gibt
und nichts zu lernen
ich bin verzweifelt, wenn ich wissen will,
was nicht gewusst werden kann
ich verzweifle, wenn ich keinen Weg finde,
das zu sagen, was nicht gesagt werden kann
ich bin verzweifelt, wenn ich wissend erscheine
ich bin selig, wenn ich nicht bin
ich bin selig, wenn ich teile, was nicht geteilt werden kann
ich bin selig, wenn nichts bekannt ist
wenn ich irgendwie den Eindruck erweckt habe,
dass ich etwas habe, was du nicht hast,
bitte ich um Vergebung,
denn das ist eine Lüge
alles bleibt
Jivan Rahasya
alles bleibt
ein lebendiges Mysterium

Dritter Teil

Von Herz zu Herz

一 尋牛

二 見跡

三 見牛

四 得牛

五 牧牛

六 騎牛歸家

七 忘牛存人

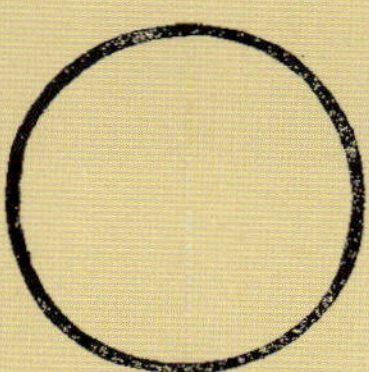

八 人牛俱忘

九 返本還源

十 入鄽垂手

昭和辛卯夏
富吉郎
画並刻摺

Zehn Stiere des Zen – Die Reise zur Erleuchtung und darüber hinaus

In vielen japanischen Tempeln hängt eine eindrucksvolle Bilderreihe: »Die zehn Stiere des Zen«. Die Bilder stellen die Suche nach Erleuchtung dar. Sie sind ein wunderbares Sinnbild für unsere Reise zum Erwachen.

Das erste Bild

Im ersten Bild schaut sich der Bauer suchend um. Er hat den Stier verloren. Er steht im Wald und der Stier ist nirgends zu sehen.

Der Stier steht symbolisch für unser inneres Wesen, das Selbst und unsere wahre Natur. Das erste Bild zeigt den Beginn der Suche. Es wird uns bewusst, dass wir uns weit von unserem Zuhause wegbewegt haben. Wir sehen, dass unsere Art zu leben oberflächlich ist und Schmerz hervorruft. Das Wesentliche fehlt uns. Wir wissen nicht, was wir eigentlich vermissen, aber tief im Inneren wissen wir, dass es noch etwas anderes geben muss als unser Leben im Hamsterrad.

Als ich in Deutschland als Arzt arbeitete, schienen alle äußeren Bedingungen perfekt: Ich hatte einen guten Job, dazu noch ein hervorragendes Stellenangebot in Konstanz, nette Freunde, eine gute Beziehung – und dennoch fehlte mir etwas.

Das zweite Bild

Im zweiten Bild hat der Bauer alles zurückgelassen. Er ist in den Wald gegangen, um nach dem Stier zu suchen. Er entdeckt die Hufspuren des Stiers unter den Zweigen. Nun weiß er, in welcher Richtung er suchen muss.

Unter den Zweigen, unter unseren verschiedenen Schichten, entdecken wir die Hufspuren des Stiers. Wir lassen alles Unwichtige fallen und beginnen mit der ernsthaften Suche. Wir machen Therapie und bewegen uns durch die verschiedenen Schichten unserer Persönlichkeit hindurch. Wir experimentieren mit Meditation und Yoga. Wir lesen Bücher über Erleuchtung und sitzen mit einem wahren Meister. Wir finden Wegweiser zum Licht.

Das dritte Bild

Im dritten Bild entdeckt der Bauer zwischen den Bäumen den Schwanz des Stiers.

Innerlich hast du das Gefühl, dass du nun auf dem richtigen Weg bist. Der Durst verstärkt sich. Du steckst mehr Anstrengung in die Suche, weil es den Anschein macht, dass du etwas finden wirst.

1980 sah ich den Schwanz des Stiers in Khajuraho in Nordindien. Dieser Ort mit seinen berühmten tantrischen Tempeln liegt inmitten eines Urwalds. Hier fand ich ein Buch von Satyananda, einem Sannyasin von Osho. In seinem Buch geht es um Osho und den Ashram in Pune. Beim Lesen spürte ich, dass ich da hin wollte. Doch mein Verstand dachte sich etliche Gründe aus, weshalb ich nicht gleich dorthin sollte. Und so fuhr ich zunächst für drei Monate nach Goa. Als ich danach endlich im Ashram ankam, tauchte ich augenblicklich in das Geschehen ein. Ich nahm an Encounter-Gruppen teil, legte sexuelle Hemmungen ab, durchbrach alle Normen und nahm jede Gelegenheit wahr, meine eigenen Grenzen zu sprengen.

Das vierte Bild

Im vierten Bild sieht der Bauer den ganzen Stier. Er ist riesig.

Als ich das erste Mal vor Osho saß und in seine Augen blickte, erkannte ich, wonach ich gesucht hatte. Es war ein wunderbarer Moment von Präsenz und Schlichtheit. Ich erkannte, dass Osho etwas hatte, das auch in mir schlummerte. Ich wurde Oshos Schüler, sein Sannyasin.

Das fünfte Bild

Im fünften Bild packt der Bauer den Stier bei den Hörnern. Er versucht den Stier zu zähmen, doch das Tier leistet Widerstand.

Das ist der Moment, in dem wir die Wahrheit entdecken. Wir haben ein Satori und fühlen uns zu Hause angekommen. Und doch sind wir plötzlich wieder zurück im Elend. Wir bewegen uns zwischen der Glückseligkeit und dem Elend hin und her. Wir nehmen große Anstrengungen auf uns. Irgendwann fällt alles, was uns wichtig war, weg. Alles, was nicht mit dem Erwachen zu tun hat, wird uninteressant. Der Stier leistet Widerstand, aber der Bauer bleibt beharrlich und gibt nicht auf. Für die Suche brauchen wir unsere Totalität. Der Verstand muss erschöpft werden.

Moderne Satsang-Lehrer sagen dir: »Du bist bereits erwacht. Es gibt nichts zu tun.« Und das ist wahr. Das ist es, was die Menschen, die bereits seit langer Zeit auf der Suche sind, hören müssen. Für diejenigen jedoch, die ihre Suche erst begonnen haben, kann dies zu einem Trugschluss werden. Aus meiner eigenen Erfahrung und aus den Schilderungen von Freunden, die diese Bewusstseinsverschiebung auch hatten, kann ich sagen, dass die völlige Erschöpfung bei der Suche eine wesentliche Voraussetzung für das Erwachen ist. Meist geschieht dies erst, wenn du ganz fokussiert bist und das Erwachen zu deiner wichtigsten Lebensaufgabe gemacht hast.

Das sechste Bild

Im sechsten Bild reitet der Bauer auf dem Stier nach Hause und spielt dabei auf seiner Flöte.

Der Bauer ist überrascht, dass der Stier nachgibt. Er kann ihm ein Seil um den Hals legen, auf seinen Rücken springen und auf dem Stier nach Hause reiten. Er ist darüber so glücklich, dass er auf seiner Flöte spielt.

In diesem Moment verändert sich alles. Auf einmal erkenntst du, dass du der weiße Hintergrund bist, auf dem die Geschehnisse des Lebens stattfinden. Du bist nicht nur die gezeichneten Linien, sondern auch der Hintergrund. Du bist nicht nur die Wolken am Himmel, sondern der gesamte Himmel! Der Fokus verschiebt sich von deinem Körper-Geist zum Ganzen hin und schließt deinen Körper-Geist mit ein. Auf einmal sind du und dein Verstand aufeinander ausgerichtet. Du kannst auf dem Stier nach Hause reiten. Bei der Verkündung: »Jetzt habe ich es geschafft!« gibt es den Handelnden noch.

Das siebte Bild

Der Bauer sitzt zu Hause und betrachtet die Landschaft. Der Stier ist verschwunden.

Die Suche ist zu Ende und das Objekt der Suche ist verschwunden. Du hältst inne.

Das achte Bild

Das achte Bild ist leer. Es gibt keinen Bauer, keine Landschaft, keine Berge, keine Flüsse, kein Haus, keinen Stier. Alles ist leer.

Berge sind nicht länger Berge und Flüsse sind nicht länger Flüsse. Das Alte ist vergangen und das Neue ist noch nicht da. In diesem Moment ist ein Meister, ein wahrer, wissender Freund sehr hilfreich. Vielleicht lehnt der Verstand dieses Nichts ab und will sich wieder mit dem Inhalt identifizieren. An dieser Stelle ist der Meister wichtig, der sagt: »Sei hier – versuche nicht, die Leere aufzufüllen. Warte, ruh' dich aus und vertraue – fliehe nicht.«

Das neunte Bild

Im neunten Bild gibt es wieder Berge und Flüsse, aber der Bauer ist nicht zu sehen.

Alles erscheint auf wundersame Weise wieder auf der Bildfläche. Es ist kein Handelnder zu sehen. Er hat sich aufgelöst. Das Leben wird wahrgenommen wie es ist. Es gibt keine Meinung, keine Haltung dafür oder dagegen. Die Dinge sind wie sie sind. Wir können das Leben spielen lassen. Es gibt niemanden, der eingreift. Die Flöte ist hohl. Es gibt kein Ich, kein getrenntes Wesen, das sich besser fühlen, sich vergleichen oder sich absetzen möchte. Es gibt lediglich das Leben mit all seinen Facetten.

Das zehnte Bild

Der Bauer hat eine Flasche Wein in der Hand und ist auf dem Weg in eine Kneipe. Er ist zurück in der Welt.

Nun sind wir jenseits des Erwachens. Wir sind ganz gewöhnlich geworden. Wir treffen uns mit Freunden in der Kneipe und trinken ein Glas Wein zusammen. Es gibt keinen Unterschied zwischen dem Außen und dem Innen. Wir sind in der Welt, aber nicht von ihr.

Die zehn Stiere des Zen sind ein großartiges Gleichnis für die große Pilgerreise von Hier nach Hier. Nun ist der Kreis vollendet. Wir können einfach nur sitzen und genießen.

In unseren Meditationsretreats, die wir hier »Von Herz zu Herz« nennen, experimentieren wir mit verschiedenen Meditationsformen und erforschen uns selbst mit Fragen unterschiedlichster Art. Wir stimmen uns mit Aura-Soma auf verschiedene Schwingungszustände ein. Zweimal am Tag haben wir einen Satsang. Wir singen und tanzen und gehen in der Natur spazieren. Wir tun alles, um uns daran zu erinnern, wer wir wirklich sind.

Satsang heißt wörtlich »Begegnung in Wahrheit«. Im Satsang spreche ich aus der Sicht des Ganzen über viele verschiedene Themen. Dabei lade ich die Teilnehmer ein, ihre Erfahrungen zu schildern und Fragen zu stellen, aus denen sich dann Dialoge ergeben können. Manchmal arbeite ich auch individuell mit einem Teilnehmer, um ihn zu einem Moment der Erkenntnis von Einssein zu verhelfen.

Die folgenden Kapitel sind Niederschriften einiger Satsangs, spontane Diskurse und Dialoge aus dem »Nichts«.

Die Kraft der Präsenz

Eine solche Begegnung in Wahrheit fand auch in Brasilien statt. Die folgende Abschrift gibt einen Auszug daraus wieder:

Hört, wie die Frösche ihre Hymnen singen. Erst kürzlich hörte ich eine Aufnahme von Grillen. Ihre Geräusche wurden auf einen Computer gespielt und verlangsamt. Danach klangen ihre hohen Frequenzen wie Choräle in einer Kirche, Hymnen in einer Kathedrale. Die Natur ist wunderbar.

Nach unserer Herzmeditation ist in unserem Raum die Kraft der Präsenz, die Macht der Liebe. In unserer Welt gibt es so viele Missverständnisse zum Thema Macht. Meistens ist das, was unter Macht verstanden wird, eigentlich nur Dominanzstreben und Opferdasein. Aus der Tiefe wirkt der Glaubenssatz: ›Wenn ich mich nicht durchsetze und Kontrolle ausübe, werde ich nicht überleben.‹ Oder: ›Wenn mir niemand sagt, wo es langgeht, werde ich nicht überleben.‹ Auf diese Weise leben die meisten Menschen ihr Leben. Deshalb befindet sich die Erde in solch einem Chaos.

Wer ist dafür verantwortlich? Nicht nur die anderen. Wir sind alle verantwortlich. Unsere Gedankenmuster, unser unerforschter Verstand ist verantwortlich. Weil der Verstand Energie ist, hat jeder Gedanke Macht. Ist dir bewusst, dass jeder Gedanke Macht hat? Wenn du den Gedanken hast, jemanden umzubringen, dann musst du diesen Gedanken nicht in die Tat umsetzen. Jemand auf dem Planeten wird ihn aufnehmen und töten. Du begehst selbst keinen Mord, aber dein Gedanke wird von jemandem aufgenommen und ausgeführt werden.

Wenn du Widerstände gegen etwas hast, sei es eine Tatsache oder ein Gefühl, dann hast du Widerstände gegen deine Verletzlichkeit. Du hast Widerstände gegen das, was ein anderer Mensch bei dir provoziert hat.

Das sage ich nicht, damit du dich schuldig fühlst. Schuld ist der nächste Täter. Schuld ist das, was die christliche Kirche in dir hervorruft – du fühlst dich schuldig für das, was du denkst, fühlst und tust. Im Namen der christlichen Kirche wurden viele Kriege geführt. Dabei hatte Jesus etwas völlig anderes entdeckt. Nur ein kleines bisschen Bewusstsein führt zur Entdeckung, dass deine Essenz Liebe ist. Jesus sagte: ›Gott ist Liebe.‹ Das stimmt beinahe. Wenn du es umdrehst, wird es ganz wahr: Liebe ist Gott.

Du willst Gott und ich sage dir: Finde die Liebe! In den Tiefen deines Wesens ist Liebe. Vor einigen Momenten, nach der Meditation, waren wir alle ein Teil dieser Tiefe. Der Raum war von Persönlichkeit geleert und gefüllt mit Präsenz und Liebe. Der Preis dafür ist deine Persönlichkeit.

Wie viel Anstrengung kostet es dich, deine Persönlichkeit, dein Ego intakt zu halten? Wie sehr musst du deinen Charakter polieren, um ihn täglich aufrecht zu erhalten, ihn zu verschönern, damit du akzeptabel bist? Ein polierter Charakter ist nur ein schaler Ersatz für den mühelosen Glanz deines Wesens. Den Charakter brauchst du, um deine Ignoranz und Unwürdigkeit zu verstecken. Sonst könntest du einfach nur du selbst sein.

Die Existenz liebt dich so wie du bist, und dass du bist, wie du bist, ist der beste Beweis dafür. Wenn du dich verbessern möchtest, reichst du eigentlich bei der Existenz die Beschwerde ein, dass sie sich geirrt hat. Du streitest dich mit der Existenz oder mit Gott. Wer wird dabei wohl verlieren? Du wirst immer verlieren, denn das Ganze weiß es besser als die Einzelnen. Und du denkst, du weißt es besser? Schau dir das Chaos an, das die Leute anrichten, die der Meinung sind, sie wüssten es besser.

Wenn du weiter atmen möchtest, dann musst du aufwachen – nicht morgen, sondern jetzt. Dann kann das Chaos enden. Es ist sehr einfach zu beenden, wirklich sehr einfach. Aber sich mit der Existenz zu streiten, ist sehr schwierig.

Das, worüber du dich definierst und was sich getrennt von der Existenz anfühlt, besteht aus dem Nein. Ich frage euch: Wie oft habt ihr äußerlich oder innerlich schon Nein gesagt? Wie oft hast du schon etwas vertuscht? Nein sagen und vertuschen ist sehr anstrengend. Dann hast du keine Energie mehr, das Leuchten deines inneren Wesens zu entdecken, weil sie schon lange davor vergeudet wurde.

Wie und wo kannst du mit dem Nein aufhören? Die Antwort liegt im Hier und Jetzt. Es endet in dem Moment, in dem du präsent wirst. Es endet, wenn du deine Energie aus dem endlosen Prozess des denkenden Verstandes, der zwischen Vergangenheit und Zukunft hin und her wandert, zurückziehst.

Das Morgen existiert nicht. Wenn das Morgen geschieht, ist es bereits heute. Wie viele Jahre hast du in deiner Hoffnung auf die Zukunft gelebt und dabei das kostbare Heute übersehen? Wir können täglich in der Zeitung lesen, dass die Zukunft vieler Menschen bereits zu Ende ist, bei Unfällen und bei Krebserkrankungen etwa – und du übersiehst immer noch das Hier und Jetzt. Es spielt keine Rolle, ob dein Leben gerade in gutem oder schlechtem Zustand ist, die Türe zu Frieden und Freude ist das Hier und Jetzt.

Das Jetzt ist wirklich erstaunlich, denn Jetzt ist das Ende all deiner Schwierigkeiten und das Ende all deiner unnötigen Ängste. Wenn du von einem wilden Tier angegriffen wirst, verspürst du natürlich Angst, und eine große Energiewelle wird dich dazu bewegen, entweder zu kämpfen oder die Flucht zu ergreifen. Danach zittern dir vielleicht die Beine.

Die meisten Ängste in der Welt kommen jedoch aus deinem Verstand, wenn du darüber nachdenkst, was in der Zukunft passieren könnte. Bist du in der Gegenwart, enden deine Ängste und Sorgen hier und jetzt. Bedauern verschwindet im Hier und Jetzt, weil die Gegenwart weder eine Vergangenheit noch eine Zukunft hat. Das Hier und Jetzt erfüllt dein ganzes Wesen mit einer wunderbaren

Fülle. Schuld, Scham und Minderwertigkeitsgefühle – all das hört auf. Der, für den du dich gehalten hast, wird sich verändern. Wenn du genau hinschaust, dann wird dir auffallen, dass du dich nur durch die Vergangenheit und vielleicht durch das, was du noch werden willst, die Zukunft, definierst. Im Jetzt hört der ganze Kampf um Kontrolle, Vorherrschaft und Wettstreit auch auf, weil sich dein Fokus von der Vergangenheit und der Zukunft in die Gegenwart verschoben hat. Wer ist jetzt hier, um die Kontrolle auszuüben? Das Jetzt ist so wunderbar und voll. Jetzt ist der direkte Kontaktpunkt zum Leben.

Spüre einen Moment lang das Leben. Du kannst das Leben nicht morgen spüren. Es ist Hier und Jetzt. Spür diese erstaunliche Kraft in deinem Körper, die es dir ermöglicht, diese Worte zu hören. In deinen Ohren ist das Leben präsent, sodass du in der Lage bist, diese Klangstücke aufzunehmen und den Sinn davon zu erfahren. Welch ein Wunder!

Werde dir deines Atems bewusst – wie er von selbst ein- und ausströmt. Wenn du für dein Atmen verantwortlich wärst, dann wärst du nicht mehr am Leben. Es ist also wirklich nicht dein Verdienst, dass du atmest und am Leben bist. Sei einen Moment lang präsent für deinen Herzschlag. Wenn du daran denken müsstest, mit deinem Herzen zu schlagen, dann hättest du dies bereits nach ein paar Minuten vergessen und würdest sterben.

Du bist also gar nicht so wichtig. Und das ist eine große Erleichterung. Der, für den du dich zurzeit hältst, existierst gar nicht. Und Du als Verkörperung des Göttlichen in einer Form bist das größte Wunder, das die Existenz je geschaffen hat. Es ist an der Zeit, dass du diese Großartigkeit anerkennst und verstehst, dass du das Bewusstsein selbst bist. Du bist das Ganze, du bist die endlose Leere und die Ewigkeit.

Die göttliche Existenz ist eine formlose Präsenz. Sie ist reine, schöpferische Lebenskraft. Ohne Form kann das Formlose nicht gesehen werden. Du bist also das Göttliche, verkörpert in einer Form, JETZT, so wie du bist, mit all deinen Makeln. Nicht später, wenn du deine Persönlichkeit poliert hast, sondern JETZT! Es ist wirklich an der Zeit, dies einzusehen, denn sonst hat der Planet keine Überlebenschancen. Tief drin weiß jeder, wovon ich spreche. Jedes Wesen hier versteht mich. Beende die Verleugnung. Und das Beenden kann nur in der Präsenz geschehen.

Der einzige Ort, an dem du wirklich bist, ist die Präsenz. Es gibt keinen anderen Ort und keine andere Zeit. Die Zeit wurde vom Menschen geschaffen, um das Sein auf später zu verschieben. Im Hier und Jetzt gibt es keine Zeit. Du weißt, wie relativ die Zeit sein kann, je nachdem auf welcher Seite der Toilettentür du stehst. Oft bestimmen Anlässe und Umstände das Empfinden für Zeit. Wenn du bei Vollmond in die Augen deines Geliebten blickst, kann die Zeit zum Stillstand kommen. Die Stunden verfliegen, aber es kommt dir vor wie Minuten. Wenn du aber am Sterbebett deiner Mutter oder deines Vater sitzt, kann dir die Nacht sehr, sehr lang vorkommen.

Zeit ist eine Illusion. Es gibt nur das Jetzt. Und im Jetzt enden alle deine Probleme. Zeige mir im Hier und Jetzt ein Problem – nimm die Herausforderung an. Ich bin im Hier und Jetzt noch nie auf ein Problem gestoßen. Es gibt nur Lebenssituationen, auf die wir antworten oder nicht. Wenn man antworten kann – wunderbar! Wenn es nichts gibt, das man tun kann, dann kann man nichts tun, Punkt. Alles andere ist Drama.

Das wahre, ewige Du ist präsent in deinen Gedanken und in den Lücken zwischen den Gedanken. Das wahre Du ist auch präsent, während der Verstand damit beschäftigt ist zu begreifen, was du bereits weißt. Spürst du die subtile Freude im Inneren, die Fülle des Daseins? In Indien wird dies Shunyam genannt – Leere. Aber es bedeutet sehr viel mehr als Leere, weil es eigentlich sehr voll ist.

Diese Fülle ist hier. Wenn mehrere Freunde hier im Raum wirklich präsent sind, dann bewegen wir uns sofort auf eine andere Stufe des Bewusstseins. Es ist wie ein anderer Planet: der Planet der Präsenz, der Freude, der unvernünftigen Freude.

Es gibt keinen bestimmten Grund, in diesem Moment Freude zu empfinden. Die Freude ist einfach unvermeidlich, wenn wir Liebe atmen. Und zwar nicht die bedürftige Art von Liebe, Wohltätigkeit oder das blutende Herz, sondern Sein, Präsenz – die Präsenz einer Katze. Wir können von ihr lernen. Eine Katze ist völlig entspannt und offen, in einem Zustand des Loslassens. Manchmal bewegt sie ihre Ohren. Sie denkt nicht nach, aber das Geräusch einer Maus lässt sie von einem zahmen Kätzchen zu einer wilden Bestie werden. Sie antwortet in Totalität.

Das ist die Kraft der Präsenz. Die Präsenz ist der einzige Ort von dem aus wir antworten können. Wir müssen dort auch gar nichts wissen. Wenn du dich sehr bemühst, kannst du nicht antworten. Einzig aus der Präsenz heraus kannst du voll und offen antworten. Oder besser gesagt: Die Antwort geschieht auf sehr intelligente Weise durch uns. Es gibt keine größere Intelligenz als die direkte, spontane Antwort auf das Hier und Jetzt.

Weshalb vergessen wir wer, wir sind?

›Weshalb‹ ist ein Umweg. Das ›Weshalb‹ ist eine Entschuldigung des Verstandes, um nach mehr Gedanken suchen zu können. ›Weshalb‹ bringt dich zu endlosen Analysen. Bevor das ›Weshalb‹ in dir stattfindet, nimm wahr, dass du vergessen hast. Wenn du das erkennst, erinnerst du dich selbst! Dann ist das Vergessen auch kein Problem mehr.

Du hast es während vieler Leben vergessen. Der Moment des Erinnerns sollte nicht verpasst werden durch die Gewohnheit des Verstandes, alles zu analysieren. Wenn du ›Weshalb‹ fragst, hast du es völlig vergessen. Aber in der Erkenntnis, dass du weg warst und nun wieder zurück bist, kommst du direkt in einen No-

Mind-Zustand, in einen Zustand jenseits der Gedanken, auch wenn sich an der Oberfläche Gedanken ereignen.

Du wirst feststellen, dass die Präsenz ein höheres Energiefeld ist als die Gedanken. Gedanken sind wie Diebe. Wenn sie jemanden finden, der abwesend ist, versuchen sie sich einzuschleichen. Wenn sie aber jemanden treffen, der zu Hause und präsent ist, dann ziehen sie weiter, auf der Suche nach dem nächsten Opfer. Viele spirituelle Praktiken, Meditationstechniken, Körper- und Atembewusstsein sind Bestrebungen, den Verstand ins Hier und Jetzt zu rufen. Meditation oder Präsenz ist das, was geschieht, wenn alles andere wegfällt. Je eher du das Ende deines Werdens erreichst, desto besser.

Es gibt ein großes Missverständnis um das Thema innere Welt und äußere Welt. Hier geschieht tatsächlich die größte Spaltung. Du hast vorhin den Unterschied zwischen vor und nach der Meditation gesehen. Im Inneren ist es leicht, alles zu verlieren. Während du das verlierst, was du über dich weißt, gewinnst du das, was du bist.

Wenn du im äußeren Leben ein Haus bauen möchtest, musst du arbeiten. Soviel ist jedem klar. Möchtest du eine andere Sprache erlernen, musst du studieren. Da kommst du nicht weiter mit Ausreden wie: ›Ich kann nicht lernen, weil ich mich gerade so meditativ fühle. Und außerdem ist es nicht so wichtig, wirklich viel zu wissen.‹

Es gibt ein äußeres Leben, in dem dein Körper-Geist überleben muss. Es ist intelligent, das äußere Leben so voll wie möglich auszuleben und alle Möglichkeiten auszuschöpfen. Das Problem dabei ist, dass du dich mit all dem Angehäuften identifiziert hast. Das ist der Haken an der Sache. Lass diese Identifikation los – und das Dasein unterstützt die Geschenke, die dir dein Körper-Geist macht. Es unterstützt den Körper-Geist und kümmert sich nicht darum, ob du verlierst oder gewinnst. Das ist eine gute Nachricht, denn dann kannst du genauso präsent im Erfolg wie auch im Misserfolg sein. Dann kannst du genauso präsent im Leben wie auch im Sterben sein. Du brauchst also keine Angst mehr vor dem Tod zu haben. Der Tod wird irgendwann sowieso eintreten.

Wenn sich das Sein darüber freut, dass du in deinem Körper-Geist präsent bist, beginnt es seine wunderbare Unterstützung. Du ahnst nicht, wie viele Geschenke du in dir trägst! Lege einen Moment lang deine Angewohnheiten ab: vergleichen, dich selbst im Stich lassen, dich in die Angelegenheiten der anderen einmischen, neidisch sein, überheblich sein und all die anderen Spiele, die der Verstand gerne spielt. Das Wesen ist daran nicht interessiert. Das Sein interessiert sich für diesen Körper-Geist und dafür, das Leben voll auszukosten, sodass jede Zelle vibriert. Das ist das einzige Interesse des Lebens selbst.

Beende also die ganzen Ausreden! Du musst dafür den geringen Preis zahlen, deine Persönlichkeit loszulassen. Geborgte Ideen müssen sterben, denn sie sind bereits leblos. Der Verstand quillt über vor geborgtem Wissen, das wir von unseren Eltern und Lehrern übernommen haben. Es ist das einfachste überhaupt, im Hier und Jetzt zu sein, denn du bist bereits hier. Ja!

Vom Umgang mit Schwierigkeiten

Einmal sprach Osho von Marpa, einem alten tibetischen Meister. Als Marpa seine wahre Natur erkannte und zum Buddha wurde, fragte ihn jemand, wie es ihm denn jetzt gehe. Seine Antwort war überraschend. Er sagte: ›Ich bin so unglücklich wie zuvor – mit dem Unterschied, dass das Unglück nun freiwillig ist. Manchmal bewege ich mich nach außen, um einen Geschmack von der Welt zu bekommen, aber jetzt bin ich der Meister. Ich kann jeden Moment wieder nach innen gehen. Es ist gut, sich zwischen den Polaritäten hin und her zu bewegen. So bleibt man lebendig.‹

Es ist gut, lebendig zu bleiben. Das Durchschnittsalter in diesem Raum dürfte bei etwa fünfundvierzig Jahren liegen. In diesen fünfundvierzig Jahren an Veränderung gibt es Dinge, die schon seit Beginn an dieselben sind. Ich weiß nicht, wie das bei euch ist, aber in meinem Körper-Geist wohnt ein Dreijähriger, der gerne spielt. Es ist derselbe Junge, dem es peinlich ist, wenn er bei etwas erwischt wird. Es ist dieselbe Entdeckerfreude, wenn er etwas Neues entdeckt.

Alles, was wir seit frühester Kindheit an wussten, ist immer noch da. Für deinen Geist und dein Wesen ist es seltsam, dass der Körper-Geist altert. Noch ist er nicht alt, aber irgendwann wird er alt werden. Dein Wesen jedoch wird nie alt werden. Wenn du es nachprüfst, wirst du feststellen, dass etwas die ganze Zeit gleich geblieben ist – die weiße Leinwand, auf der die Ereignisse des Lebens geschrieben werden. Du bist der blaue Himmel, über den die Wolken ziehen. Es ist also das Einfachste, dich selbst als den Himmel wahrzunehmen. Es ist offensichtlich und nahe liegend. Dann kannst du so unglücklich sein wie zuvor, weil nicht das berührt wird, was du tief drinnen weißt. Wenn du verstanden hast, wer du bist, dann vergisst du das nie wieder. Es bleibt als eine Urströmung erhalten. Du hast also die Möglichkeit, jederzeit nach Hause zurückkehren, solltest du einmal unglücklich sein. Was für eine große Freude! Es ist neu und frisch und du kannst ein- und ausgehen wie du magst.

Lass all deine Ansichten los, ob etwas gut oder schlecht, richtig oder falsch, spirituell oder unspirituell ist. Lass die Idee fallen, dass Dinge anders sein müssten, als sie sind. In diesem Fallenlassen bleibt alles beim Alten und doch ist alles völlig anders. Und das ist so, weil es kein Ich mehr gibt, das eine Haltung für oder gegen etwas einnimmt. Das wirft dich direkt in die Erkenntnis, dass es niemanden gibt, der etwas tut.

Eine nicht perfekte Situation zu akzeptieren wird zu einer Tür?

Absolut! Jede Situation, ob sie perfekt ist oder nicht, vielleicht sogar absolut furchtbar – jede Situation ist eine Tür. Das hat enorme Konsequenzen, speziell für Beziehungen! Wendet diese Erkenntnis in euren Beziehungen an, und ihr könnt Krieg vermeiden. Die meisten Konflikte passieren in engen Beziehungen und oft führt das zu Krieg. Der Krieg zwischen zwei Menschen ist der Anfang. Später wird er zum Krieg zwischen zwei Gruppen, dann zum Krieg zwischen Nationen. Er beginnt jedoch, wenn zwei Menschen aneinander geraten – zwei Persönlichkeiten geraten aneinander und beide wollen recht haben.

Wenn dein Geliebter etwas in dir auslöst, wenn er es vermag, deine Knöpfe zu drücken, birgt das immer auch eine große Chance – sofern du bereit bist hinzuschauen –, nämlich herauszufinden, was hinter deiner Reaktion lauert. Deine Glaubenssätze werden herausgefordert. Du kannst die automatische Entfaltung deiner Mechanismen und die gewohnheitsmäßigen Reaktionen deines Körper-Geistes beobachten und entscheiden, ihnen nicht zu folgen.

Vielleicht entdeckst du eine Wunde, die du seit deiner Kindheit trägst, vielleicht auch bereits seit mehreren Leben. Du kannst dieser Erfahrung begegnen, sie sehen und zum ersten Mal total spüren. Wenn du einer emotionalen Erinnerung so begegnest, löst sich die Energieblockade darin auf, der Schmerz löst sich und die Energie wird für das Leben freigesetzt. Wenn du sie einmal in ihrer Vollständigkeit siehst, dann fällst du hinter die Geschichte.

Sagen wir, dein Geliebter löst etwas in dir aus, aber du spielst den Starken, weil du dich vor deiner Verletzlichkeit fürchtest. Wenn du innehältst und deine Reaktion ergründest, dann wirst du Angst entdecken. Dann schaust du dir deine Angst an und öffnest dich dafür. Vielleicht erkennst du, dass das, was du für Angst gehalten hast, tatsächlich reine Lebensenergie ist, die zu Freude wird, wenn du sie zulässt. Es ist dieselbe Energie. Wenn du einmal Freude inmitten der Angst entdeckt hast, wirst du dich auf den nächsten Angstmoment freuen.

Mein großes Problem ist, dass ich nie genügend Geld verdiene. Ich versuche, diese Situation zu akzeptieren, aber es klappt nicht. Was soll ich bloß tun?

Das erinnert mich an eine Geschichte von Papaji, die ich von Gangaji gehört habe. Jemand fragte ihn: ›Ich lebe hier in Lucknow über einer Autowerkstatt und versuche zu meditieren, aber das klappt nicht, weil es zu laut ist. Was soll ich bloß tun?‹

Papaji fragte seine engsten Schüler, die Satsangs auf der ganzen Welt geben, nach ihrer Meinung. Jeder von ihnen versuchte, eine wirklich gute Antwort zu geben, etwa in der Art: ›Gehe nach innen und sei das, was vom Lärm nie berührt werden kann.‹ Sie gaben alle die richtige Advaita-Antwort. Und Papaji sagte jedes Mal: ›Ja, das ist ziemlich gut, aber noch nicht gut genug.‹ Nach all den guten Antworten brach Papaji in Gelächter aus und er sprach: ›Wenn du über einer Autowerkstatt wohnst und es ist dir zu laut zum Meditieren, dann zieh um! So einfach ist das.‹

Ändere eine unangenehme Situation, die du ändern kannst. Erst wenn du sie nicht ändern kannst, dann arrangierst du dich und heißt die Situation willkommen. Es gibt immer diese beiden Möglichkeiten. Das schließt die dritte Möglichkeit aus, sich darüber zu beschweren.

Du musst also Geld verdienen, aber es klappt nicht. So sieht es momentan aus. Wenn du dich darüber beschwerst, ist das ein subtiles Nein zur Realität des Lebens. Und genau dieses Nein hält dich in der Trennung fest. Es hält dich in der Identifikation mit einem Teil des Schmerzkörpers, der sagt: ›Ich schaff's nicht, ich verdiene nicht genug Geld.‹ Der Schmerzkörper möchte mehr Schmerz, denn davon ernährt er sich. Das Beklagen darüber macht, dass das Problem bleibt, und so erschaffst du immer wieder dieselbe Situation, dass du nicht genügend Geld verdienst. Es wird zu einer sich selbst erfüllenden Prophezeiung.

Jetzt, in dieser Situation des materiellen Mangels, schlage ich vor, dass du die Chance wahrnimmst, dich vollständig und total für diese Tatsache öffnest und für alles, was sie in dir auslöst.

Davor habe ich Angst, ich fühle mich unsicher, so als ob ich darin verschwinden könnte.

Lass es zu. Heiße das ganze Gefühl willkommen und finde heraus, ob es dich umbringen kann.

Der Teilnehmer lässt los und strahlt.

Danke. Ich fühle mich so gut, danke!

Ja, wenn du dich dem Gefühl vollständig stellst, wie du es gerade getan hast, dann verschwindet es gänzlich. Du löst deine Identifikation mit dem Schmerzkörper und findest dich im Sein wieder. Die Existenz wartet nur darauf, dir Möglichkeiten zu bieten, wohlhabend zu werden. Die Existenz ist immer eine Unterstützung, sie spiegelt einfach das, was wir sind.

Wenn du deine schmerzhafte Situation voll und ganz annimmst, dann wirst du dich deinen emotionalen Antworten stellen müssen, die aus der Vergangenheit in deinem Körper-Geist festgehalten werden. Vielleicht ist es Unsicherheit, Überlebensangst, Angst vor dem Tod oder Panik. Wenn du dich dem voll und ganz stellst, dann kann es sich so anfühlen, als ob du stirbst. Wenn du das zulässt, realisierst du, dass das, was stirbt, deine Identifikation mit dem Leiden ist! Zum Vorschein kommt das, was du bereits bist. Die Enthüllung des Wesens ist die Dis-Identifikation, das Abschneiden der Identifikation mit dem Schmerzkörper.

Damit ist die Existenz frei, dir zu antworten. Sie schickt dir Gelegenheiten. Und das sage ich aus eigener Erfahrung. Ich habe selbst geübt und erfahren.

 Ich bin Musiker und ich möchte so gerne gut spielen.

Als Musiker und als bildender Künstler möchtest du der Beste sein und etwas wirklich Schönes bieten. Wenn du damit identifiziert bist, dann bist *du* derjenige, der die Musik macht. Du bist darin gefangen, weil du aus diesem Glaubenssatz heraus funktionierst.

Die meisten Menschen mit westlicher Konditionierung haben den Kernglaubenssatz, dass irgendetwas nicht ganz in Ordnung ist mit ihnen. Dieser Glaubenssatz ist sehr stark und thront über all den anderen Glaubenssätzen. Du hast ihn schon sehr früh adoptiert, als deine Eltern dich ein böses Mädchen oder einen schlimmen Jungen genannt haben. Dabei haben deine Eltern nicht zwischen deinem Verhalten und deinem Wesen unterschieden. Sie waren nicht bewusst genug, um dir klar zu machen, dass du auf jeden Fall geliebt wirst. Du kauftest die ganze Packung, weil deine Eltern dir die ganze Packung gegeben haben. Obwohl du seit geraumer Zeit nicht mehr von deinen Eltern abhängig bist, hältst du den Glaubenssatz immer noch aufrecht.

Irgendwann muss dieses Missverständnis in seiner Totalität erkannt werden, weil es die Grundlage für das Ego ist. Darüber legen wir all die Dinge, die wir tun, um diese Unwürdigkeit zu kompensieren. Und zuletzt kommt das Missverständnis, dass du derjenige bist, der die Musik macht. Dabei machst nicht du die Musik. Die Existenz will durch dich hindurch spielen und du lässt dies zu. Wenn sie also ein bisschen falsch spielen will, ist das nicht deine Verantwortung. Wenn du das Schönste mitteilen willst, dann kannst du üben. Das Problem ist nur, dass die meisten Künstler üben, um ihr Selbstwertgefühl zu verbessern – deshalb wird es zu einem solchen Leiden, deshalb wird das Lernen zu einer solchen Qual. Du musst dich dabei gegen die emotionale Wunde stemmen, dass du nicht in Ordnung bist. Wann immer du besser werden willst, lebst du in einer großen Spaltung.

Wenn du ein bisschen tiefer gehst und siehst, dass es nicht in deiner Hand liegt, sondern du vielmehr ein großes Geschenk bekommen hast, das sich ausdrücken will, dann kannst du nur noch zur Seite treten. Dann kommt das Üben aus einer ganz anderen Ecke. Es ist das Unterstützen der Schönheit und nicht das Überdecken von etwas, das nicht in Ordnung ist. Dann wird das Üben zur Freude.

Auch hier spreche ich aus meiner eigenen Erfahrung. Beim Sport ging es bei mir immer ums Üben. Ich wollte ein richtig guter Skifahrer werden, bis ich irgendwann soweit war, dass ich andere Skilehrer ausbildete. Aber ich hatte immer noch das Gefühl, besser werden zu müssen.

In Australien lernte ich dann das Surfen. Ich bin nicht gut darin, aber ich liebe es. Jedes Mal lerne ich ein bisschen dazu und ich verspüre keinen Druck mehr. Ich denke nicht mehr, dass ich ein besserer Mensch bin, wenn ich besser surfe. Das ist eine große Erleichterung. So kann ich die Übung als solche genießen, weil es kein Ziel gibt. Mit dem Üben kommt die Freude am Üben. Bei der Aufführung kommt die Freude am Aufführen.

Du bist als Handelnder nicht vorhanden. Die Stille nimmt den Macher in sich auf. Bei Künstlern ist das ein bisschen schwieriger, weil das Ego eines Künstlers meist größer ist. In der Kunst liegt die Verbindung zum Jenseits und es ist eine große Versuchung, dies als deine eigene Handlung zu beanspruchen.

Osho spricht über das persönliche Handeln in »The True Name – Volume 1«:

»Zurzeit ist eine ständige Anspannung in dir: ›Ich bin der Handelnde, ich bin der Macher‹. Wenn du meditierst, dann bist du derjenige, der meditiert. Im Geben bist du der Gebende. Und damit ist alles umsonst – deine Meditation und auch dein Geben. Es ist umsonst, weil du das Gefühl hast, der Handelnde zu sein. Bis jetzt hast du immer nur in Kategorien von Ich, Mich und Mir gedacht.

Zwischen einer bewussten und einer unbewussten Person gibt es nur einen Unterschied. Der unbewusste Mensch denkt, er sei der Handelnde. Für den bewussten Menschen ist Gott der Handelnde. Alles geschieht durch Gott. Du stehst aus freien Stücken mit deinem Rücken zu Gott. Es ist dein Gefühl des Tuns, das dich von ihm wegbringt. Wenn du diese Haltung aufgibst, stehst du im selben Moment von Angesicht zu Angesicht mit ihm – und alle Widerstände hören auf.

Worauf bist du so stolz? Weder die Geburt, der Tod, noch das Leben selbst sind Folgen deines Tuns. Alles wird durch ihn getan, aber irgendwann übernimmst du die Haltung des Handelnden. Mit deinem Gefühl von Tun ist es Sünde, wenn du eine Sünde begehst. Selbst wenn du gute Taten vollbringst, werden auch sie zu Sünden. Denke daran! Du bist auf dem Holzweg. Das Gefühl, der Handelnde zu sein, ist Sünde! Nicht-Tun ist Tugend!«

Wenn du erkennst, dass das Ganze sich durch dich ausdrücken will, wirst du zum Instrument und du entspannst. Dann wird deine Musik die Melodie des Jenseits spielen.

Verloren und Gefunden

Ich verliere mich in meinem Computer. Ich habe versucht, darüber hinwegzukommen, aber diese Maschine erniedrigt mich immer wieder.

Ja, das ist wirklich ein Thema! Wir haben eine Frau beauftragt, unsere Aufzeichnungen abzutippen. Heute tippte sie den ganzen Nachmittag, dann stürzte der Computer ab und alles war verloren. Das sind kleine Prüfungen um zu sehen, wie gelassen wir sein können. Wir können die Existenz nicht kontrollieren. Computer stürzen ab. Ich liebe eine Metapher der Sufis. Sie nennen das tiefste innere Wesen ›Die Geliebte‹. Die Geliebte ist hinter Schleiern verborgen, mysteriös und attraktiv. Einen Moment lang ist die Geliebte sichtbar – sie ist wunderschön.

Dann verbirgt sie sich erneut hinter dem Schleier und wird wieder zum Mysterium. Wir möchten sie wieder entschleiern und das nächste Mal heben wir einen Schleier in einer anderen Farbe.

Das Wesen ist so süß, so unendlich reich, und wir können die Entdeckung nur genießen, wenn wir sie wieder aus dem Blick verloren haben.

Wenn wir uns im Computer verlieren, können wir uns wunderbar in den Verstand zurück bewegen. Die Geliebte ist verborgen. Und wenn wir wieder aufwachen, sehen wir sie wieder. Der Unterschied vor und nach dem Erwachen besteht darin: Wir wissen, dass die Geliebte immer da ist, ob verborgen oder offensichtlich. Wir schaffen kein neues Ideal und verlangen, dass wir sie sehen wollen, wenn wir am Computer arbeiten.

Dieses Ideal des Verstandes ist nur ein weiterer Schleier, der das Wesen bedeckt, und wenn wir ihn erkennen, können wir ihn lüften. Wenn der Verstand sagt: ›Ich sollte präsent sein‹, dann ist das ein Ideal. Was liegt hinter diesem Ideal? ›Ich habe mich in meinem Computer verloren.‹ Wenn wir dies erkennen, sind wir bereits wieder präsent.

Hier hat der Verstand keine Aufgabe. Wenn wir nicht bewusst sind, spulen wir immer wieder dieselbe Geschichte ab: ›Etwas stimmt nicht mit mir.‹ Bis wir einsehen, dass sich auch dies in der Totalität des Wesens abspielt. Wir lehnen es nicht ab und dann werden die Dinge sehr einfach, normal und menschlich.

Wenn du deprimiert bist, verstrickst du dich in deinen Gedanken und kämpfst mit unwichtigen Dingen. Das ist ein Hinweis auf deine Identifikation mit dem Falschen, mit etwas, das nicht real ist. Wenn du immer entspannter, glückseliger, dankbarer, klarer und normaler bist und immer mehr Buddhas um dich herum wahrnimmst, dann weißt du, dass du ein erwachtes Leben führst.

Es reicht, wenn du siehst, dass du dich im Computer verloren hast. Das ist ein bewusstes Zurückgehen in den Verstand. Genau wie es Marpa beschrieben hat, als er sagte, er sei jetzt so unglücklich wie zuvor – dieses Mal jedoch aus freien Stücken. Du kannst entscheiden, in den Verstand zu gehen und deinen Computer zu meistern. Sieh dabei den Witz an dieser Unternehmung. Dann wachst du wieder auf. Hier kann dir ein geliebter Partner eine große Hilfe sein. Wenn du dich im Computer verloren hast, wird er dich auf die Probe stellen. Kannst du dich disidentifizieren oder bist du im Verstand verhaftet? Kannst du direkt aus der Präsenz heraus antworten oder wirst du ungehalten?

Meine Redakteurin Rabia ist in dieser Hinsicht eine wundervolle Lehrerin für mich. Sie kann völlig im Computer aufgehen, aber wenn ich sie etwas frage, ist sie total bei mir. Ich muss gestehen, dass ich das nicht immer mit meiner Partnerin Nura schaffe. Manchmal bin ich ganz versunken, wenn sie mich etwas fragt. In diesem Moment möchte ich keine Fragen beantworten, sondern weiter das tun, was ich gerade tue. Sie muss darauf bestehen, erst dann bin ich bei ihr. Der männliche Verstand scheint einspurig zu sein. Und er will den Weg erobern, auf dem er gerade ist.

Du kannst dich in deinem Computer verlieren und immer noch wissen, dass du ein Buddha bist, auch wenn du das Gefühl hast, dass das eine Art Ego erschaffen könnte. Wenn du das Gefühl hast, du hast es geschafft, du bist erwacht und wirst ab sofort ein erleuchtetes Leben führen, dann kümmere dich nicht um das Ego. Das ist der Versuch des in Auflösung begriffenen Ego, das zu verstehen. Bald wird es verblassen.

Der Glaubenssatz, der dich am stärksten begrenzt, ist, nicht an deine Buddha-Natur zu glauben. Denn du bist ein Buddha, der glaubt, keiner zu sein. Das ist unser ganzes Dilemma. Wir sind als Buddhas geboren. Dann vergessen wir es und glauben, keine Buddhas zu sein. Dadurch schneiden wir unsere Wurzeln ab. Wir beginnen, die Buddha-Natur nach außen zu projizieren. Wir haben erkannt, dass Osho erleuchtet war, und saßen jahrelang zu seinen Füßen. Es sank immer tiefer in uns ein, bis wir eines Tages das, was er sagte, in uns selbst erkannten.

Sehr wenige Menschen werden erleuchtet durch einen Meister, der nicht spricht. Aber es ist dennoch möglich. Der Funke kann überspringen. Ich musste jahrelang mit dem Meister sitzen, seinen Diskursen lauschen, dem No-Mind, dem Nicht-Verstand, der mit dem Verstand sprach. In seiner Präsenz saugte ich den No-Mind auf. Und letztlich hat sein Sprechen mich dahin gebracht, wo ich bereits war.

Die Absurdität des Leidens

Ich liebe die Herzmeditation, aber ich habe Schwierigkeiten, mein Leiden, das Leiden anderer Menschen oder der ganzen Welt in mein Herz einzuladen. Wenn ich im leeren Herzen bin, dann gibt es kein Leiden. Es gibt die Realität des Leidens nicht und es fühlt sich einfach absurd an! Kannst du etwas dazu sagen?

Deine Beschreibung ist sehr schön. Wenn wir ganz präsent für das Leiden sind, merken wir, dass es nicht existiert. Es ist leer. Deshalb funktioniert diese Meditation. Wenn du dich bemühst, etwas mit dem Leiden zu machen, funktioniert es nicht, es ist nicht möglich.

Das Schöne daran ist, dass du erkennst, dass etwas, was so substanziell wirkt, tatsächlich nicht real ist. Das hast du in deinem Inneren entdeckt. Wenn du es im Inneren erkannt hast, wirst du es auch überall sonst sehen und du wunderst dich, weshalb die Leute solch eine Hölle kreieren.

Die Herzmeditation führt dich tiefer als der Verstand. Sie entzieht dem Verstand die Aufmerksamkeit. Ohne Aufmerksamkeit hört der denkende Verstand auf zu denken und du fällst ins Sein, in den Frieden. Alles was wir tun, ist präsent im leeren Herzen zu sein.

Leiden ist das Halten von Energie oder der Widerstand gegen das, was existenziell wahr ist. Wenn wir dieses Halten ins Herz einladen, muss es sich öffnen. Wenn wir voll präsent dafür sind, öffnet es sich. Es kann sich nur in der Unbewusstheit halten, wenn es Zwei gibt und die Polaritäten fest sind. Es kann nicht bleiben, wenn es nur Eins gibt.

In diesem Einssein erkennst du, dass du mit völlig unwesentlichen Dingen gekämpft hast. Es ist reine Energieverschwendung. Vielleicht hast du schon viele Prozesse durchlaufen, um dein Leiden loszuwerden. Mit jedem Prozess bist du ein kleines bisschen bewusster geworden. Das endgültige Beenden ist das, was du soeben beschrieben hast. Sei hier und sehe. Sei still und wisse. Dann wird alles irrelevant, was dich je gestört hat, denn du ruhst in deiner Mitte.

Du teilst uns etwas sehr Kostbares mit. An diesem Punkt verstehen wir, dass wir nichts behandeln müssen, nicht einmal Konflikte zwischen Liebenden. Vielleicht identifizieren wir uns und beginnen damit ein Drama – das steht uns frei. Oder wir lassen es einfach sein. Wenn wir es sein lassen, müssen wir über die Erkenntnis stolpern, dass der Konflikt unwesentlich ist. Dann bleibt nur noch die Liebe übrig. Die Herzmeditation ist das, was Atisha, der alte Meister, der die Praxis entwickelt hat, das Leiden einzuatmen, es aufzunehmen und Segnungen auszuatmen, ›Liebe in Aktion‹ nennt. Das hat mir ungeheuer viel geholfen. Und es ist ein wunderbarer Kniff, um den Verstand zu öffnen. Er kann gar nicht anders, als sich zu öffnen. Und dann müssen wir früher oder später erkennen, dass alles vollkommen ist.

Präsenz ist das beste Schmerzmittel

Wie ist das Wissen zu dir gekommen? Ist dieses Wissen nicht Teil des Verstandes?

Wenn ich meine eigene Erfahrung betrachte, dann war das Wissen bereits viele Jahre da, nur hat es der Verstand nicht gesehen. Weshalb wusste ich, dass ich bei einem Meister leben musste, davon zehn Jahre lang in Indien? Als ich Osho das erste Mal sprechen hörte, sagte er Dinge, die ich tief in mir drin bereits wusste – nicht jedoch mein Verstand. Nicht der Verstand kennt dieses Wissen, sondern das Sein. Es zeigt sich, wenn dein denkender Verstand ruhig ist. Ich saß also zwanzig Jahre lang mit Osho – zehn Jahre in seiner physischen Präsenz und danach noch zehn Jahre mit Audio- und Video-Diskursen.

Erst vor wenigen Jahren hat sich der Verstand dem Wissen ergeben und verbeugte sich vor dem Wissenden, der bereits präsent war. Er ist immer in jedem von uns anwesend. Das ist das Wissen, das ich meine. Ich kenne dafür kein anderes Wort. Es ist das Wissen deines wahren Selbst, deines Wesens. Es ist kein Teil des konditionierten Wissens, das wir aus der Vergangenheit mittragen, sondern etwas, das bereits tief in uns da ist.

Ist das ein unentdecktes Bewusstsein?

Genau. Es ist eine unentdeckte Schicht des Bewusstseins. Es ist die Entdeckung, dass das Bewusstsein bereits da ist. Osho betont in seinen Lehren immer das Bewusstsein. ›Sei bewusst!‹ ›Sei achtsam!‹ Ich habe mich sehr angestrengt, bewusst zu sein: beim Essen, Gehen und Kommunizieren – bis mir klar wurde, dass das lediglich ein Teil des Verstandes ist, der versucht, bewusst und achtsam für einen anderen Teil des Verstandes zu sein. Das wurde dann zu einer subtilen Kontrolle.

Du hast es sehr schön ausgedrückt: Darunter lag ein unentdecktes Bewusstsein, das ich übersehen hatte. Diese Entdeckung ließ die ganze Anstrengung von mir abfallen und der natürliche Zustand des Bewusstseins stellte sich ein. Dieser Zustand wächst weiter. Ich glaube, es gibt kein Ende bei der Entfaltung dieses Wachstums.

Bei vielen Meditierenden übersieht der denkende Verstand dieses Bewusstsein. Es liegt in der Natur des denkenden Verstandes, auf etwas herumzukauen. Er ist ein Zerkleinerungsmechanismus, wie eine Küchenmaschine, die das Gemüse klein schneidet. Der denkende Verstand ist aufgeschmissen mit dem Nichts. Er kann es nicht einmal wahrnehmen. Deshalb ist die wahre Natur unseres Seins so uninteressant für den denkenden Verstand: Er denkt, das sei Nichts. Er liebt es, auch noch auf dem Bewusstsein herumzukauen und strengt sich immer mehr an.

Wenn der denkende Verstand dann entspannt und erkennt, dass das, was er als Nichtigkeit übersehen hat, tatsächlich der wahre Meister ist, jubelt er, weil er endlich nicht mehr den Meister spielen muss. Die meisten Menschen hören auf den denkenden Verstand, als sei er der wahre Meister. Auf der Welt herrscht solch ein Chaos, weil die Nachrichten des denkenden Verstandes ambivalent sind – mal so und dann wieder anders, verschiedene Gedanken, die in Konflikt und Trennung leben.

Wenn du als der erwachst, der du bist, verneigt sich der Verstand vor dem Wesen. Er wird zu einem wunderbaren Instrument, der dem Wesen dient und es unterstützt. Der Einzige, der die Befreiung braucht, ist der Verstand. Und er ist auch der Einzige, der befreit werden kann. Das Wesen ist bereits frei – in Ewigkeit, unberührt von Wunden und traumatischen Erfahrungen. Deshalb ist die Herzmeditation so wertvoll. Den Verstand langweilt es, täglich dieselben Worte zu hören. Diese ganz einfache Reise, die noch nicht einmal eine Reise ist, sondern eine Vertiefung des Hier und Jetzt, enthüllt die Ewigkeit deines Wesens in wenigen Minuten.

Das ist die gute Nachricht für alle, die leiden, für jedes gewohnheitsmäßige Wiederholen von altem Schmerz, der sich von noch mehr Schmerz im Unbewusstsein ernährt. Wenn wir das Bewusstsein hinzufügen, wird dieser Schmerz wunderbar im Herzen angenommen und transformiert. Er löst sich auf. Schmerz ist die Abwesenheit von Präsenz. Schmerz ist der Widerstand gegen Tatsachen, gegen das was ist. Präsenz ist das beste Schmerzmittel, das es gibt.

Aber Präsenz ist schwieriger als Leiden.

Zu Beginn ist es ein bisschen schwieriger, aber am Ende ist es sehr süß. Ein Schmerzmittel zu nehmen ist vielleicht anfänglich einfacher, aber zum Schluss hast du dann ein Magengeschwür. Das ist der Preis für eine schnelle Reparatur. Dann brauchst du dich nicht zu fragen, wer du bist. Deshalb wenden sich sehr wenige Menschen nach innen. Wenige sind an Bewusstsein interessiert, weil es so viel unbewusste Identifikation mit dem Leiden gibt. Wenn der Schmerz plötzlich verschwindet, stellt sich die Frage: ›Wer bin ich?‹

Wenn der Knopf einer Schmerzstruktur gedrückt wird, taucht Schmerz auf. In dieser Struktur kennst du dich. Wenn du ihr mit Bewusstsein begegnest, führt das zu einer Identitätskrise. Das Falsche wird offenbart und die Identifikation mit dem Schmerz hält nicht stand. Das ist der wahre Grund, weshalb Osho vergiftet wurde. Er stellte das Falsche bloß. Bloßgestellt zu werden ist Furcht einflößend für das Ego – sei es das politische oder das gewöhnliche Ego. Das, was du zu sein dachtest, wird herausgefordert. Das Ego fühlt sich verunsichert und muss die Rüstung des angehäuften Wissens loslassen.

Es ist ein schöner Moment des Erwachens, wenn ein Muster des Schmerzkörpers, das in seiner Vollständigkeit noch nicht gesehen oder angenommen wurde, herausgefordert wird. Wenn du beschließt, eine Weile darin innezuhalten und dich dem Schmerz zu stellen, ohne mit ihm zu kämpfen, bist auf einer tieferen Ebene zu Hause angekommen. Das Beziehungs- und Arbeitsleben bietet uns viele Möglichkeiten für Erkundungen. Sie sind nicht dazu da, dich glücklich zu machen, sondern um dich bewusst zu machen.

Ist Schmerz denn nicht ein Teil des Lebens? Wie gehst du mit Schmerz um?

Ja, Schmerz ist ein Teil des Lebens, der kommt und geht. Dieser Körper-Geist trägt immer noch bestimmte Konditionierungsmuster, die schmerzhaft sind, wenn sie an die Oberfläche steigen. So geschieht Schmerz. Meine Art, mit aufsteigendem Schmerz umzugehen ist die Art, die wir in der Herzmeditation lernen. Inzwischen ist es auf wunderbare Weise leicht, ihn anzunehmen. Da ich so viel mit dem Inhalt des Verstandes und mit den verschiedenen Schichten der Persönlichkeit gearbeitet habe, interessiere ich mich für den Schmerz, wenn er einmal auftaucht. Normalerweise deutet er darauf hin, dass es einen Aspekt in dieser Persönlichkeit gibt, der noch nicht vollständig ans Licht gebracht und angenommen wurde. Es gibt immer noch etwas, was ans Licht gebracht werden kann. Wenn da jetzt Schmerz ist, dann ist da gleichzeitig auch Freude. Keine masochistische Freude, sondern mehr eine Neugierde darauf, was enthüllt werden wird. Die Identifikation wird bei der bewussten Begegnung gebrochen. Das ist der Unterschied.

Davor war die Identifikation beim Schmerz da. Ich forschte und suchte nach einer Lösung. Nehmen wir an, dass der Schmerz mich in eine alte Kindheitswunde führte: das Gefühl des Verlassenwordenseins. Ich spürte das Gefühl, ging durch die emotionale Entladung und hoffte, dass ich irgendwann einmal frei davon sein würde. Ich hoffte, dass dieses Muster nie wieder zurückkehrt. Wer von euch bereits genügend Therapie gemacht hat, wird diese Erfahrung vielleicht gemacht haben: Du denkst, du bist frei von einem Muster, aber auf einmal kehrt es zurück. Der gewohnheitsmäßige Verstand sagt dir dann vielleicht, dass du besser noch einen weiteren Therapieprozess durchmachen solltest. Davon leben die Therapeuten. Die meisten Menschen fügen dem Schmerz noch etwas Leiden hinzu. Dieses Leiden ist völlig überflüssig.

In der Existenz geschieht offensichtlich ein ständiger Wechsel zwischen Ausdehnung und Zusammenziehen, zwischen Gesundheit und Krankheit und zwischen leichten und schweren Zeiten. So ist das Leben! Der Verstand bevorzugt aber die Ausdehnung und lehnt das Zusammenziehen ab. In dieser Ablehnung entsteht das Leiden. Wenn du gelernt hast, dich sowohl in der Ausdehnung als auch im Zusammenziehen wohl zu fühlen, dann entspannst du und nimmst es an, wenn Zusammenziehen geschieht. Wenn du feststellst, dass du Widerstände hast, wird es für den inneren Wissenschaftler sehr interessant zu entdecken, welchen inneren Aspekt du an dir noch nicht liebst.

Erwachen und emotionale Befreiung

Bist du seit dem Erwachen frei vom Schmerzkörper?

Vor einigen Jahren hatte eine gute Freundin eine Verschiebung im Bewusstsein und sie erkannte, dass sie das Ganze ist und dass das Ganze ihren Körper-Geist beinhaltet. Kurz danach tauchte eine Flut von traumatischen Erinnerungen aus ihrer Kindheit auf. Es ging um sehr frühen sexuellen Missbrauch. Ihr Körper-Geist hatte diese Erinnerungen offensichtlich im Unterbewussten unter Verschluss gehalten, weil es in der Therapie noch nicht an der Zeit war, erforscht zu werden. Sie berichtete, dass einige Therapeuten sie bereits auf dieses Thema angesprochen hatten, sie jedoch immer ärgerlich abgewehrt hatte.

Nachdem ihre Identifikation mit dem Körper-Geist aufgebrochen war, kam das Trauma zum Vorschein und es gab keinen Widerstand mehr. Das Trauma brach sich mit dem vollen physischen und emotionalen Wiedererleben Bahn. Es war so überwältigend, dass sie sich selbst für eine Woche in die Psychiatrie einwies und nach Verlassen der Klinik noch über mehrere Monate Medikamente einnahm. Dieses Trauma konnte erst nach der Auflösung der Identifikation ins Bewusstsein treten und frei werden.

Manche Menschen sind zu tief traumatisiert, um dies in der Therapie zu bearbeiten. Wenn das Trauma plötzlich an die Oberfläche tritt, könnten sie verrückt werden. Es war also ein wunderbarer Sicherheitsmechanismus, der das Trauma bis zur Auflösung der Identifikation im Unterbewussten hielt. Danach ist es einfacher, damit zu arbeiten, weil ein Beobachter präsent ist.

Erwachen bedeutet nicht, dass du ab sofort nur noch in Ekstase, Glückseligkeit und in voller Ausdehnung lebst. Es ist wichtig, das zu verstehen. Du hast auch danach noch immer einen programmierten Körper-Geist mit bestimmten Mustern. Viele dieser Muster fallen ab, andere wiederum bleiben erhalten. Da gibt es kein Entrinnen. Es gibt einen wunderbaren Vortrag von Osho, in dem er über das Unentrinnbare spricht. Das Unentrinnbare heißt einfach, dass die Zyklen des Wohlbefindens, der Ausdehnung, des Schrumpfens, von Glücklichsein und Unglücklichsein immer noch da sind. Die Dualität dauert im Körper-Geist an. Der Unterschied ist, dass es kein Leiden gibt, weil es weder einen Hang zum Glücklichsein noch einen zum Unglücklichsein gibt. Du akzeptierst einfach das, was jeweils der Fall ist.

Das ist eine gute Nachricht. Es bedeutet, dass du dein Erwachen nicht verschieben musst, bis du deine neurotische Persönlichkeit aufgeräumt und einen therapeutischen Prozess nach dem anderen durchlaufen hast, bis du endlich das Gefühl hast, dass du wirklich ausreichend gereinigt bist. Diese Dinge sind wunderbar, aber es gibt keine Notwendigkeit, deshalb dein Erwachen zu verschieben. Es ist einfacher, sich danach um den Inhalt des Körper-Geistes zu kümmern. Nehmen wir das Beispiel von Byron Katie. Sie schildert, dass sie ohne vorangegangene Suche erwacht ist. Sie war einfach nur extrem unglücklich. Sie aß und trank zu viel und wohnte in einem Heim der Anonymen Alkoholiker. Sie wurde auf dem Dachboden eingesperrt, weil die anderen Insassen sich vor ihr fürchteten. Als sie erwachte, lag sie unter ihrem Bett, weil sie dachte, sie sei es nicht wert, auf dem Bett zu liegen. Als sie einer Kakerlake zusah, wie sie über ihren Fuß krabbelte, erwachte sie zu ihrem wahren Wesen. Ich vermute, dass ihr in diesem Moment klar wurde, dass sie nicht tiefer fallen konnte. Da hörte die Aufrechterhaltung ihrer falschen Persönlichkeit auf. Sie fiel ab und verschob sich von der Form zum Formlosen, von der Identifikation zum spontanen Beobachten. Und damit war sie frei.

Nach dem Erwachen ging sie spontan durch viele Primärzustände und ließ die Angst und die Trauer in ihrem Körper-Geist los. Sie brauchte sieben Jahre, um das Leben wieder zu erlernen. Heute ist sie eine wunderbare Frau, die den Planeten mit ihrer Arbeit segnet.

Verantwortungsbewusstsein entwickeln

Ist das Ganze für das verantwortlich, was ich tue, oder bin ich es selbst?

Wie kann der Teil verantwortlich sein? Wie könnte der Teil wissen, weshalb die Dinge geschehen? Du bist letztlich ein hohler Bambus, auf dem die göttliche

Existenz oder Gott seine Melodie spielt. Der Verstand kann sich entspannen, wenn wir in der Lage sind, das zu sehen. Wir können allem erlauben, dass es geschieht – und genießen es. Dann mischen wir uns immer weniger in das wunderbare Spiel des Lebens ein. Wir wissen nicht, was sich im nächsten Moment ereignet. Wenn wir uns entspannen, dann ist alles, was geschieht, in völliger Übereinstimmung mit dem Ganzen. Es ist sowieso alles in Übereinstimmung mit dem Ganzen, ob wir uns dessen bewusst sind oder nicht. Die Existenz ist eine Entfaltung von Moment zu Moment. Das bedeutet jedoch keinesfalls, dass du nicht verantwortlich bist. Das mag sich widersprüchlich anhören, aber es ergänzt sich. Bis du die volle Verantwortung für deine Taten übernommen hast, bleibst du in deiner Identifikation mit dem Opfer stecken. Dann ist jemand anderes verantwortlich.

Osho hat immer darauf bestanden, dass wir die Verantwortung übernehmen. Er ließ sich über die Advaita-Lehren, die Non-Dualitäts-Lehren in Indien, aus. Weshalb tat er das? Die Advaita-Lehre birgt einige Gefahren, wenn wir sie übernehmen, noch bevor wir eine gesunde Ego-Struktur, einen gesunden dritten Körper aufgebaut haben. Davor sind die Advaita-Konzepte bloße Verstandeskonzepte, die dein Wesen nicht erreichen. Wenn dein dritter Körper noch nicht gereift ist und du sagst: ›Ich bin eins mit allem und alles ist Gottes Willen‹, dann ist das unreif. Dann endest du da, wo Indien lange verweilte.

Indien hatte das Konzept, dass alles Gottes Wille ist, vollständig in sich aufgenommen. Obwohl das eine existenzielle Wahrheit ist, bewirkt sie vor der eigentlichen Erfahrung Trägheit, Fatalismus und Faulheit. Die Leute wurden faul, lehnten sich zurück und überließen das Kümmern Gott. Indien war einst eines der reichsten Länder der Erde mit unermesslichen natürlichen Ressourcen, fruchtbaren Böden, bestem Klima und sauberem Wasser im Überfluss. Und doch wurde es zu einem armen Land. Heute ist Indien ein Staat mit einem unglaublichen Wirtschaftswachstum. Der kollektive dritte Körper hat sich entwickelt und mit ihm kamen neue und völlig andere Gefahren. Die Spiritualität der Massen wich dem Materialismus. Auf der anderen Seite erblüht aber auch die wirkliche Spiritualität durch Plätze wie das Osho Meditation Resort, die Oneness University und viele andere.

Im Leben hat alles seine eigene Zeit. Solange du glaubst, einen freien Willen zu haben, handelst du verantwortlich. Nach dem Erwachen kannst du gar nicht mehr anders. In Ramesh Baleskars Satsang-Raum hängt ein Schild mit folgender Inschrift: ›Solange es ein Ich gibt, lass mich dich nicht vergessen, oh Gott.‹

Verantwortung entwickeln heißt, die Fähigkeit erlernen, spontan und kreativ auf alle Lebenssituationen zu reagieren. Das wiederum bildet ein gesundes Ego und eine gesunde Persönlichkeit heraus. Es beinhaltet auch, über Grenzen gehen zu können, Risiken einzugehen, Herausforderungen anzunehmen und authentisch und unabhängig von der Meinung anderer handeln zu können. Mit dem

Erwachen wirst du sehen, dass du das Bewusstsein und das Ganze bist und nicht anders kannst, als verantwortlich zu handeln.

Wenn du im Bewusstsein wachsen willst, dann ist das Entwickeln von Verantwortung dein Sadhana, deine Meditationstechnik. Die Weisen haben dies auf vielerlei Arten gesagt, zum Beispiel mit ›Vertraue auf Allah, aber binde zuerst dein Kamel fest.‹ Deine Hände sind die Hände Allahs, deine Hände sind die Hände des Ganzen. Wenn du gefährlich lebst, unterstützt du diese Entwicklung.

Gefährlich leben

Ich habe große Angst vor der Stagnation. Was soll ich tun?

Wenn du dir einen Moment lang deine größte Angst vor Augen führst und sie in ihrer Ganzheit willkommen heißt, dann wirst du diese Frage nicht mehr stellen. Wer dies getan hat, erzählt von einem anfänglichen großen Zittern im Körper-Geist-System, einem Gefühl, als müsste er sterben. Später kommt die Erfahrung von unglaublicher Offenheit, Freiheit, Größe, Freude und Liebe hinzu. All das kommt als große Überraschung.

Wenn du deinen Verstand sagen hörst: ›Das will ich nie mehr erleben‹, dann kannst du dies als Schlüsselsatz nehmen. Das ist genau, was du noch einmal erleben sollst, damit du die Illusion durchdringen kannst. Vielleicht musst du die äußere Situation nicht noch einmal erleben, aber zumindest deine innere Antwort darauf, um zum Kern durchzudringen. Das wird dann zu einem Schlüssel für ein neues Erwachen.

Ist Begegnung gleichbedeutend mit Bewusstsein?

Ja. Widerstand ist Unbewusstsein und Begegnung ist Bewusstsein. Das ist wahr! Die Schwierigkeit beim Widerstand ist, dass sich dabei das Ego, das Ich, zeigt. Der Verstand hat etwas zu verteidigen. In der Präsenz gibt es kein Ich und es gibt nichts zu verteidigen. Es gibt nichts zu rechtfertigen und man muss auch nicht Recht behalten. Der Verstand wird bei der Präsenz nicht benötigt.

Ich erinnere mich an eine wunderbare Geschichte, die Osho einmal erzählt hat: Ein Mönch lebte am Rande eines Dorfes. Als eine junge Frau schwanger wird, traut sie sich nicht, den Vater des Kindes preiszugeben und gibt stattdessen den Mönch als Vater an. Ihre Eltern bringen das Kind wutentbrannt zum Mönch: ›Es ist dein Kind, du schändlicher Sünder. Kümmere dich gefälligst darum!‹ Der Mönch antwortet: ›Ist das so?‹

Er nimmt das Kind in seine Obhut und akzeptiert alles, was geschieht. Einige Monate später hält es die Frau nicht mehr ohne ihr Kind aus und gesteht ihren Eltern die Wahrheit. Sie kehren zurück zum Mönch, entschuldigen sich bei ihm und nehmen das Kind wieder mit. Der Mönch sagt: ›Ist das so?‹ Es gibt keine Identifikation. Der Mönch kämpft weder dafür noch dagegen – er akzeptiert das, was ist.

Wenn du also Angst vor Stagnation hast, begegne dieser Angst mit Liebe und öffne dich für sie. Dann wird die Energie, welche in der Angst gebunden war, frei und kann sich in eine andere Richtung bewegen. Ich habe über unsere Reise zum Mount Kailash geschrieben*, welch eine große Übung in Angst, Hoffnung und Vertrauen das war. Es gab viele Momente, wo wir dachten, die Reise sei ein Reinfall. Aber wir konnten nichts tun, außer uns hinzugeben und uns für den Moment zu öffnen. Aus dem ganzen Chaos erwuchs etwas Neues, das uns weiterbrachte. An diesem Punkt standen wir während dieser Reise ungefähr zehnmal. Die Existenz scheint so zu funktionieren. Alles, was wir tun können, ist ein wenig gefährlich zu leben, dann gehen wir da hindurch.

Aber wo soll ich denn damit beginnen?

Hier! Wahrscheinlich kann sich jeder von euch daran erinnern, dass er schon als Kind das klare Bedürfnis hatte, frei zu sein. Das Freiheitsbedürfnis war von Anfang an da. Es wurde immer von Neuem durch die Konditionierung und die Erfahrung der Einschränkung befeuert. Später verlierst und vergisst du das und arrangierst dich mit all den Regeln und Erwartungen. Dann braucht es sehr großen Mut, aus diesem Gefängnis auszusteigen, um herauszufinden, wer du wirklich bist – ungeachtet der Meinung anderer. So beginnst du, gefährlich zu leben.

Ich bewundere deinen Mut.

Danke. Derselbe Mut ist auch in dir, wenn auch vielleicht schlummernd. Sonst könntest du ihn nicht erkennen.

Kannst du noch mehr über das ›gefährlich leben‹ sprechen?

Ja. Damit meine ich nicht, dass du deine physische Existenz aufs Spiel setzen sollst. Es wäre dumm, das wunderbare Geschenk des Lebens unnötig zu riskieren. Gefährlich leben bedeutet, auf dem Sprung zu sein, stets bereit, ins Unbekannte zu gehen.

Der Verstand ist eine Gewohnheitsmaschine. Deshalb hat Osho immer wieder zu uns gesagt, wir sollen unsere Gewohnheiten verändern, uns ins Unbekannte, jenseits unserer Sicherheitszone bewegen, denn das macht uns bewusst. Ich liebe Reisen, Abenteuer und Sport. Wenn ich zu Hause in Byron Bay bin, surfe ich jeden Morgen. Surfen ist ein gefährlicher Sport. Sport ist eine wunderbare Möglichkeit, dich mehr ins Hier und Jetzt zu bringen. Beim Surfen weißt du beispielsweise nicht, wie sich die Welle, die du reitest, entwickeln wird. Wenn du dann nicht im Hier und Jetzt bist, wird dich die Welle in ihre Waschmaschine werfen. Wenn du auf der Welle bleiben möchtest, musst du präsent sein.

---

* Siehe meine Autobiografie »Lawinen und Erwachen«.

Gefährlich zu leben ist eine Entschuldigung dafür, präsenter zu sein. Präsenz ist so lebendig, klar und spontan, dass wir geradezu danach süchtig werden können. Deshalb haben Extremsportarten, Sex mit einem neuen Partner oder gar Kriminalität solch eine Anziehungskraft. Sie alle provozieren das Unbekannte. Leider wissen manche Leute nicht, dass es unnötig ist, Leib und Leben, deine Beziehung oder deine Freiheit für die Präsenz zu riskieren. Meditation ist das beste Mittel für Präsenz.

Wenn du deine Gewohnheiten veränderst und dich ins Unbekannte begibst, ist das Unbekannte in jedem Moment möglich. Wenn du nur im Bereich des Bekannten bleibst, verfällt der Körper-Geist leicht in Automatismen und du verpasst die Lebendigkeit.

Wir sind grenzenlose Wesen. Durch unsere Körper können wir endlose Erfahrungen mit der Lebendigkeit machen.

Hingabe – Eine Brücke zum Erwachen

Du sprichst oft von Präsenz und Bewusstsein. Was ist mit Hingabe? Welche Rolle spielt die Hingabe, wenn du weißt, wer du bist?

Es gibt zwei unterschiedliche Möglichkeiten, wenn wir auf dem Weg sind. Auf der einen Seite gibt es den Weg der Meditation. Ich beobachte, bin bewusst und entdecke, dass alles, was ich beobachten kann, nicht ich selbst bin. So sehe ich, dass alles, was aus dem Bewusstsein aufsteigt, alles, dessen ich mir bewusst sein kann, nicht ich selbst bin. Ich bin das Bewusstsein, welches all das sieht! Diese Erkenntnis geschieht durch Meditation und durch Achtsamkeit.

Der andere Weg ist der Weg der Liebe und Hingabe. Als ich Osho traf und mich verliebte, wollte ich nur noch zu seinen Füßen sitzen. Ich wollte nur noch in seiner Präsenz sitzen und darin baden. Mein Verstand, der sich sonst für wissenschaftliche Studien interessierte, war völlig überwältigt. Es interessierte mich nicht, ob das, was Osho sagte, faktisch korrekt war. Manchmal illustrierte er seine Vorträge mit Fakten, die er nicht richtig wiedergab, aber ich war nicht daran interessiert, ihn zu korrigieren. Ich wollte nur zu seinen Füßen sitzen und in seiner Präsenz sein. Ich trank jedes Wort, die Präsenz und die Größe hinter jedem Wort. Mein Herz öffnete sich und ich fühlte mich fast wie eine verliebte Frau, verliebt in jemanden, der nicht als Ego vorhanden war. Das würde ich Hingabe nennen.

Der Weg der Hingabe scheint mehr ein weiblicher Weg zu sein. Wenn du so von der Liebe beseelt bist, dass du dein Leben dafür geben würdest, dann hast du dich hingegeben. Damals in Pune lebten viele von uns diesen Weg. Wir gaben alles. Im Westen haben wir das Geld verdient, um wieder mit dem Meister sein zu können. Wir haben alles in die Kommune hineingegeben. Damals dachte ich, dass wir es

Osho gegeben haben, aber er war daran gar nicht interessiert. Er war nur so mitfühlend, da zu sein und das zu empfangen, was wir zu geben hatten. Es ist erstaunlich, wie viel gegeben wird, wenn jemand so empfänglich ist. Die vielen Kommunen, die um Osho herum geschaffen wurden, spiegelten seine Ego-Leere wider. Seine Leere zog die Fülle an. In Pune schufen wir viele verschiedene Heilweisen und Lehren. Wir hatten eine Abteilung für kreative Künste, ein medizinisches Zentrum, eine Mysterienschule, ein Therapiezentrum, einen Dojo für die Kampfkünste und vieles mehr. Alles, was es in der New-Age-Bewegung gab, haben wir dorthin gebracht und es ihm angeboten. Das nenne ich Hingabe.

Bei einem wahren Meister kommst du irgendwann an den Punkt, an dem du entdeckst, dass die Form, der du dich hingegeben hast, ein Niemand ist. Er ist ein Fenster zum Universum. Du hast eigentlich eine Liebesaffäre mit dem Universum, mit dem Ganzen. Das Ganze ist einfach zu groß, um es zu verstehen.

Ich brauchte einen Meister in einem Körper, auf den ich mich beziehen konnte. Wenn deine Hingabe echt, ehrlich und total ist, dann verschwindest du. Auch in der Meditation verschwindest du, denn du siehst, dass du nicht das bist, wofür du dich gehalten hast. Was bleibt also übrig? Etwas, das der Verstand nur das Nichts nennen kann, obwohl das nicht ganz richtig ist. Das ist nur das, was der Verstand sagt. Mit Hingabe kommst du an denselben Punkt: Du gibst alles, bis nichts mehr von dir übrig ist. Da ist Niemand, es gibt nur das Geben. Es mündet alles in dieselbe Erkenntnis, dass es weder ein Ich noch ein Du gibt. Es gibt lediglich unendliche Präsenz, das Leben selbst, Leben durch verschiedene Personen. Das Wort *personare,* lateinisch für *hindurchtönen,* deutet schon darauf hin: Es ist eine Form, durch die der Ton, *sona,* ausgedrückt wird. Dann endet auch die Hingabe. Aber die Blume der Hingabe, die Blume der Meditation, die ich Dankbarkeit, Wunder oder das Entzücken über die Vollkommenheit in allem nennen würde, bleibt. Wir sind alle in der Lage, diese unvernünftige Freude über das schiere Sein zu empfinden, egal was die Existenz uns bringen mag.

Beide Wege können zu Anhaftung führen. Ich kenne viele Meditierer, die so an ihrer Meditation hängen, dass sie gar nicht mehr daran interessiert sind, zu erwachen. Sie werden wütend, wenn du über die Selbsterkenntnis sprichst, denn das stört ihre Meditation. Meditation und Hingabe sind wunderbare Brücken. Wenn du dich jedoch auf der Brücke niederlässt, dann bist du verloren.

Hingabe ist eine Qualität deines Herzens, deine Bereitschaft für Offenheit. Du kannst Hingabe empfinden für einen Meister, für jemanden, der die Tiefe seines Wesens verstanden hat und das ausstrahlt. Wir fühlen uns von ihm angezogen wie die Motten vom Licht und wir wollen uns verneigen vor ihm. Wenn wir den Meister als einen Finger begreifen, der uns den Weg zum Mond weist, als eine Tür zur Ewigkeit, dann kann Hingabe in jedem Moment geschehen. Du bist frei, dich allem hinzugeben, was ist. Das ist die höchste Form der Hingabe. Du akzeptierst bedingungslos alles, was ist. Das können wir die Alchemie der Akzeptanz nennen. Du verneigst dich vor allem, was in dir aufsteigt. Vielleicht wirst du von deinem Geliebten oder von einer Situation gereizt, aber du verneigst dich. Das ist die Öffnung für alles, was ist. So verstehe ich die Hingabe. Du bietest dich bedingungslos an und dann verschwindest du. Die schöne Tatsache daran ist, dass es dich als getrennten Teil des Ganzen, als separates Ich noch nie gegeben hat. Du opferst also bloß deine Widerstände gegen das, was das Leben durch dich leben möchte. Es bedeutet lediglich, den Streit mit der Existenz beizulegen.

Beobachten aus dem Inneren des Geschehens

Was bedeutet No-Mind? Ist No-Mind, wenn der Verstand leer ist?

No-Mind ist das, was du wirklich bist – Bewusstsein. Du bist Bewusstsein. Im Bewusstsein kommen und gehen die Gedanken – so wie die Wolken am Himmel vorbeiziehen. Sie berühren den Himmel nicht. Du bist No-Mind.

Wenn du erwachst, dann kommt der Teil des Verstandes zur Ruhe, der für das Leiden verantwortlich ist. Ramesh Balsekar nennt ihn den ›denkenden Verstand‹. Es ist der Teil des Verstandes, der dir gewohnheitsmäßig und ständig erzählt, wie schwierig die Dinge sind. Er erzählt dir Geschichten von deinem Leiden. Er sagt dir, was sein soll und was nicht sein soll. Im No-Mind kommt der denkende Verstand zur Ruhe. Dein Argumentieren mit der Existenz endet, die Leier der Gewohnheit endet.

No-Mind heißt nicht, dass der Denkprozess notwendigerweise zum Ende kommt. Manchmal hört er einfach auf. Ich und viele andere machen die Erfahrung, dass der Denkprozess große Lücken hat. Die Lücken sind so normal und unaufregend, dass sie vom Verstand übersehen werden.

Anders als der denkende Verstand bleibt der arbeitende Verstand nach dem Erwachen. Er besteht aus Gedanken zu praktischen, intelligenten und direkten Antworten auf das Jetzt. Der arbeitende Verstand bedient sich aus Referenzen aus der Vergangenheit oder der Zukunft, bleibt aber immer im Hier und Jetzt. Der arbeitende Verstand ist sehr kreativ und erschafft keine Probleme.

Warum berührt es uns so, wenn wir Osho sprechen hören? Er erlaubt das Aufsteigen der Gedanken aus der Leere. Osho spricht durch den arbeitenden Verstand aus der Leere heraus und berührt damit unser eigenes Bewusstsein, unseren No-Mind.

Nach dem Erwachen hört die Identifikation mit den Gedanken auf, das Anhaften an Gedanken, die Ablehnung oder das Halten von Gedanken. All das kommt zum Ende und der Handelnde löst sich auf. Die Gedanken hören nicht notwendigerweise auf, aber es gibt nichts mehr zu tun mit ihnen. Das ist eine große Erleichterung.

Du sitzt am Strand und schaust den Wellen zu. Manchmal ist das Meer ruhig und manchmal tobt es. Aber du sitzt am ruhigen Strand und dieser Strand ist No-Mind. Während der Verstand donnert wie die Brandung des Ozeans, kannst du einfach im No-Mind sein. Du ruhst immer in Frieden.

Kürzlich sah ich den Film ›Samsara‹, den ich sehr empfehlen kann. Es geht um einen buddhistischen Mönch, der drei Jahre, drei Monate, drei Wochen und drei Tage lang in einem traditionellen, tibetischen Meditationsretreat war. Der Mönch kommt voller Glückseligkeit aus diesem Retreat. Er ist bezaubert von der Schönheit eines Blattes in seiner Hand, aber er hatte sich noch nicht mit der Welt, seinen Wünschen und physischen Begierden auseinandergesetzt. Und auf einmal holen sie ihn ein. Da verlässt er das Kloster, um in die Welt hinauszuziehen. Er verliebt sich, hat Sex, streitet und tut all die Dinge, die wir in Samsara, dem ewigen Kreislauf des Entstehens und Vergehens, tun. Er hatte Jahre mit leerem Geist hinter sich, aber er war dennoch nicht erwacht.

Das wahre Erwachen ist sehr einfach. Du erwachst und siehst, dass du nicht der Körper, nicht der Verstand bist. Es geschieht eine Verschiebung, die Gestalt ändert sich und du erkennst, dass du das Bewusstsein selbst bist, einschließlich des Körper-Verstandes mit seinen Gedanken und Gefühlen. Du beobachtest das wunderbare Drama deines Lebens. Nach dem Erwachen mischst du dich nicht mehr ein. Davor willst du dich einmischen und glaubst, dass das Drama nur ein wenig anders sein müsste, damit du glücklich bist. Wenn all diese ›Wenns‹ aufhören, erlaubst du dem Drama einfach, sich zu entfalten. Dann ist der Beobachter, der sich solche Mühe gegeben hat, sich vom Inhalt fernzuhalten, wach und beobachtet aus dem Inneren des Geschehens.

So ist das in meinem Verständnis. Wenn ich sehe, was über die Jahre mit Osho geschah, dann wurde er immer durchscheinender und zunehmend leerer. Wenn er sprach, konntest du sehen, wie ein Gedanke aufstieg und er ihn dann aussprach. Dann wieder Leere, ein anderer Gedanke stieg auf, wurde ausgesprochen – im Moment.

Bist du immer stabil und zentriert in deinem Körper-Verstand?

Nein. Der Körper-Verstand hat seine Begrenzungen und gerät manchmal aus der Harmonie. Auch Oshos Körper geriet manchmal aus der Harmonie, wenn er zu viel Cola trank oder zu viele Chapatis, das wunderbare indische Fladenbrot, aß, denn er war Diabetiker. Das hat nichts mit dem Wesen zu tun. Das Wesen ist sich des Dramas bewusst und antwortet intelligent oder auch nicht so intelligent. Gleichgewicht oder Ungleichgewicht im physischen Körper ist für das Wesen irrelevant. Gurdjieff beispielsweise trank täglich Wodka …

Wir werden während unseres ganzen Lebens schwanken. Wir werden erst stabil werden, wenn wir sterben. Das Leben kann nur durch Polaritäten funktionieren. Es bewegt sich zwischen Zusammenziehen und Ausdehnung, zwischen Anspannung und Entspannung, Begrenzungen und dem Sprengen von Grenzen, zwischen Einatmen und Ausatmen. Im Körper-Verstand findet immer Bewegung zwischen den Polaritäten statt. Es gibt Zeiten, in denen der Körper stark ist, und solche, in denen er schwach ist. Das einzig Stabile ist das mühelose Beobachten des sich entfaltenden Dramas.

Bewusstsein im Alltag

Wie bleibt man im Alltag bewusst?

Dieses Thema beschäftigt Nura und mich zurzeit. Nura hat zielgerichtete und herausfordernde Tätigkeiten: Nach sieben Jahren in Australien sammelt sie nun alle nötigen Papiere für unsere Einwanderung zusammen. Ich schreibe ein Buch und will in zwei Monaten zumindest eine Erstfassung fertig haben, denn dann reist meine Redakteurin Rabia ab und mein Urlaub ist zu Ende. Danach ist mein Kursplan wieder voll ausgebucht. Diese Ziele erfordern viel Arbeit.

So geht es den meisten von uns, denn wir alle arbeiten in dieser Welt. Wie können wir nun Meditation anwenden, wenn wir so beschäftigt sind? Wie können wir unsere Entscheidung, kein weiteres Leid zu verursachen, in die herausfordernden Situationen bringen, in denen wir alle stecken?

Das ist ein sehr interessanter Tanz. Der Gewohnheitsverstand mag Ziele und damit tauchen Ängste auf. Ich muss täglich viele Stunden schreiben, damit das Buch fertig wird. Mein alter, akademischer Verstand erinnert sich an die Zeit während meines Medizinstudiums, in dem ich nie genug Zeit hatte, all den Stoff aufzunehmen, den ich brauchte. Und nun versuche ich, das in Worte zu fassen, was man wirklich nicht in Konzepte einteilen kann. Manchmal ruft der Verstand dazwischen: ›Das wirst du nicht schaffen!‹ Wenn ich das glaube, fange ich an, mir Sorgen zu machen. Wenn ich das glaube oder mir Sorgen mache, kann ich aber immer wieder entscheiden, in die Mitte zu gehen, und dann bin ich zurück im Einssein. Von da aus ist das Schreiben eine reine Freude. In diesem Prozess ist es jederzeit möglich, präsent zu sein.

Manchmal verpasse ich den Punkt, an dem die natürliche Quelle erschöpft ist und der Gewohnheitsverstand weiter drängt, aber nicht einmal in dieser Situation gibt es ein Problem. Dann lasse ich dem drängenden Verstand für eine Weile seinen Willen. Das Schöne an der Entscheidung, kein weiteres Leiden zu schaffen, ist, dass ich mich auch für nichts beschimpfe. Wenn ich einsehe, dass ich mich in einer Sackgasse befinde, kann ich entweder bleiben oder etwas verändern. Das ist Teil der Entscheidung, kein weiteres Leiden zu schaffen. Dann sind auch Fehler kein Problem.

In Pune machten wir sehr schöne Erfahrungen rund um die Arbeit. Während unserer normalen Arbeit beobachteten wir uns und stellten fest, wer gerade am Steuer saß und uns zur Arbeit antrieb: der Drängler, der Perfektionist, der Gefallsüchtige, der Hinausschieber, der Eilige oder viele andere. Verschiedene Programme aus der Vergangenheit störten das einfache Präsentsein in der Arbeit von Moment zu Moment.

In jedem Moment ist der Schlüssel, das zu akzeptieren, was ist. Das bedeutet auch, Schmerz im Körper und Verstand zu akzeptieren, emotionalen Aufruhr, Widerstand – alles ›Schlechte‹, das uns widerfährt – und es mit einzuschließen. Das ist ein erstaunlicher Schlüssel. Wenn sich das Bewusstsein des Ganzen in uns niederlässt, haben wir eine Unterströmung von Bewusstsein, während wir an der Oberfläche sind. In der Meditation sind wir Eins mit der Mitte. Dann müssen wir alle wieder an die Oberfläche, weil wir sonst nichts schaffen in dieser Welt. Während wir hier sind und Dinge tun, sind wir in der Welt, aber nicht von dieser Welt. Und immer, wenn wir zu uns zurückkommen, dann ist es eine kleine Glückseligkeit. Das heisst wir sind nicht mehr mit der Handlung identifiziert, sondern mit dem Bewusstsein. Der »Normalbürger«, der nicht bewusst lebt, ist in seinem »Erleben« und Tun von dieser Welt, er ist identifiziert und sein Wohlbefinden ist abhängig von dem Erfolg oder Misserfolg seiner Handlung.

Das ist die schöne Bewegung vom Zentrum zur Peripherie und von der Peripherie zum Zentrum. Das ist der Fluss. Das Schöne daran ist, dass wir nicht wählen müssen. Wir müssen uns nicht zwischen der Welt oder der Spiritualität entscheiden – diese Spaltung kann völlig verschwinden.

Eine von Oshos Methoden war: Tu das, was du tust, total. Nutze das, was du bereits tust, um als getrennter Handelnder zu verschwinden. In der Totalität der Handlung verschwindet das »Ich«, der »Handelnde«, es ist nur noch Handlung da. Dann erkennst du, dass bereits alles immer »durch dich hindurch« geschieht. Und der Moment, in dem du erkennst, dass es durch dich hindurch geschieht, ist ein Moment der Glückseligkeit, ein Wunder.

Meilensteine vor dem Ende der Suche

Kannst du einen spezifischen Moment beschreiben, an dem deine Suche zu Ende war?

Ein Durchbruch war 1991 in Pune, als ich an der Power-Gruppe teilnahm. Sie brachte mich zur Erkenntnis, dass alles, was wir über jemand anderen denken, eine Projektion ist, ein Spiegel dessen, was ich in mir ablehne. Dieses Verständnis wurde so klar, dass es mich nie mehr verließ. Auch wenn ich in psychologischen Schwierigkeiten mit jemandem steckte, wusste ich, dass es eine Projektion in mir geben musste, eine Verleugnung dessen was ist.

Ein weiterer großer Meilenstein war, als ich 1993 nicht in der Lage war, meine Mutter vom Suizid abzuhalten. Die Identifikation mit dem Therapeuten, dem

Helfer, war eine meiner größten Identifikationen gewesen und das Scheitern hätte nicht größer sein können.

Es scheint offensichtlich sehr hilfreich zu sein, alles zu probieren, bis nichts mehr funktioniert, bis du an einen Punkt ohne Wiederkehr kommst. Da scheint es eine Verbindung zum Erwachen zu geben, obwohl das Probieren allein dich nie erwecken wird. Wenn du noch nicht alles versucht hast, lockt dich der Verstand immer mit einer weiteren Tasche, in der du noch nicht gesucht hast. ›Schau hier auch noch hinein – vielleicht liegt die Rettung ja hier!‹

1998 machte ich den Gruppenprozess ›Path of Love‹ und war verzweifelt, dass ich noch immer nicht erwacht war. Deshalb habe ich mich dann zu einem Retreat mit Gangaji angemeldet. Vor dem Beginn des Retreats, am Morgen des 24. April 1999, verschwand die Identifikation mit der Persönlichkeit, dem Handelnden und damit das Leiden. Ich habe keine Ahnung, weshalb die Auflösung der Identifikation an diesem Punkt geschah. Es geschah wirklich aus dem Blauen heraus und die Gnade kam über mich.

An diesem spezifischen Punkt war die Suche zu Ende. Es war das Ende des psychologischen Leidens, weil es das Ende der Identifikation mit dem Formhaften war. Alles verschwand und alles tauchte als etwas Gewöhnliches wieder auf – nicht einmal als Spiritualität. Spiritualität erschien zuvor noch ein klein wenig außergewöhnlich, nun wurde sie uninteressant.

Der letzte Wunsch

Hast du keine Wünsche mehr?

Doch, einen gibt es noch: in der Business Class zu reisen. Das ist der letzte Wunsch, der mir geblieben ist. (Gelächter)

Was war dein letzter Wunsch vor dem Erwachen?

Das letzte Verlangen davor war der Wunsch zu erwachen. Im November 1998, im ›Path of Love‹, war dies mein einziges Thema. Ich war wütend auf Osho und die Existenz, die mir nicht zum Erwachen verholfen hatten. Ich wollte einzig und allein die Erleuchtung.

Jedes andere Verlangen war bereits gestillt. Die Existenz war so großzügig mit mir gewesen und hatte mir alle Wünsche erfüllt. Ich lebte in einem schönen Haus in subtropischem Klima in der Nähe des Meeres. Ich lebte seit über zwanzig Jahren mit der Liebe meines Lebens zusammen. Ich reiste nach Herzenslust. Ich organisierte und führte Abenteuerreisen durch, die meinen Abenteuergeist stillten. Die Existenz segnete uns mit genügend Geld, um ein Leben in mäßigem Überfluss führen zu können. Jedes äußere Verlangen war mehr als erfüllt und mein äußeres Leben war vollkommen. Die Erleuchtung war definitiv mein letzter Wunsch.

Ich möchte keinen einzigen Moment der Reise missen, obwohl sie manchmal dramatisch unglücklich war. Jedes einzelne Ereignis meines Lebens brachte mich an den Punkt, an dem ich jetzt bin.

Das erinnert mich an das Ende des Films ›American Beauty‹. Der Hauptdarsteller war von seinem Nachbarn umgebracht worden, schwebte über seinem Zuhause und sprach von hier aus zum Zuschauer:

›Eigentlich könnte ich ziemlich sauer sein über das, was geschehen ist. Aber es fällt schwer, wütend zu bleiben, wenn es so viel Schönheit in der Welt gibt. Manchmal habe ich das Gefühl, ich sehe all das gleichzeitig ... und es ist zu viel. Mein Herz ist wie ein Ballon, der beinahe platzt. Und dann erinnere ich mich ... mich zu entspannen und nicht zu versuchen, es festhalten zu wollen. Und dann fließt es durch mich hindurch, wie ein sanfter Regen. Dann spüre ich nur noch reine Dankbarkeit für – jeden – einzelnen – Moment – meines kleinen, dummen Lebens.

Wahrscheinlich hast du keine Ahnung, wovon ich spreche, aber mach dir keine Sorgen ... eines Tages wirst du verstehen.‹

So fühlte ich mich, als das Verlangen nach Erleuchtung von mir abgefallen war – genauso. Es gibt im Reich der Erfahrungen nichts, das wir ablehnen oder verleugnen müssten.

Osho war und ist immer noch der wunderbarste Lehrer dafür. Nachdem er aus dem Gefängnis entlassen worden war*, wurde er gefragt, ob es dort nicht schrecklich gewesen sei. Er antwortete: ›Mein Körper litt, aber ich möchte keinen einzigen Moment davon missen. Es war eine wunderbare Prüfung für mich herauszufinden, dass ich meinen Frieden nicht verlor.‹

Alles, was uns die Existenz bringt, ist eine wunderbare Prüfung für uns, ob der Frieden, in dem wir ruhen, echt ist. Stelle ihn auf den Prüfstand, damit du weißt, ob du das Wahre gefunden hast oder nicht.

Die Entscheidung, es zu leben

Du hast gesagt, dass dein Erwachen mit deiner Entscheidung zusammenhing. Ein anderes Mal hast du gesagt, dass nichts in unseren Händen liegt und dass die Existenz ihren eigenen Zeitplan hat. Was ist nun wahr?

* Im Oktober 1985, am Ende der Zeit in Oregon, war Osho aus fadenscheinigen Gründen verhaftet worden, da die US-Regierung die Kommune vernichten wollte.

Beides ist wahr. Die Entscheidung lautete: ›Ich werde kein weiteres Leiden schaffen.‹ Jeder von euch kann diese Entscheidung in diesem Moment treffen. Es ist nur in diesem Moment möglich. Osho sagt in ›Ancient Music in the Pines‹:

›Wenn ich sage, ich habe die Erleuchtung erreicht, dann meine ich damit, ich habe entschieden, sie zu leben. Es ist die Entscheidung, dass du nicht mehr daran interessiert bist, Probleme zu schaffen – das ist alles. Es ist die Entscheidung, dass du mit dem ganzen Unsinn, Probleme zu schaffen und Lösungen zu finden, aufhörst.

Fangt in diesem Moment an, wie Buddhas zu leben. Wenn du dich anders entscheidest, dann ist das deine eigene Sache. Ich sehe es als eine Entscheidung: Ich werde mich nicht mehr selbst belügen. Jetzt fange ich an, wie ein Buddha zu leben, in der Leere. Ich werde mir keine unnötigen Beschäftigungen suchen. Ich löse mich auf.‹

Vor meinem Erwachen gab es definitiv einen Moment, in dem mir klar war, dass ich die Erleuchtung wollte und dafür betete, dass es geschehen möge. Das Leben hatte mich an den Punkt gebracht, an dem ich alles versucht hatte, meinem Leiden ein Ende zu bereiten, aber es hatte nicht funktioniert.

In dem Moment, in dem ich die Entscheidung traf, kein weiteres Leiden mehr für mich zu erschaffen, geschah auch die Entscheidung, kein weiteres Leiden mehr für andere zu schaffen. Das Leben fordert mich weiterhin heraus und Schmerz oder Verletzungen geschehen noch immer, aber ich reagiere nicht mehr darauf.

Heute habe ich eine E-Mail voller Projektionen erhalten. Als ich sie las, fühlte ich mich verletzt. Die Entscheidung, kein Leiden zu schaffen, ist eine Entscheidung, sich nicht gegen den Schmerz zu wehren. Es ist die Entscheidung, alles ohne Widerstand geschehen zu lassen. Du berührst es einfach nicht. Du lässt den Pfeil eindringen und erlaubst dem Schmerz, dich an einen Ort der Erforschung zu führen.

Mein Prozess mit dieser E-Mail geht so vor sich: Ich schaue zuerst, ob das, was die Person sagt, wahr ist. Meine Persönlichkeit mag das ablehnen, aber wenn ich herausfinde, dass es wahr ist, dann hilft es mir, Teile zu sehen, die ich zuvor nicht gesehen habe. Danach versetze ich mich in die andere Person und versuche zu verstehen, wo sie herkommt. Interessanterweise steigt daraus Liebe auf.

Bis ich diese E-Mail beantworte, warte ich geduldig ab, bis der Pfeil sämtliche Schichten meiner Persönlichkeit durchdrungen hat, die davon aufgerüttelt wurden. Es ist wie bei einem Schießstand auf dem Rummelplatz, wo die Zielobjekte hochschnellen. Sobald du sie getroffen hast, verschwinden sie. Der Pfeil geht tiefer und tiefer, bis er beim Nichts angelangt ist. Wenn du Präsenz in deine Verteidigungsmechanismen bringst, dann ist keine Substanz mehr in ihnen. Du brauchst nicht an sie zu glauben. Dann landest du wieder bei der Präsenz. Eine Antwort, die aus der Präsenz kommt, verletzt nicht.

Wir öffnen uns für die Verletzung, statt dass wir an sie glauben. Das ist das Ende des Leidens. Es ist die eine kleine Entscheidung, dass du nicht länger an das Getrenntsein glaubst.

Der letzte Schritt zum neuen Bewusstsein liegt nicht in deiner Hand. Die Entscheidung geschah sehr klar während des ›Path of Love‹. Das Erwachen geschah damals noch nicht – das kam erst später.

Diese Entscheidung kann den Boden für das Erwachen vorbereiten. Du machst deinen Teil, erledigst deine Hausaufgaben und du machst dich empfänglich. Du kooperierst von deiner Seite damit, dass du kein weiteres Leiden schaffst. Der Rest liegt in den Händen der Existenz und das überlässt du ihr.

Erleuchtung ist ein grosses Wort

Was ist die Erleuchtung eigentlich?

Die meisten halten Erleuchtung für die große Glückseligkeit, bei der man das helle Licht von oben empfängt. Das impliziert, dass es etwas Besonderes zu erreichen gilt. Wenn wir das Spezielle suchen, verpassen wir das Offensichtliche. Osho hat viel über Erleuchtung gesprochen. Die Situation war sehr kompliziert: Er wollte Tausende von Menschen anziehen und diese dann lange genug in seiner Präsenz halten, um die Welt zu bewegen, wie er es getan hat. Er hielt uns diese imaginäre Möhre, die Erleuchtung genannt wird, vor die Nase. Der Verstand kaut gerne auf etwas herum und die Erleuchtung kommt da gerade recht: Sie ist unerreichbar, weil wir sie bereits sind.

Wir sind das, was wir suchen. Wir sind reines Bewusstsein. Wir können es Licht nennen, denn es sieht von innen sehr hell aus, wenn die Energie das Dritte Auge berührt. Wir werden viel lichter und leichter. Aber das ganze Konzept ist lediglich eine kosmische Möhre, die Osho und andere Meister vor unserer Nase baumeln lassen, bis wir die Suche endlich aufgeben.

Wenn wir die Suche aufgeben, dämmert uns, dass all das bereits schon immer in uns gewesen ist. Das die Erleuchtung zu nennen, ist ein großes Wort. Da ist Licht, die Sonne scheint jeden Tag – auch wenn sie verborgen ist. Zu deiner wahren Natur erwachen bedeutet, dir des Lichts, das immer präsent ist, des ewigen Bewusstseins bewusst zu werden. Mit dieser Erkenntnis verschwindet der Handelnde.

Okay, der Handelnde verschwindet, aber gewinnt man auch etwas?

Nein, du gewinnst nichts. Erwachen geschieht ohne all die Identifikationen und Anhaftungen, die du mit dir herumträgst. Es ist ohne die Glaubenssätze und Ideale, mit denen du aufgewachsen bist. Es ist ohne die Vergangenheit und ihre Erinnerungen und ohne die Zukunft mit ihren Fantasien. Durch das Erwachen verschwindet das psychologische Leiden. Du verlierst die Widerstände gegen das, was ist. Du verlierst das Gefühl der Wertlosigkeit, Scham und Schuld. Mit dem Erwachen gehen auch Stolz, Arroganz, Überheblichkeit, Hass, Streit, Missgunst, Neid und Verurteilung. Du verlierst das Gefühl getrennt zu sein. Wenn du gerne ohne all das leben möchtest, dann ist das Erwachen etwas für dich!

Methoden zum Erwachen

Wie kann ich den Verstand zur Ruhe bringen und erwachen?

Das Einzige, was mit dem Erwachen befreit wird, ist der Verstand, denn du bist bereits DAS. Du bist Bewusstsein und du bist schon wunderbar geborgen in den Armen der Existenz. Du bist die Existenz – schon von Beginn an. Du warst noch nie verloren. Wir sind der Ausdruck von Bewusstsein, so wie es auch Tiere, Vögel und Pflanzen sind. Der einzige, der dies seit Jahrtausenden verneint, ist der Verstand – unser Programm und unsere Konditionierung.

Ich glaube, dass das der Grund dafür war, dass Osho uns geraten hat, Gruppe um Gruppe zu machen, obwohl er wusste, dass das nichts mit unserem wahren Wesen zu tun hat. Diese Therapiegruppen haben jedoch den Vorteil, dass sie den Verstand ermüden, sodass er dann nicht mehr im Weg ist, was sehr wichtig ist. In Gruppen haben wir oft die wunderbarsten Einblicke ins Wesen, weil der Verstand erschöpft ist. Es gibt Lücken, durch welche unser Wesen hindurchscheint. Das geschieht, wenn der Verstand erschöpft und für einen Moment still ist. Diese Momente zeichnet dein Verstand nicht auf, weil er sie als unbedeutend abtut.

Der Satori-Prozess ist sehr hilfreich. Nachdem du die Hauptfrage, das ›Wer bin ich?‹ erforscht hast, antwortest du irgendwann auf Fragen wie: ›Beschreibe die Ganzheit!‹, ›Beschreibe das Nichts!‹ Du wirst feststellen, dass du aus dem Ganzen heraus sprichst. Für den Verstand ist es sehr hilfreich, wenn er sich daran gewöhnt, aus dem ewigen Sein heraus zu sprechen.

Eines Tages wird der Verstand feststellen, dass er nicht die Kontrolle haben muss. Ich hatte weder vor meiner Geburt die Kontrolle, noch werde ich sie nach meinem Tod haben, also brauche ich sie jetzt auch nicht. Ich übergebe die Kontrolle an das Ganze. Damit geht der Verstand aus dem Weg und beginnt, dem Ganzen zu dienen.

Aus deiner Frage höre ich eine negative Einstellung dem Verstand gegenüber. Das ist eine große Behinderung, denn dein Verstand wird dadurch entzweit und der eine Teil versucht, den anderen zu zerstören. Und das wird dich sicherlich nicht befreien, sondern dich in Gefangenschaft halten.

Wenn du denkst, dass etwas mit dir oder deinem Verstand nicht stimmt, wirst du aus deinem Wesen gezogen. Du lässt dich von der Illusion verleiten und versuchst, deinem eigenen Schwanz nachzujagen. Lade deinen Verstand ein, dein Wesen auszudrücken. Lade ihn in die Welt des Seins ein! Genau das geschieht, wenn wir Osho und anderen Meistern zuhören oder ihre Bücher lesen. Das geschieht im Satsang und das ist auch die Anziehungskraft des Satsangs. Aber höre nicht nur zu oder lese, sondern drücke auch dein Wesen aus, wenn du die Gelegenheit dazu hast. Schreibe Gedichte, lese sie zu Hause vor, deinem Geliebten oder einem guten Freund. Finde einen Weg, dich auszudrücken.

Der Verstand ist wunderbar. Er versteht es, Auto zu fahren, dich hierher zu bringen. Er kann Dinge lernen und ist ein erstaunlicher Mechanismus. Wir sind fasziniert von Computern, doch der Verstand ist noch viel besser. Es ist nichts verkehrt am Verstand. Wir können ihn lieben lernen und ihn ins Sein einladen. Erlaube deinem Verstand, hier im Satsang zu sitzen. Er hat auch sein Recht. Er ist seit so vielen Jahren mit dir.

Ich versuchte früher, meinen Verstand zu bekämpfen, weil er nicht denken sollte. Dann versuchte ein Teil meines Verstandes den anderen Teil zum Schweigen zu bringen. Ein Teil meines Verstandes versuchte zu erkennen, wie der andere Teil leer an Gedanken war. Das war sehr anstrengend.

Du bist die leere Leinwand hinter den Gedanken und den Nicht-Gedanken. Mach dir keine Sorgen um deine Gedanken. Gedanken kommen und gehen. Du kannst nichts aktiv mit ihnen tun. Identifiziere dich einfach nicht mit ihnen – glaube nicht an das, was du denkst. Du bleibst zentriert wie der klare Himmel, nicht interessiert an Gedanken – weder an ›guten‹ noch an ›schlechten‹ Gedanken.

Gestern Abend fühlte ich mich während des Satsangs so frei und bewusst. Aber heute bin ich wieder im Nebel und habe das Bewusstsein verloren. Ich hätte gerne, dass dieses Gefühl von Freiheit und Präsenz zurückkommt.

Wenn du die Stille erfahren hast, möchtest du das immer wieder erfahren. Aber es funktioniert nicht, wenn wir versuchen, das herzustellen. Überlasse dich einen Moment lang total dem Nebel. Lass dich vom Nebel umhüllen und heiße ihn willkommen. An einem nebligen Tag ist es gemütlich, dich in deiner Lieblingsecke einzukuscheln. Versuche nicht, etwas zu verändern. Sei bereit, für den Rest deines Lebens in Nebel gehüllt zu sein, wenn es denn so sein soll. Wer bist du, zu denken, es sollte anders sein?

Ich verstehe deinen Zustand und kenne ihn nur zu gut. Ich saß beispielsweise bei Osho und wollte ihm auch wirklich zuhören. Und dennoch fiel ich in eine tiefe Trance, die dazu führte, dass ich mich nicht an seine Worte erinnern konnte.

Warum nicht für den Nebel, der gerade da ist, präsent sein? Das Ja ist der Schlüssel. Ja ist die Entscheidung, dass ich ab jetzt kein weiteres Leiden mehr schaffen will. Ich sage einfach Ja. Ich bin, ja. Das ist Hingabe. Hier muss der männliche Aspekt des Verstandes seine kämpferische Kraft, die Abwehr, seine Tatkraft und Kontrolle aufgeben. Wenn wir uns hingeben, werden wir weiblicher. Hörst du den

Vogel durch den Nebel hindurch? Der Verstand übersieht, dass du präsent bist, wenn du dir des Nebels bewusst bist. Wer ist sich des Bewusstseins, das kommt und geht, bewusst? Es ist dein wahres Selbst. Ich habe sehr lange gebraucht, um das zu verstehen. Wir verwechseln Fokussieren mit Bewusstsein. Ich strengte mich so sehr an, während Oshos Vorträgen wach zu bleiben, was ein guter Zeitvertreib für den Verstand war. Der Verstand muss erschöpft werden. Mir wurde klar, dass das Wissen um das Nicht-Erinnern seiner Worte aus einem mühelosen Bewusstsein kam. Diese Präsenz hinter allem ist so natürlich und mühelos und so sehr das, was du schon immer warst, dass es für den Verstand schlicht uninteressant ist. Der Verstand interessiert sich nur für Ziele. Er kann nur im Werden überleben.

Du bist das Bewusstsein, das sieht, wie dein Verstand zu verstehen versucht, das Bewusstsein, das sich des Nebels bewusst ist. Es gibt nichts anderes als dieses Bewusstsein. Du brauchst also nicht krampfhaft versuchen zu verstehen. Du kannst das Verstehenwollen geschehen lassen und den Film genießen.

Aber ich bin so angespannt ...

Wer sagt denn, dass du die Spannung loswerden sollst? Wer sagt denn, dass es keine Spannung geben soll? Dein Bewusstsein erkennt die Spannung. Daran ist nichts Verkehrtes, es sei denn, du bist der Meinung, dass es keine Spannung geben sollte. Genau diese Meinung hält die Spannung aufrecht. Der Verstand möchte an der Spannung festhalten, denn dann hat er etwas zu tun. Heiße die Spannung willkommen, so wie du einen geliebten Menschen willkommen heißt.

Wenn wir unser Selbstbild an ein Erlebnis heften, sind wir in der Falle. Deshalb sagen so viele, dass sie es schon einmal hatten, es aber wieder verloren haben. Wir, die viele Prozesse durchlaufen haben, wissen, dass wir sie um der Ausdehnung willen gemacht haben. Wenn die Ausdehnung geschieht und der Verstand dies realisiert, dann ist sie bereits wieder verloren. Dann denken manche, sie müssen deshalb den nächsten Prozess durchlaufen. Und der nächste Prozess wird dich wieder an einen Punkt der Ausdehnung bringen, an dem du auf einmal die Größe von No-Mind erfährst. Dann wirst du wieder sagen: ›Jetzt hab ich´s!‹

Wenn du es festhältst, dann verlierst du es wieder, bis du eines Tages beschließt: ›Ich bin das, was die Ausdehnung und das Zusammenziehen erkennt!‹ Manchmal ist das Bewusstseinserlebnis sehr klein und ein anderes Mal ist es sehr groß. Was ist weder klein noch groß? Was ist sich all dessen bewusst?

Es ist viel einfacher, Angst zu haben, denn die Angst ist etwas Bekanntes. Fragen zur Selbsterforschung katapultieren dich direkt an einen Ort, auf den der Verstand keinen Zugriff hat. Die Antwort kommt niemals aus dem Verstand und das macht es so Furcht einflößend. Solange wir unser Selbstverständnis aus Dingen ziehen, die nicht unser Selbst sind, bedrohen diese Fragen unser Selbstverständnis.

Diese Angst ist natürlich und doch ziehen dich diese Sitzungen immer wieder an. Das, was dich in Wahrheit ausmacht, ist trotz des Verstandes bereits da. Das

Wissen ist tiefer als die Angst. Es gibt auch ein Wissen, das noch tiefer ist als deine Erfahrung der Ausdehnung, als dein Wissen – ein Wissen jenseits deines gegenwärtigen Verstandes.

Ich liebe diese Sitzungen: Wir loten gemeinsam die Funktionsweisen des Verstandes in all seinen Tiefen aus und stolpern dann plötzlich über exquisite Momente von Stille und Präsenz. Osho hat in seinem Buch ›The Invitation‹ so wunderbar über den Sucher, der sich erschöpfen muss, gesprochen:

Zuerst muss ich in dir ein Verlangen entfachen, eine Sehnsucht, eine Leidenschaft, die so stark ist, dass du alle unbedeutenden Dinge fallen lässt und deine ganze Energie in die Suche nach der Erleuchtung steckst. Dann vergisst du Besitztümer, Geld, Macht und Ansehen und opferst alles der Erleuchtung. Ich habe ein Geheimnis entdeckt: Zuerst musst du die Energie erschöpfen, die für deine Verblendung verantwortlich ist – deine Gier, dein Ego, dein Machtstreben und vieles mehr. Bevor du nicht erschöpft bist, interessiert dich das eine oder andere weiterhin. Erschöpfe dich zuerst. Wenn du das getan hast, ist die Hälfte des Prozesses bereits vollendet.

Dann beginnt die andere Hälfte. Das Verlangen nach Erleuchtung verhindert sie jedoch auch. Jetzt hast du nur noch das Verlangen nach Erleuchtung. Das ist das letzte Verlangen, das noch fallengelassen werden muss. Wenn dein Verlangen und deine Suche sehr tief gehen, dann wirst du die Erleuchtung nicht finden. Je mehr du suchst, desto frustrierter wirst du werden, denn es ist nichts, das sich im Außen finden lässt. Es ist nichts, wohin du reisen kannst – es liegt in dir. Du hast das Gefühl der Niederlage. Du hast alles für die Erleuchtung gegeben, aber sie zeigt sich nirgends. Dann kommt unweigerlich die Frustration. Niemand findet die Erleuchtung durch tief greifende Suche. Durch tief greifende Suche finden wir Frustration, eine solche Frustration, dass du still wirst. Nur wenn du völlig ermüdet und frustriert bist, kannst du die Idee fallenlassen, dass Erleuchtung zu finden ist. An diesem Punkt sagt der Meister: ›Du hast jetzt genug gesucht. Jetzt kannst du die Suche fallenlassen und nur noch still sitzen.‹ Dann bist du vollkommen still. Wenn du sieben Runden um den Block gedreht hast und du Tränen in den Augen hast, weil du die Erleuchtung noch immer nicht gefunden hast, dann sage ich zu dir: ›Ruh dich ein bisschen aus und danach können wir über die Erleuchtung sprechen.‹ Ruh einfach aus. In dieser Ruhe wirst du dir deiner inneren Flamme bewusst. Wenn du erschöpft bist, schwindet dein Interesse und du willst einfach nur noch ruhig sitzen, in Leichtigkeit und Entspannung – und in diesem Moment geschieht die Erleuchtung. Es ist kein Objekt, das du finden kannst – es ist die Erkenntnis eines stillen Wesens.

Aber dein Verlangen muss so total sein, dass du sogar die Idee der Erleuchtung fallen lassen kannst und erkennst, dass alles umsonst ist. In dieser Stille, wenn kein Verlangen in deinem Verstand rumort, erkennst du auf einmal, dass du der Erleuchtete bist. Erleuchtung ist nicht woanders – sie liegt in dir selbst. Aber es braucht völlige Stille und kein Verlangen. Wie kannst du diesen Zustand ohne Verlangen erreichen?

Denke nicht von Anfang an: ›Wenn es fallen gelassen werden muss, weshalb dann nicht gleich zu Beginn?‹ Das funktioniert nicht, denn dann wirst du andere Dinge begehren. Du brauchst zuerst ein großes Verlangen nach Erleuchtung. Das brauchst du in erster Linie. Du bist ein Buddha, bist dir dessen aber nicht bewusst. Wie kann ich dich darauf aufmerksam machen? Das war seit jeher der Weg und ich sehe keine andere Möglichkeit. Du wirst dir dessen nur in völliger Stille bewusst. Aber für die völlige Stille, einen Zustand von No-Mind, einen reinen Raum, müssen alle deine Begierden erschöpft sein.

Die eine Hälfte des Prozesses ist, dich dazu zu bringen, dass du deine gesamte Energie in die Suche steckst, und die andere Hälfte ist, dich dazu zu bringen, in Stille zu sitzen und deine ganze Suche fallen zu lassen. Und auf einmal ist es da, weil es dein innerster Kern ist – keine Suche ist nötig. Aber ohne diese tiefe Suche wirst du nicht in der Lage sein, still zu sitzen. Damit du still sitzen kannst, musst du vorher meilenweit gerannt sein.

Und das ist die Methode: Sammle alle deine Begierden, richte dein ganzes Leben auf die Erleuchtung und ich garantiere dir, dass du sie so nicht finden wirst! Ohne das alles hat sie aber auch noch niemand gefunden. Eines Tages, wenn du frustriert genug bist, wirst du sagen: ›Zum Teufel mit der Erleuchtung!‹ Und an diesem Tag wird das Wunder geschehen. Es geschieht immer nur in diesem Moment.

Osho hat aus meiner Sicht folgendes mit uns gemacht: Er hat uns die Möhre vor der Nase baumeln lassen und gesagt, wir müssen No-Mind erreichen. Das ist nicht möglich, aber es macht es für den Verstand sehr interessant, weil er Herausforderungen mag. Der Verstand rennt der Möhre hinterher und ruft: ›Das will ich haben. Ich will dasselbe was du hast!‹ Hier enthüllt Osho seinen Trick. Wenn der Verstand dann erschöpft ist, wird No-Mind ganz einfach. Dann gibt es kein Nachdenken mehr über das Nicht-Denken, denn wir sind in völliger Übereinstimmung mit dem Ganzen. Wir sind still. Es gibt niemanden, der über das Nicht-Denken nachdenkt. In dem Moment, in dem wir über No-Mind nachdenken, sind wir zurück im Verstand, in Samsara.

Die Erkenntnis teilen

Nachdem das Erwachen geschehen war, musste ich es teilen. Schon vor dem Erwachen hat es mir unendliche Freude bereitet, mein begrenztes Verständnis mit anderen zu teilen. Ich war mir dabei bewusst, dass das etwas war, was auch in mir reifen musste. Ich lernte beim Lehren.

Heute ist es dasselbe. Die Wahrheit kann nicht in Worte gefasst werden. Sie konnte noch nie in Worte gefasst werden. Und doch ist es eine solche Freude, neue

Wege zu finden, Menschen zu berühren und den Buddha in ihnen ans Licht zu locken. Wann immer jemand sein Wesen erkennt, jauchzt und jubiliert mein Wesen und ich erwache von Neuem.

Das zu teilen, was ich verstanden habe, ist für mich das Schönste, was ich tun kann. Das Lernen hört nie auf und endloses Teilen ist ein noch tieferer Weg. Wenn ich Freude, Liebe und Verständnis teilen kann, ist das für mich zutiefst erfüllend. Ich kann gar nicht sagen, wie glücklich und dankbar ich bin, dass ihr hier sein wollt, um mir zuzuhören und mit mir zu sein. Es ist ein unbeschreibliches Geschenk, dass ich weltweit zum Arbeiten eingeladen werde.

Mein ganzes Bestreben ist jetzt, dieses weiter wachsende Verständnis so vielen Menschen wie möglich zugänglich zu machen. Je mehr du es teilst, desto mehr wächst es. Wenn du es aber als ›dein‹ Verständnis beanspruchst, wird es zu Ego und du wirst arrogant. Erlaube dem Teilen, durch dich hindurch zu geschehen – ohne jegliche Ansprüche in der Hinterhand zu haben.

Mein Wesen hat den allergrößten Teil der hier niedergeschriebenen Weisheiten von Osho aufgesaugt. In Dankbarkeit für Osho möchte ich dieses Buch mit seinen Worten beschließen:

»Wenn du einmal zum Buddha geworden bist, dann bist du völlig frei, das Feuer zu nehmen und es in allen Teilen der Welt zu verbreiten. Meine Existenz dient einzig und allein dem Zweck, dass es auf der Welt so viele Buddhas wie möglich in der kürzest möglichen Zeit gibt.« Aus: Osho, Hyakujo – The Everest of Zen

»Wenn du die Wahrheit gefunden hast, verbreite sie. Behalte sie nicht in deinem Herzen. Wenn du sie für dich behältst, stirbt sie. Verbreite sie überall. Säe sie auf so vielen Feldern wie möglich. Je mehr du sie verbreitest, desto mehr wächst sie und desto mehr hast du sie.« Aus: Osho, Das Zen-Manifest – Freiheit von sich selbst

Quellenangaben

Ardagh, Arjuna N., Warum nicht jetzt?, Lüchow, Freiburg 2001

Ardagh, Arjuna N., Klares Sehen. Mittel und Wege zur Selbsterforschung, Lüchow, Freiburg, 2001

Balsekar, Ramesh, Wen kümmert's?!, Bielefeld 2001

Balsekar, Ramesh, The Ultimate Understanding, Mumbai 2001

Bays, Brandon, The Journey – Der Highway zur Seele, Berlin, 2009

Elten, Jörg Andrees [Satyananda], Ganz entspannt im Hier und Jetzt, Reinbek 1979

Foreman, Juliet, Bhagwan – One Man Against the Whole Ugly Past of Humanity – The World Tour and Back Home to Poona, Köln 1991

Harrer, Heinrich, Sieben Jahre in Tibet, Wien 1952 (zahlreiche weitere Aufl.)

Katie, Byron, Lieben was ist – Wie vier Fragen Ihr Leben verändern können, München 2002

Krishnananda [Thomas M.D. Trobe], Liebe ist ein Kinderspiel. Von unseren Ängsten und der Kunst, aus Beziehungen zu lernen, Herrsching a.A. 2001

Larsen, Nukunu, The True Rebellion. A Story of an Awakening, Denmark 2000

Larsen, Nukunu, Not Until You Die, Denmark 2000

Ma Sagarpriya, In der Seele berührt – Psychic Massage, München 1996

Nadeen, Satyam, Von der Zwiebel zur Perle, Bielefeld 1998

Nadeen, Satyam, Satsang – Das Handbuch zum neuen Erwachen. Der Übergang in die vierte Dimension. Mythos und Wirklichkeit der Erleuchtung, Aitrang 2001

Osho, Ancient Music in the Pines, Pune 2003; dt. Ausgabe u.d.T.: Zen – Den Klang der Stille hören, Köln 2011

Osho, Hyakujo – The Everest of Zen with Basho's Haikus, Köln 1988

Osho, In Search of the Miraculous, Rajneeshpuram, OR, 1984

Osho, The Invitation, Köln 1989

Osho, Meditation – Die Kunst der Ekstase, Köln 2003

Osho, The Miracle, Köln 2000

Osho, The Psychology of the Esoteric, Köln 1989; dt. Ausg. u.d.T.: Verstehe dich selbst. Die Psychologie der Buddhanatur, Köln 2012

Osho, The True Name. Discourses on Japubij-saheb of Guru Nanak Dev, Volume 1, New Delhi 1994

Osho, Unio Mystica. Talks by Bhagwan Shree Rajneesh on Hakim Sanai's »The Hadiqua«, Volume 1, Rajneeshpuram, OR 1980

Osho, Das Zen-Manifest – Freiheit von sich selbst, Köln 1990

Rinpoche, Sogyal, Das Tibetische Buch vom Leben und vom Sterben, Wien 1993

de Ruiter, John, Die Entschleierung der Wirklichkeit, Edmonton 2002

Stern, Bengt, Feeling Bad is a Good Start, San Diego 1996

Tolle, Eckhart, Jetzt! Die Kraft der Gegenwart, Bielfeld 2010

Danksagungen

In erster Linie geht mein innigster Dank an meine geliebte Partnerin, Freundin, Ehefrau und Weggefährtin Nura für das gesegnete Leben, dass wir zusammen führen. Ich danke dir für deine vielfältige Unterstützung durch deine tiefe Liebe, Inspiration und praktische Hilfe. Ich danke Bindu Gabriel dafür, dass du mich als Vater und Freund erwählt hat. Du warst ein wichtiger Lehrer für mich. Ich danke auch meinem einzigartigen Vater, meiner liebevollen und weisen Mutter und meinem lieben Bruder Peer für den reichen Start ins Leben.

Wärme und Dankbarkeit möchte ich auch an alle meine Lehrer richten, vor allem an Wadud, Waduda, Kaveesha, Turiya, Sagarpriya, Prasad, Sudha, Prabha, Siddha, Amitabh, Rajen, Teertha und HariSharan. Eure Liebe und Einsichten waren unendlich wertvoll für mein Lernen und Wachstum.

Vielen Dank an die Organisatoren unserer Kurse weltweit, die es uns ermöglichen, die tiefen Einsichten und Geschenke die wir in diesem Leben empfangen haben, weiterzugeben.

Ein herzliches Dankeschön auch an alle Teilnehmer in meinen Kursen und Satsangs für euer Vertrauen und für das Liefern von reichem Material für dieses Buch. Ihr habt meine Augen für die unendliche Schönheit und den Reichtum an menschlichem Ausdruck geöffnet.

Ein besonderer Dank geht and Nirgun und Sakina vom ShenDo Verlag. Euer mutiger Schritt zunächst unsere Kurse in Stellshagen zu organisieren und dann dieses Buch auf Deutsch zu verlegen, erfüllt mich mit großer Dankbarkeit. Die unendliche Mühe, die ihr beiden aufgewendet habt, um ein Kunstwerk aus diesem Buch zu machen, hat alle meine Erwartungen übertroffen.

Vielen Dank auch an Eveline Anasya Hufnagl für deine genaue und klare Übersetzung, an Michael Thomae für deine großzügige Hilfe beim Korrekturlesen und die vielen Anregungen sowie an Carola Klinke für die immer gute Arbeit bei Layout und Satz.

Ein großes Dankeschön geht an Rabia Lundberg, die ursprüngliche Lektorin der englischsprachigen Erstausgabe dieses Buches. Ohne deine unschätzbare Unterstützung, Anmerkungen, Fähigkeiten und Weisheit wäre dieses Buch nicht möglich gewesen.

Dank auch an all die Menschen, die ich im Laufe meines Lebens als Student, Arzt, Lehrer oder Berater, als Verwandter, Nachbar, Freund oder Bekannter getroffen habe und die hier nicht aufgeführt sind. Danke für das, was wir geteilt haben.

Rahasya

Fühle dich eingeladen, für Anregungen und Feedback
Kontakt mit uns aufzunehmen:

RahasyaNura@aol.com

Informationen über unsere Seminare in Deutschland
und weltweit findest du auf unserer Internetseite:

www.LivingUnity.com

ShenDo Verlag
ISBN 978-3-9811184-9-0

Die Autobiografie des spirituellen Lehrers und Mystikers Rahasya Fritjof Kraft liest sich wie ein spannender Roman. Sie erzählt seine außergewöhnliche Lebensreise und beschreibt seine Suche nach sich selbst.

»Als Fünfjähriger hat er Berge in der Schweiz erklommen, als Teenager ist er auf dem Landweg nach Indien gefahren, als er 18 war, segelte er im Boot seines Vaters um die griechischen Inseln und er hat Hunderte von Gruppenteilnehmern sicher durch die schwindelnden Höhen des Himalaya geführt. Er blickte dem Tod so viele Male ins Gesicht, dass sie beste Freunde geworden sind. Er ist ohne Furcht und teilt ununterbrochen seine Weisheit mit anderen.«
Miten

www.shendo-verlag.de

ShenDo Verlag

für Shiatsu, Akupressur und die Fünf Elemente

Bücher und Schaubilder für Unterricht und Praxis

Sakina K. Sievers
Nirgun W. Loh
Das Wunder der Wandlung
Eine Reise in die Welt der Fünf Elemente

Nirgun W. Loh
Sakina K. Sievers
Himmlische Punkte
Das Praxisbuch der Akupressur

Heike Rühmann
Von Herzen berühren
Shiatsu mit sterbenden Menschen
Ein Erfahrungsbericht

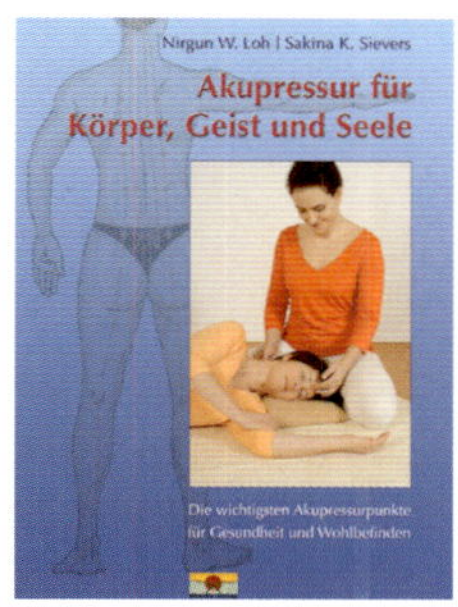

Nirgun W. Loh
Sakina K. Sievers
Akupressur für Körper, Geist und Seele
Die wichtigsten Akupressurpunkte für Gesundheit und Wohlbefinden

Sakina K. Sievers
Nirgun W. Loh
ShenDo-In
Shiatsu Selbstmassage
Ein einfaches Übungsprogramm für mehr Lebenslust und Wohlbefinden

Sakina K. Sievers
Nirgun W. Loh
Entspannt und fit am Arbeitsplatz
ShenDo Shiatsu und Akupressur für Nacken und Schultern

Sakina K. Sievers
Bernhard Oberdieck
Wie der kleine Drache sein Feuer fand
Eine Geschichte von den fünf Krafttieren

www.shendo-verlag.de